RENCONTRES
520



# Incarnation, question ancienne, enjeux actuels

Actes du colloque « Incarnation » organisé les 7 et 8 février 2020
au Centre Sèvres – Facultés jésuites de Paris,
publiés avec le soutien de la Fondation Louis Florin
et du Centre Sèvres – Facultés jésuites de Paris

# Incarnation, question ancienne, enjeux actuels

## Approches philosophiques et théologiques

Sous la direction de Clarisse Picard

Préface d'Emmanuel Falque

PARIS
CLASSIQUES GARNIER
2021

Clarisse Picard, docteur en philosophie et titulaire d'un baccalauréat canonique de théologie (Centre Sèvres), est maître de conférences en philosophie au Centre Sèvres – Facultés jésuites de Paris. Ses recherches portent sur une philosophie de l'enfantement, une philosophie de la naissance, sur le féminin, les femmes et les mères en philosophie.



ISBN 978-2-406-12032-2 (livre broché)
ISBN 978-2-406-12033-9 (livre relié)
ISSN 2103-5636

# PRÉFACE

## Une histoire de la chair : sur les pas du colloque Enrico Castelli

Organiser un colloque intitulé *Incarnation* (Centre Sèvres, Paris, 7-8 février 2020), c'est répéter à plus de vingt ans de distance un autre colloque du même nom : *Incarnation* (colloque Enrico Castelli, Rome, 4-7 janvier 1998)[1]. Ce n'est toujours qu'après coup que l'on sait, et que l'on voit, qu'une rencontre – une conversation, un repas, un colloque... – fut un événement. Non pas en cela seulement que quelque chose s'y est passé, mais aussi par là parfois qu'on y était, et qu'à le relire on comprend alors ce qui y fut initié. Tel fut donc notre cas, à la fleur de l'âge certes, car nos jeunes trente-cinq années rendaient notre présence pour le moins décalée – au moins au regard des figures françaises invitées telles que Xavier Tilliette, Michel Henry, Didier Franck, Jean Greisch ou Jean-Luc Marion. Parmi d'autres conférences toutes passionnantes et diversifiées, nous y avions alors remis un texte intitulé « Une analytique de l'incarnation : le *De carne Christi* de Tertullien », qui deviendra d'ailleurs l'une des sources d'*Incarnation* de Michel Henry, publié deux années plus tard (2000) – ainsi qu'en témoignent ses notes aujourd'hui conservées aux Archives Michel Henry à Louvain[2].

Ce colloque romain (Enrico Castelli), en amont du colloque parisien (Centre Sèvres), marquait donc un commencement, ou plutôt confirmait

1 *Cf.* Marco. M. Olivetti (éd.), *Incarnation*, Rome, *Archivio di Filosofia*, 1999.

2 *Cf.* Michel Henry, *Incarnation*, Paris, Seuil, 2000, en particulier § 24, p. 180-188 : « De la conception hellénique du corps à la phénoménologie de la chair. Les problématiques fondamentales d'Irénée et de Tertullien ». Sur cette filiation de Michel Henry à nos travaux sur ce point, et à ses notes prises sur nos propres textes, en particulier Tertullien (référencées aux *Archives Michel Henry*), voir notre contribution dans le présent volume : « Le tournant de la chair ». *Cf. infra*, « Le tournant de la chair », note 2 p. 25 (fin de la note).

un virage, à tort ou à raison pris par la phénoménologie quelques années plus tôt. *Le tournant théologique de la phénoménologie française* publié par Dominique Janicaud (1991) stigmatisait alors les figures de Paul Ricœur, Emmanuel Lévinas, Jean-Luc Marion, et Michel Henry comme auteurs d'une dérive hétérodoxe de la phénoménologie, infidèle à ses premiers commencements et déclarée comme telle : « Il s'agit seulement de mettre à l'épreuve la cohérence d'une intuition interprétative depuis une trentaine d'années : y a-t-il un trait qui la distingue décisivement de la première réception de Husserl et de Heidegger ? Ce trait est-il la rupture avec la phénoménalité immanente ? L'ouverture à l'invisible, à l'autre, à une donation pure ou à une archi-révélation[3] ? »

Parce que la philosophie est toujours faite d'histoires, moins pour raconter des histoires que pour comprendre en quoi et comment se constitue sa grande Histoire, deux souvenirs sont ici à évoquer pour mieux comprendre ce qui s'est passé – au moins pour ce qui est de la genèse de ce débat autour d'une « incarnation » dite *à la fois* philosophique et théologique. La première réminiscence est celle d'un colloque qui a tout juste suivi la publication du « *tournant théologique* », qui s'est tenu à l'université de Nanterre sous l'égide de Jean-Luc Marion qui y enseignait alors, et où Dominique Janicaud et Michel Henry furent aussi présents. Un grand amphithéâtre quasiment vide célébrait la réception de cet ouvrage publié dans une maison d'édition pour le moins confidentielle (les éditions de l'Éclat), et Michel Henry s'était alors publiquement défendu de pouvoir et de devoir appartenir aux auteurs dudit tournant théologique. En 1991, en effet, ni *C'est moi la vérité* (1996) ni *Incarnation* (2000) n'étaient encore parus, et l'auteur ne soupçonnait probablement pas encore le virage en train de se prendre, y compris pour lui-même. Dominique Janicaud avait vu juste avant tout le monde : il y avait bien, dans *L'essence de la manifestation* (1963) et dans la *Phénoménologie matérielle* (1990) – les deux seuls ouvrages cités et commentés par Dominique Janicaud –, les sources d'un « tournant théologique » déjà engagé, mais pourtant ignoré.

Le second souvenir, et pour toujours retracer cette « genèse de la chair », est celui du grand colloque organisé à l'Institut catholique de Paris, le

3 Dominique Janicaud, *Le tournant théologique de la phénoménologie française*, Combas, Ed. de l'Éclat, 1991, p. 8. Repris dans *La phénoménologie dans tous ses états*, Paris, Gallimard, Folio-Essais, 2009, p. 42.

19 janvier 2001, pour la réception d'*Incarnation* cette fois (2000). Nous y prononcions alors notre conférence « Y a-t-il une chair sans corps ? », véritable tournant dans notre travail alors commençant, préférant ici la « corporéité » (*Körperlichkeit*) à la « charnellité » (*Leiblichkeit*), jusqu'à déboucher plus tard sur le concept de « corps épandu » à mi-chemin entre le « corps étendu » (Descartes) et le « corps vécu » (Husserl)[4]. Michel Henry fut pour le moins étonné de la virulence de l'attaque, et probablement n'avions-nous pas nous-même mesuré l'écart qui était en train de se prononcer. Henry voyait d'avance l'autre chemin que nous allions tracer, à l'instar de Janicaud à son endroit quelques années plus tôt. Dès ce texte, la chose apparaît clairement et possède le mérite de poser les enjeux du débat. Nous ne suivrons pas, ou pas si aisément, la voie qui consiste à superposer le *Leib* phénoménologique husserlien (la chair) et la *sarx* théologique johannique (« Et le Verbe s'est fait chair ») – une homologie des termes tirant l'incarnation théologique du seul côté du vécu du corps, ou de son auto-affection, et faisant fi de son insertion dans le monde comme aussi de son épaisseur, voire de sa résistance. La « chair du Christ » chez Tertullien ne pouvait pas signifier une chair seulement auto-affectée. Il fallait bien qu'elle soit « réelle » aussi, puisque le Christ eut des « membres comme nous », un « estomac comme nous », des « mamelons comme nous », des « cheveux comme nous », pour reprendre, comme un leitmotiv, les expressions du *De carne Christi*. Le Verbe incarné était venu partager notre humanité, non pas uniquement pour nous inviter à vivre autrement, fût-ce dans notre chair ou notre corps propre, mais aussi pour assumer pleinement notre corps y compris biologique et matériel – aux antipodes de la figure du *Christos Angelos* appartenant bien à la gnose de Valentin, mais en rien à la théologie de Tertullien.

En toute cordialité et pour continuer à suivre cette « histoire de la chair », Michel Henry, avec qui nous étions alors resté uni par un profond lien d'amitié, répondra lui-même et directement à cette vive critique qui

4 Nous n'en retracerons pas ici toute l'histoire. Qu'il suffise maintenant de renvoyer à « Y a-t-il une chair sans corps ? » *dans Le combat amoureux*, Paris, Hermann, coll. « De visu », 2014 ; ainsi que *Éthique du corps épandu*, Paris, Cerf, 2018. Concept de « corps épandu » apparu pour la première fois dans *Les noces de l'agneau, Essai sur le corps et l'eucharistie*, Paris, Cerf, 2011, § 1, p. 41-46 : « Le résidu du corps » (*Triduum philosophique*, Paris, Cerf, 2015, p. 395-398.

lui avait été adressée, dans *Phénoménologie et christianisme chez Michel Henry* cette fois (2004)[5]. Il y verra une lecture « à la fois fidèle et critique » selon un débat qui, en réalité, soulève plus de questions qu'il n'en résout – aucun concept de chair n'étant invoqué, autre que celui du *Leib* husserlien (sans se tourner par exemple vers la corporéité matérielle chez Lévinas dans *De l'existence à l'existant*) ou que celui de la *sarx* johannique (sans aller voir par exemple dans les synoptiques qui auraient permis de donner davantage de corporéité à la figure de l'Homme-Dieu engagé aussi dans l'historicité).

Avec Michel Henry arrivait donc, sur la place publique de l'aréopage philosophique, l'histoire de la rencontre de l'*incarnation phénoménologique* et de l'*incarnation théologique*, selon une problématique de la « chair » dont il n'est encore jamais question chez aucun auteur dans *Le tournant théologique de la phénoménologie française* (1991), et qui deviendra le centre du débat au tournant du siècle à partir de la publication d'*Incarnation* (2000). Pour dire l'histoire de la « chair », la *Leiblichkeit* théologique et l'*incarnatio* théologique devaient, chez Michel Henry, définitivement se croiser, probablement avec peu de précautions, mais aussi avec combien d'audace. Le problème était alors là – posé devant ou *pro-blema* : une homologie des termes de *Leib* et de *sarx* pour dire la « chair », au moins en français, pouvait-elle conduire à une telle identité de principe ou, à tout le moins, à une telle connivence conceptuelle ? Dit autrement, Michel Henry ne venait-il pas ici achever – au double sens de « conduire à sa fin » et de « mettre un terme » – le « tournant de la chair » initié par Husserl et Merleau-Ponty, de sorte que le renouvellement de la question de l'incarnation en théologie en passera alors toujours, et ceci pendant plus de deux décennies (2000-2020), par le vécu du corps ?

Il faut alors savoir gré à Élodie Boublil et à Clarisse Picard d'avoir organisé ce colloque à nouveau intitulé *Incarnation*, et savoir gré aussi au Centre Sèvres d'en avoir cette fois repris le flambeau. Les communications qui constituent le présent volume et la richesse des débats qui en ont suivi font voir que l'histoire de l'« incarné » est loin d'être terminée, et qu'elle ne saurait maintenant et plus avant s'en tenir au seul phénoménologique ni à son unique rencontre avec la théologie. Après des années passées autour de la méthode phénoménologique et du fameux « dépassement de la métaphysique », aujourd'hui évidemment à dépasser,

5 *Cf.* Philippe Capelle (éd.), *Phénoménologie et christianisme chez Michel Henry*, Paris, Cerf, 2004, p. 168-182 : « À Emmanuel Falque ».

les philosophes savent enfin, et en particulier les phénoménologues, qu'il leur faut « de l'autre », et donc de l'extériorité, pour penser. Les uns se tourneront vers la littérature, les autres vers l'art, les autres encore vers les textes bibliques ou les pères de l'Église… La phénoménologie ne saurait davantage tourner « à vide », ni nier ou dénier les autres champs ou disciplines qui peuvent encore tant lui apporter. La « réduction » ou l'« existential » lui ont parfois servi de prétexte soit pour une « mise à l'écart » soit pour un « déni ontologique » de tout ce qui n'est pas elle. Tel est ce que les conférences ici font voir – sinon un virage de la « chair » vers le « corps », au moins une *extériorisation de la chair* qui fait que l'incarné ne saurait plus avant se contenter de son autarcie ou de sa seule authenticité. Il y a du non-moi, non seulement dans l'éprouvé du moi (auto ou hétéro affection), mais aussi dans une corporéité impropre qui fait que, parfois, je ne me reconnais pas moi-même jusque dans ce que j'appelle « mon » corps (le corps objet, voire le corps étranger).

Je suis fait « de chair et d'os », et nous sommes les uns pour les autres présents « en chair et en os ». Quoi qu'il en soit de la rigueur de ces expressions, et de leurs possibles interprétations, c'est bien *avec la chair et le sang* que nous pensons et aussi écrivons. Simone de Beauvoir avait raison de nous le rappeler, juste au sortir de la guerre (1945), et qu'il convient ici de citer. Car *Le sang des autres* coule en réalité toujours dans nos veines, et interdit de le réduire au moi ni de me réduire moi-même, au moins du point de vue de la corporéité : « Je ne peux m'effacer. Je ne peux pas me retirer en moi. J'existe hors de moi et partout dans le monde ; il n'est pas un pouce de ma route qui n'empiète sur la route d'un autre ; il n'y a aucune manière d'être qui puisse empêcher de me déborder moi-même à chaque instant[6]. »

Paris, le 21 juin 2020,

Emmanuel Falque
Institut Catholique de Paris

6 Simone de Beauvoir, *Le sang des autres*, Paris, Gallimard, 1945, p. 110. Avec le juste commentaire d'Emmanuel de Saint Aubert, *Du lien des êtres aux éléments de l'être, Merleau-Ponty au tournant des années 1945-1951*, Paris, Vrin, 2004, chap. II, p. 61-104 (en particulier p. 67-71) : « Le sang des autres. Merleau-Ponty et Simone de Beauvoir » (à l'origine, selon l'auteur, de la thèse de l'empiètement développée plus tard dans *Le visible et l'invisible* de Maurice Merleau-Ponty).

# INTRODUCTION

## L'incarnation : question ancienne, enjeux actuels

Vingt ans après le colloque international « Incarnation », du 4 au 7 janvier 1998, à Rome, organisé conjointement par l'Institut de Recherches Philosophiques « Enrico Castelli » et la chaire de Philosophie de la religion de la Faculté de Lettres et Philosophie de l'Université de Rome « La Sapienza », le Centre Sèvres a organisé un colloque international de deux jours, les 7 et 8 février 2020, afin de rouvrir cette réflexion, à la lumière des développements qui ont eu lieu ces vingt dernières années, tant en philosophie qu'en théologie, mais aussi des débats contemporains en anthropologie et en éthique auxquels une reprise de ce questionnement pourrait bénéficier. Ce colloque s'est voulu interdisciplinaire, au croisement de la théologie, de la philosophie, de l'anthropologie et de l'éthique.

Penser l'incarnation confronte immédiatement le théologien, comme le philosophe, à un paradoxe lié au mystère même que ce phénomène déploie. En effet, la notion d'incarnation renvoie, dans la théologie johannique, à l'advenue du Verbe (*logos*) dans la chair (*sarx*) humaine. Dans la philosophie – et notamment dans la phénoménologie française et allemande –, la chair (*Leib*) désigne ce qui excède et précède à la fois le corps et la conscience, signe de l'unicité indicible du sens et de la vie dont il procède. Penser le phénomène de la chair se faisant, se faisant logos, revient à tenter de saisir ou décrire une relation qui résiste à toute objectivation.

Cependant, cette irréductibilité du phénomène au concept qui le recouvre ouvre la voie à une fécondité, tant philosophique que théologique, dont les répercussions anthropologiques et éthiques sont particulièrement d'actualité.

Ce colloque international a cherché ainsi à croiser les perspectives philosophiques et théologiques sur l'Incarnation afin d'ancrer explicitement les débats anthropologiques et éthiques contemporains dans l'horizon métaphysique dont ils procèdent. Quatre axes de réflexion ont permis de structurer ces journées, et le présent volume en reprend l'esprit afin de conserver l'optique pluridisciplinaire du colloque.

L'approche philosophique, principalement d'inspiration phénoménologique et herméneutique, s'interroge sur les rapports de la chair et du corps, sur leur figuration et leur défiguration. Questionner l'incarnation nous conduit tout d'abord à penser la finitude de notre condition corporelle, ce qui lui résiste et ce qui fait signe vers une altérité irréductible paradoxalement inscrite en son sein.

Emmanuel Falque ouvre ce volume en interrogeant les concepts de chair (*Leib*) et de corps (*Körper*), en phénoménologie comme en théologie. Questionnant à nouveau l'apparente dichotomie entre « corps vécu » (*Leib*) et « corps objectif » (*Körper*) dans la réception française de la phénoménologie husserlienne, l'auteur montre que la spiritualisation du *Leib* occulte une compréhension de ce dernier à partir de son organicité (Lévinas). Le « tournant théologique de la phénoménologie française » procède ainsi d'un « tournant de la chair » qu'Emmanuel Falque ressaisit afin d'en révéler « en retour » toutes les implications pour la théologie. Le corps-propre subjectivé pour moi (*Leib*) est aussi et toujours un corps impropre objectivé presque sans moi. La résistance du corps à lui-même ne rature pas son appropriation. Elle en révèle plutôt la limite, ouvrant ainsi une dimension d'altérité concrète et d'étrangeté révélée par les altérations irréductibles du corps.

Paula Lorelle revient sur l'ouvrage *Incarnation* de Michel Henry et analyse les rémanences du *cogito* « cartésien », du *cogito* « biranien », et du *cogito* chrétien d'Irénée, dans la conception henryenne du corps. Prolongeant le propos d'Emmanuel Falque, elle soutient l'idée d'une spiritualisation du corps dans la pensée de Michel Henry. Selon Paula Lorelle, l'approche henryenne de l'incarnation présuppose une certaine idée du corps « résultant elle-même d'une triple forme d'incarnation : celle, épistémologique, du mode de connaissance de l'âme comme *cogito* ; celle, pratique, de son mode de pouvoir et d'action comme volonté ; et celle, métaphysique, de son immortalité ». Ce triple faisceau d'influences dans la définition henryenne de l'incarnation empêcherait une juste prise en compte des phénomènes irréductibles de l'altérité et de la mortalité et conduirait alors à un corps idéalisé. La phénoménologie de Michel Henry manquerait le corps à l'endroit même où elle cherchait pourtant à le viser.

Laura Rizzerio examine le rapport entre l'art et l'incarnation dans l'esthétique moderne et contemporaine. La rupture de l'art moderne avec la figuration et la représentation au profit d'une mise en avant de ce que l'auteur nomme une « anthropologie de la surhumanité » a progressivement conduit l'art à une subjectivation de la beauté. Un tel processus a engendré une forme de désincarnation du beau, redoublant ainsi, paradoxalement, le nihilisme de la société post-moderne auquel l'artiste tente d'échapper. Analysant les œuvres de Morris puis de Rothko, Laura Rizzerio ouvre un chemin pour une nouvelle compréhension de l'esthétique contemporaine, entée sur le mystère de l'Incarnation, à partir des analyses de H. Urs von Balthasar. À rebours de toute intellectualisation se profile alors la possibilité d'un caractère « eucharistique » de l'art, qui « plonge le spectateur dans les profondeurs de la "chair" du monde à travers l'unité qu'il rend possible entre sa chair et celle de l'œuvre, réelle incarnation et pas simple représentation du beau ».

Puis, un deuxième axe évalue les implications éthiques de ces réflexions phénoménologiques sur l'incarnation, en les confrontant aux transformations contemporaines de la chair – sa déformation ou ses mutations dans les registres bioéthiques et sociaux. Ce deuxième volet conduira à une reprise philosophique du concept d'« incarnation », appelant de nouvelles réflexions anthropologiques et métaphysiques.

Éric Charmetant resitue les recherches contemporaines en neurosciences à l'aune du projet transhumaniste élaboré au cours du XX^e^ siècle. Le dépassement des possibilités du corps et l'abolition de toute limitation sont caractéristiques du projet trans-humaniste qui voit dans la transformation infinie de soi, à l'aide des technologies, le paradigme d'une humanité achevée. Éric Charmetant analyse le dualisme sous-jacent à ce type d'ontologie et propose une étude critique du cognitivisme computationnel sur lequel il repose. À rebours de ces courants, Éric Charmetant indique alors que « la cognition incarnée est avec la neurophénoménologie un lieu important de dialogue entre philosophie et neurosciences ». Ces deux mouvements de pensée permettent d'envisager la formation et le développement de l'humanité autrement que sous la forme d'une maximisation des potentialités d'un esprit désincarné.

Agata Zielinski s'interroge sur le devenir de la relation interpersonnelle dans des situations extrêmes qui nous conduisent « aux confins de l'humain », et au sein desquelles la réciprocité fait défaut. L'appel éthique du visage nous met en présence d'une « situation commune » qui révèle la co-vulnérabilité et l'interdépendance des personnes humaines. Cette situation s'enracine dans l'expérience fondamentale de la dépendance primordiale (*Hilflosigkeit*) qui affecte tout être humain. La non-réciprocité angoissante du manque de communication met au jour une « situation commune ». Empruntant ce concept à Merleau-Ponty, Agata Zielinski relie l'incarnation au monde dont nous faisons partie et à l'historicité primordiale qui le constitue et qui nous donne d'y être. Dès lors, la mise en présence d'autrui suffit à révéler notre humanité sans pour autant que la persistance de « qualités », toujours relatives, soit recherchée. La chair du monde devient ainsi la « chair de la sollicitude » dans l'endurance d'une commune vulnérabilité.

L'approche anthropologique s'intéresse aux répercussions de telles théories de la « chair » sur la vision de l'humanité à l'époque contemporaine, qu'il s'agisse de questionner l'individuation du sujet dans son rapport à l'enfantement, d'évaluer le rapport de la chair à l'affectivité, ou d'envisager la résistance de la chair au concept, analysant par là les conditions de possibilité d'une conceptualisation de la « nature humaine ».

Guilhem Causse propose une réflexion sur l'incarnation selon une anthropologie du geste et de la voix, en confrontant l'effort biranien et l'affect ricœurien. « Qui suis-je, moi qui agis et qui souffre ? » demande Ricœur. « Qui suis-je, moi qui fais effort et qui rencontre des résistances ? » s'interroge Maine de Biran. Pour l'un comme pour l'autre, l'ego est indissociable de sa corporéité, dont le mystère ne peut être complètement levé, mais simplement approché par la parole. La parole paraît comme le commencement de l'incarnation. Cependant, si pour Ricœur, le moi n'a accès à soi que par le long détour par la parole qui, dans l'écoute et la réponse, est origine de l'incarnation, pour Biran, le moi a un accès immédiat à soi par le corps comme force, dont la voix est l'expression la plus intime. Entre les deux, une dimension de soi semble perdue, celle du geste. Il revient à Guilhem Causse de montrer, notamment à partir de la gestuelle propre à la calligraphie chinoise, comment le moi s'incarne dans la voix et le geste, mais aussi s'exprime par des rites, des œuvres et des textes.

Clarisse Picard inaugure une réflexion philosophique sur le sens de l'enfantement du point de vue de la subjectivité maternelle en sa genèse : en quoi l'enfantement prend-il, pour la femme qui donne naissance à un enfant, le sens d'une expérience d'individuation, mais aussi d'incarnation ? Clarisse Picard emprunte la méthode génétique selon la voie de la psychologie (Husserl) : une suite de correspondances apparaît alors entre l'expérience de l'enfantement et la gestuelle propre à la méditation phénoménologique, si bien que l'enfantement semble désormais pouvoir être pensé comme paradigme de la phénoménologie transcendantale. L'enfantement prend dès lors, pour la femme, le sens d'une expérience de *donation à soi* et de l'enfant, dans l'unité d'un mouvement de désir et d'attente, de naissance et de re-naissance qui est une co-naissance, dont Clarisse Picard décrit la genèse de l'apparaître dans le *présent vivant* de la subjectivité maternelle. Cette méditation vise une relance des problèmes spécifiques à la phénoménologie génétique et une meilleure connaissance du sens de l'enfantement, de ses enjeux anthropologiques, éthiques et métaphysiques.

Carla Canullo interroge l'actualité de Grégoire de Nysse pour une pensée de l'incarnation : « Qu'est-ce que l'incarnation apporte à la philosophie et comment l'euristique qu'elle inaugure s'exerce et se déploie à partir de l'œuvre du Nysséen ? » L'originalité du Père cappadocien est d'amorcer un questionnement portant sur une « philosophie première » qui ne *coïncide* pas avec la « science de l'être » ou la « science de la substance divine », en revanche, avec l'actualité de l'incarnation du Christ, comprise au sens de « ce qui est en acte » (Aristote). Dès lors, l'incompréhensible est ce qui ouvre à la possibilité de comprendre autrement, amorçant une nouvelle euristique. Il s'agira d'une euristique de la chair, car la chair est bel et bien le noyau vivant de l'incarnation – celle du logos, mais aussi la nôtre –, chair vivante autour de laquelle s'enveloppe et se déploie la pensée, ainsi que le fait une spirale – l'un des motifs centraux de l'ouvrage du Nysséen, l'*epectasis*. L'incarnation comme actualité de l'incarnation du Christ donne ainsi à la pensée, à la philosophie, l'inouïe possibilité que sa *forme* se manifeste.

Enfin, la dernière partie de ce volume analyse les différents aspects de la reprise de la question théologique de l'incarnation telle qu'elle est posée par le christianisme. L'approche théologique examine, en effet, plusieurs débats portant sur la nature et l'identité de Jésus, le rapport de la théologie de l'incarnation à la théologie trinitaire, ou les difficultés posées par la *theologia crucis* formulée au XX^e^ siècle. Elle vise à mettre en perspective et à faire dialoguer ensemble les recherches contemporaines en patristique, en christologie et en théologie mariale, afin de penser conjointement la dimension eschatologique de l'Incarnation et la possibilité de son approfondissement dogmatique.

Michel Fédou introduit à la pensée des Pères de l'Église, qui peut être dans une large mesure présentée comme une pensée de l'Incarnation – concept désignant « non seulement la naissance du Verbe de Dieu parmi les hommes mais, de manière beaucoup plus large, l'événement de son devenir-homme tel qu'il s'est manifesté à travers la totalité de son existence humaine ». À cette fin, Michel Fédou montre la place centrale de la question de l'Incarnation dans les débats christologiques de l'Église ancienne, et donne à comprendre les enjeux théologiques de plusieurs controverses : quatre périodes sont successivement considérées, depuis l'opposition des Pères aux courants docètes et gnostiques, dans la période des IIe et IIIe siècles, jusqu'à la controverse monothélite et la querelle iconoclaste, aux VIIe et VIIIe siècles. Le dessein de Michel Fédou n'est pas d'abord de « donner des informations historiques sur ces différentes controverses » ; il est plutôt de « manifester la résurgence permanente des questions concernant l'Incarnation tout au long de l'époque ici considérée, et de faire paraître les enjeux toujours actuels des controverses anciennes sur le sujet ».

Jean-Louis Souletie aborde une question de christologie contemporaine relative à la théologie du pluralisme religieux : comment « la christologie impliquée dans le dialogue interreligieux repose-t-elle aujourd'hui la question du Jésus historique à frais nouveaux, sa singularité et son universalité comme événement de révélation » ? Pour y répondre, Jean-Louis Souletie reprend les termes de la réflexion de Jacques Dupuis (1923-2004) pour penser « la singularité du Jésus de l'histoire et son universalité » dans le contexte du pluralisme religieux. Il montre en quoi Dupuis conçoit une approche intégrale de la christologie qui lie les dimensions sotériologique et ontologique de la révélation. Puis, comment, prenant la mesure du changement de paradigme dans la manière de penser la relation entre le Christ et les autres religions chez de nombreux théologiens du dialogue interreligieux, Dupuis vise une christologie trinitaire, centrée sur l'incarnation du Logos à la manière du Prologue johannique ainsi que sur la présence agissante et universelle de l'Esprit. Jean-Louis Souletie en présente ici les thèses principales et invite à poursuivre la réflexion, notamment en direction d'une pneumatologie.

Marie Chaieb clôt alors ce volume en analysant les commentaires d'Irénée des versets de Gal 4, 4, et en particulier la mention explicite du « γενόμενον ἐκ γυναικός (né d'une femme) » : « Qu'apporte donc à la foi, aux yeux d'Irénée, le fait que le Christ soit "né d'une femme" ? » Pour le montrer, Marie Chaieb reconstruit les traits saillants de la théologie d'Irénée en prenant appui en *crescendo* sur quatre passages significatifs où il commente explicitement le « γενόμενον ἐκ γυναικός ». Ce qui permet de montrer la richesse de ses interprétations, mais aussi leurs interactions et la manière dont elles nourrissent son argumentation à propos du réalisme de l'incarnation, de la théologie du salut, de sa réflexion sur la filiation, ou encore de sa théologie du temps. « À la lumière de ce verset s'éclaire la cohérence de sa pensée profondément trinitaire et qui donne à Marie un beau rôle de prémices de l'espérance chrétienne. » Il s'agit, pour Marie Chaieb, d'ancrer les recherches actuelles sur l'Incarnation dans la réflexion très complète d'Irénée de Lyon, dont les intuitions sont aujourd'hui redécouvertes à l'occasion du procès pour le déclarer « docteur de l'Église ».

Clarisse PICARD
Centre Sèvres –
Facultés jésuites de Paris

PREMIÈRE PARTIE

# APPROCHES PHÉNOMÉNOLOGIQUES ET SÉMIOTIQUES DE L'INCARNATION

# LE TOURNANT DE LA CHAIR

*D'où vient la chair ?* La question peut certes étonner, quoique nul ne doutera en réalité de son « corps » si chacun existe, selon l'expression consacrée, « en chair et en os ». Et si la théologie s'apparente parfois à la phénoménologie, au moins dans ledit « tournant théologique de la phénoménologie », il y a, ou il pourrait y avoir, une sorte d'homologie dans les termes entre le corps de Celui qu'on a pu dire ressuscité sans le réduire ni se réduire à un « esprit » (*pneuma*) qui « n'a ni chair ni os (*sarksa kai ostea ou ekeï*) comme vous voyez que j'en ai » (Lc 24, 39), et l'existence appelée « en chair et en os » (*leibhaftig*) couramment usitée dans le cadre de la phénoménologie – de Husserl à Heidegger, voire Sartre et Karl Marx compris[1]. Mais ce rapprochement de la théologie à la phénoménologie ne va pas de soi, c'est le moins que l'on puisse dire. Car *les chairs et les os* en grec (*sarkxa kai ostea*) renvoient plutôt à la réalité du corps qui n'est précisément pas un « esprit » ou un « fantôme » (*pneuma*), alors que le *Leib* de la présence « en chair et en os » de la phénoménologie (*leibhaftig*) se référerait davantage à un vécu ou à une donnée de la conscience, qui fait qu'il n'est précisément point nécessaire d'être « réellement » là ou objectivement présent pour y être au moins « charnellement », c'est-à-dire en personne sur le mode d'un vécu subjectif. On ne devrait donc en aucun cas, au moins en droit, franchir le pas qui va de la présence « en personne » ou « en chair et en os » (*leibhaftig*) en phénoménologie, à l'apparition « avec des chairs et avec des os » (*sarkxa kai ostea*) en théologie. Du vécu du corps d'un côté (phénoménologie) à la réalité ou l'épaisseur du corps de l'autre (théologie), point de commune mesure.

Reste qu'en fait, et selon bien des interprétations parce que le biologique de la résurrection pose certes et pour le moins question, on pourra

1 Nous renvoyons ici à notre contribution, faisant écho au présent essai : « En chair et en os », revue *Transversalités*, 2020/2, n° 153, p. 59-82.

rapprocher l'*incarnation phénoménologique* (*Verleiblichung*) de l'*incarnation théologique* (*incarnatio*), à partir de leurs récits respectifs. Ce qui vaut en effet pour la phénoménologie – être « en chair et en os » en tant qu'on est là « en personne » (*leibhaftig*) – vaut en effet, et peut-être aussi, pour la théologie. L'invocation de la « chair et des os » (*sarkxa kai ostea*) pour rejeter l'esprit ou le fantôme (*pneuma*) n'empêche pas de faire primer le vécu du corps sur le corps objectivé y compris en théologie, bien au contraire. Car dans la résurrection, il n'y va pas d'abord de l'objectivité épistémologique de ce corps qui apparaît (observable et mesurable), mais de la lecture phénoménologique de son mode d'apparition (le phénomène dans son identité comme étant « le même » et « différent »). Sur le mode de l'*épochè* ou de la réduction phénoménologique, la « reconnaissance » (objectité ou phénomène) prime ici sur la connaissance (objectivité ou mesurabilité). Le « c'est bien moi (*egô eimi autos*) », en guise d'appel aux disciples en montrant les stigmates de la Passion, invite à la confession plutôt qu'à l'exploration, à l'aveu d'un lien continué par le vécu du corps (*Leib*) plutôt qu'à l'observation d'un corps (*Körper*) : « Regardez mes mains et mes pieds : *c'est bien moi* » (Lc 24, 39).

Rien n'est simple donc. Ou plutôt, rien n'est si simple. Car de la façon dont on pensera la présence « en chair et en os » (*leibhaftig*) dans le champ de la phénoménologie dépendra la manière dont on appréhendera le Christ ressuscité « avec des chairs et avec des os » (*sarkxa kai ostea*) dans le cadre de la théologie. On ne lit en effet aucun texte en dehors de ses expressions, et aussi de ses modes de traduction. Et si le Christ est bien là « en chair et en os » dans son apparition en tant qu'être ressuscité, est-il seulement là « en personne » et reconnu comme tel dans le vécu de son corps, ou possède-t-il un « corps véritable » de sorte qu'un « esprit n'a ni chair ni os comme vous voyez que j'en ai » (Lc 24, 39) ? Ce n'est pas là simple affaire de croyance, mais aussi de culture, ou mieux de sérieux avec lequel on lira, et on interprétera, un texte – de la phénoménologie certes, mais aussi de l'Évangile. Car l'*incarnation phénoménologique* et l'*incarnation théologique* ont en effet ceci en commun de vouloir dire la corporéité, l'une semblant vouloir davantage passer par la « chair » (vécu du corps) et l'autre par le « corps » (réalité du corps). Reste que l'entendu, ou le « mal-entendu », provient d'abord d'une question de conceptualisation *dans la phénoménologie elle-même* : d'où vient la chair, que veut dire la chair, pourquoi et comment justifier le « tournant de la chair » – dans un évident oubli, ou à tout le moins occultation du « corps » ?

C'est donc à interroger la phénoménologie qu'on se déterminera aussi pour savoir ce qu'il en est de la théologie. Non pas que la phénoménologie n'ait d'autre but que d'éclairer la théologie – selon une subordination qui n'aurait aucun sens ici. Mais en cela que les décisions prises dans le cadre de la phénoménologie – y compris la fameuse traduction en français de *Leib* par « chair » – ne sont peut-être pas sans racines théologiques (« Et le Verbe *s'est fait chair* ») ni implications phénoménologiques (« s'incarner *dans sa "chair"*[2] »).

2 Superposition de *sarx* en théologie et de *Leib* en phénoménologie pour les traduire par le même mot de « chair » en français qui, certes, ne va pas de soi, mais est pourtant couramment usité dans le cadre de la phénoménologie. Voir par exemple, M. Henry *Incarnation, Pour une philosophie de la chair*, Paris, Seuil, 2000, Introduction, p. 26 : « Jean ne dit pas que le Verbe a *pris un corps* [...]. Il dit qu'il *"s'est fait chair"*. Il est question de *chair* et *non de corps*, et si la différence entre *chair* et *corps* nous est apparue dès l'abord essentielle, c'est *la chair*, et *non le corps*, qui doit servir de *fil conducteur à l'intelligence de l'Incarnation au sens chrétien* – mais sans doute aussi *de tout être incarné* » (nous soulignons). Un débat avec Michel Henry certes développé dans *Le combat amoureux, Disputes phénoménologiques et théologiques*, Paris, Hermann, 2014, chap. v, p. 197-262 : « Y a-t-il une chair sans corps ? » (avec la réponse de M. Henry dans Ph. Capelle, éd. *Phénoménologie et christianisme chez Michel Henry*, Paris, Cerf, 2004, p. 168-182 : « À Emmanuel Falque »). Mais dont on sait maintenant qu'il fut nourri et entretenu par la lecture, et la prise de notes, par Michel Henry lui-même sur nos propres travaux – en particulier notre contribution sur Tertullien, mais aussi celle sur Irénée, les deux seuls pères de l'Église traités dans *Incarnation* (§ 24 : « De la conception hellénique du corps à la phénoménologie. Les problématiques fondamentales d'Irénée et de Tertullien »). On trouvera aujourd'hui nos deux contributions, pour tout lecteur qui voudrait en établir la comparaison, rassemblées dans *Dieu, la chair et l'autre, D'Irénée à Duns Scot*, Paris, Puf, 2008, chap. iv, p. 207-250 : « La visibilité de la chair » (Irénée) ; ainsi que chap. v, p. 251-289 : « La consistance de la chair » (Tertullien). En dépit de l'interprétation diamétralement opposée qu'en tirera Michel Henry, en les tirant davantage, et à nos yeux, du côté de la gnose (nous lui avions à l'époque, et de vive voix, signalé l'importance de ces deux pères de l'Église pour la question de la chair), la preuve du dialogue est aujourd'hui établie par les documents tangibles de ses multiples prises de notes et références à nos textes que l'on retrouvera aux archives Husserl (Louvain) entre les feuillets manuscrits MS A 26201 et MS A 26979 : et en particulier les notes manuscrites directement consacrées à notre travail dans les notes manuscrites sur E. Falque (MS A 26363-26364, et MS A 26409-26413) ; ainsi que les notes préparatoires à *Incarnation* (MS A 25202-27005). Nous remercions très vivement Paula Lorelle (chercheuse aux *Archives Michel Henry* à Louvain) d'en avoir fait la découverte et de nous en avoir transmis les références. Un débat direct avec Michel Henry vécu de façon amicale et chaleureuse avec lui durant les dernières années de sa vie, mais dont on trouvera ici la trace écrite.

## EN CHAIR ET EN OS

Être « en chair et en os », et pour reprendre donc une étude développée par ailleurs[3], reviendrait ainsi à exister (a) soit « en personne », pour suivre le célèbre principe des principes au paragraphe 24 des *Ideen I* de Husserl – « ce qui s'offre à nous originairement dans l'intuition (pour ainsi dire dans son effectivité "en chair et en os" – *leibhaften Wirklichkeit*)[4] » –, (b) soit « sur le mode du vécu en chair », mais qui confère un privilège à la perception sur tout autre mode d'intentionnalité chez Martin Heidegger suivant ici la description du pont de Weidenhausen – « le perçu est non seulement donné en tant que lui-même, mais lui-même *dans sa chair* (*in selbst in seiner Leibhaftigkeit*[5]) » –, (c) soit en se tenant « physiquement devant la chose » pour reprendre Sartre rejetant la « pauvreté essentielle de l'image[6] », (d) soit en reconnaissant l'homme réel qui a extérieurement et physiquement besoin d'extériorité pour vivre selon Karl Marx (le biologique, le travail, le social) – « en tant qu'être naturel, en chair et en os (*leibhaftig*), sensible, objectif, l'homme est un être souffrant, dépendant, limité comme l'est la plante et l'animal[7] ». Et Henri Bergson ira même aussi de son propre « en chair et en os » pour dire cette fois l'homme réel, qui précisément n'est pas un possible, mais crée du virtuel à partir de son élan vital : « L'idée, immanente à la plupart des philosophies et naturelle à l'esprit humain, de possibles qui se réaliseraient par une acquisition d'existence, est donc une illusion pure. Autant vaudrait prétendre que l'homme *en chair et en os* provient de la matérialisation de son image aperçue dans le miroir[8]. »

---

3 « En chair et en os », *op. cit.* (*Transversalités*, 2020/2, n° 153, p. 59-82).

4 Edmund Husserl, *Idées directrices pour une phénoménologie pure et une philosophie phénoménologique* (*Ideen I*, 1913), nouvelle traduction J.-F. Lavigne, Paris, Gallimard, 2018, § 24, p. 71 [S. 43] : « Le principe de tous les principes ». Traduit par P. Ricœur, *Idées directrices...* (trad. 1950), Paris, Gallimard, coll. « Tel », 1991, p. 78 : « dans sa réalité corporelle pour ainsi dire ».

5 Martin Heidegger, *Prolégomènes pour une histoire du concept de temps* (1925), Paris, Gallimard, 2006, p. 71-72 (GA, Bd 20, S. 53-54).

6 Jean-Paul Sartre, *L'imaginaire* (1940), Paris Folio-Essais, 1986, p. 25-27 : « Le phénomène de quasi-observation ».

7 Karl Marx, *Manuscrit de 1844*, *op. cit.* (GF), Troisième manuscrit, § XXVI, p. 170-171.

8 Henri Bergson, « Le possible et le réel » (1930), dans *La pensée et le mouvant* (1938), Paris, Puf, coll. « Quadrige », 1985, p. 112. Avec le commentaire de G. Deleuze, *Le bergsonisme*

Sans en reconduire tout le parcours ici, on reconnaîtra donc que les déclinaisons phénoménologiques du « en chair et en os » (*leibhaftig*), ou les variations théologiques autour du « avec des chairs et avec des os » (*sarxa kaï ostea*), conduisent toujours à davantage de radicalité, voire d'épaisseur dans la corporéité. Tout raccourci mis à part, il convient en quelque sorte de passer de la simple « donation en personne » (Husserl) ou « incarnée » (Heidegger), à la « praxis » ou au besoin des étants du monde y compris pour subsister (Marx) – qui fait que ni le Christ, ni nous-mêmes, nous ne saurions nous satisfaire d'un simple partage de vécus somme toute désincarnés.

L'accusation de l'idéalisme de la chair en phénoménologie (l'absolu primat du *Leib* sur le *Körper*) et le rejet de la forme gnostique de la résurrection en théologie (le *Christos angelos*) ont en effet ceci de commun qu'ils renvoient l'un et l'autre à une forme éthérée du corps qu'il s'agit de contrecarrer. Les efforts théologiques d'un Irénée « contre la gnose » (*Adversus haereses*) ou d'un Tertullien pour la « chair du Christ » (*De carne Christi*) ne sont en effet pas de trop, dans leur choc en retour, pour interroger ce qu'il en est d'un pur vécu du corps ou auto-affecté relativement à l'épaisseur sensible du corps que semble revendiquer le Ressuscité – face à l'apôtre Thomas cette fois : « *Avance ton doigt* ici et *regarde mes mains* [...], cesse d'être incrédule et devient un homme de foi » (Jn 20, 27).

## L'HYPOTHÈSE DU TOURNANT

Cette origine commune de la chair – en phénoménologie où il suffirait d'être-là « en chair et en os » ou « en personne » (*leibhaftig*) pour déjà exister, et en théologie où le Christ serait apparu « avec des chairs et des os » (*sarxa kai ostea*), mais sans vraiment y reconnaître de « vraies » chairs et de « vrais » os – se heurte donc à un « tournant »,

(1966), Puf, coll. « Quadrige », 2008, chap. V, p. 92-119 : « L'élan vital comme mouvement et différenciation » (et en particulier p. 99-101 : « le virtuel et le possible »). Référence à Henri Bergson non développée dans notre texte « En chair et en os » (contrairement à Husserl, Heidegger, Sartre ou Marx), car non encore découverte.

ou plutôt à « son » tournant, qu'il s'agit maintenant d'interroger. Car, si le « tournant théologique de la phénoménologie française » occupe tant les esprits de nombreux phénoménologues patentés, peut-être est-ce en cela qu'il dépend d'un autre virage, bien en amont et rarement questionné – à savoir le *« tournant de la chair »* par quoi la corporéité s'est progressivement spiritualisée. Peut-être pourrait-il en effet se faire que le « tournant théologique » provienne davantage du « tournant de la chair », et non pas l'inverse. Dit autrement, c'est en raison d'un débat purement philosophique et au sein de la phénoménologie elle-même qu'est devenue possible une certaine interprétation théologique de l'*Incarnation* où philosophes et théologiens se sont ensemble engouffrés. Le « devenir chair » de la phénoménologie (*Verleiblichung*) a progressivement envahi le modèle de l'incarnation en théologie (*incarnatio*), de sorte que l'« être-corps » de la première (*Verkörporung*) fut tout autant éclipsé que la possible réalité « avec des chairs et avec des os » de la seconde (*sarxa kai ostea*), fût-ce seulement pour ne pas se réduire à un « esprit » ou un « fantôme » (*pneuma*). Bref, et pour en retracer le récit, ce que nous avons nommé par ailleurs « l'embardée de la chair » de Maurice Merleau-Ponty (perception) à Michel Henry compris (auto-affection), rejaillit donc, ou a déjà retenti, sur l'ensemble de la théologie. Le *tournant de la chair* produit ou a produit le *tournant théologique*, et c'est pour n'être pas remonté à une telle origine qu'on n'a pas vu que certaines interprétations, y compris théologiques, étaient déjà prédéterminées, ou à tout le moins surdéterminées, par la phénoménologie elle-même[9].

Dans cette prise de décision, ou plutôt dans ce virage impensé, se tiennent certes des acteurs pleinement identifiés au point source de la tradition française (en particulier Emmanuel Lévinas, Paul Ricœur et Maurice Merleau-Ponty), mais aussi un certain usage de la langue qu'il s'agit d'interroger. Pour ce qui est de la détermination de ladite « chair » en phénoménologie (*Leib*), on va en effet des mots aux choses, et non pas uniquement des choses aux mots. C'est en effet dans une langue

9 *Cf. Les noces de l'agneau, Essai philosophique sur le corps et la résurrection*, Paris, Cerf, 2011, Introduction, p. 23-27 : « L'embardée de la chair » (*Triduum philosophique*, Paris, Cerf, 2015, p. 377-380). En débat implicite, nous l'avons souligné (*supra*, note 2) et en guise de point d'acmé dans cette « tradition de la chair », avec M. Henry, *Incarnation, Une philosophie de la chair*, Paris, Seuil, 2000. *Cf.* notre contribution : « Y a-t-il une chair sans corps ? », dans *Le combat amoureux, Disputes phénoménologiques et théologiques*, Paris, Hermann, 2014, chap. v, p. 197-238.

que les termes furent d'abord donnés (l'allemand), et de leur traduction dépendra la réalité désignée – en français certes, mais aussi en tout autre dialecte. À bien en interroger le détour (par la langue), on pourra en dessiner le contour (par le concept) – et les protagonistes qui en furent les pionniers : le « choix pour la chair » de Ricœur et Merleau-Ponty contre la « référence au corps (organique) » chez Lévinas, en héritier en cela de Nietzsche. De la « croix phénoménologique » de la traduction de *Leib* et *Körper* dépendra ainsi la « résistance du corps », qui fait, selon nous, le plus fort de la corporéité.

## DE L'ENRACINEMENT DANS LA LANGUE AU PROBLÈME PHILOSOPHIQUE

La traduction de *Leib* est probablement une « croix », voire la *« crux phaenomenologica »*, de toute la tradition de la phénoménologie, au moins en français[10]. Mais cette « croix phénoménologique », si elle provient de la langue, probablement crucifie-t-elle aussi, à bon escient et sans le dire, le « corps » dans sa matérialité (*Körper*) pour mieux glorifier la « chair » dans son expressivité (*Leib*). Pour justifier le « primat de la chair » en phénoménologie, en voulant désigner ici le « vécu du corps », on remarquera certes et d'abord que le terme de *Leib* en allemand – précisément traduit en français par « chair » selon une convention qui reste selon nous à questionner – vient de *leben* (vivre) et de *bleiben* (rester). Être « en chair », ou mieux « en chair et en os » (*leibhaftig*), c'est donc premièrement et presque exclusivement s'éprouver comme vivant – où ce qui prime est moins la vie elle-même que l'épreuve que l'on en fait, dans le sens où s'expérimenter subjectivement comme vivant importerait davantage que d'être dit objectivement, et presque biologiquement, vivant. Dans la phénoménologie en sa quasi-totalité, et contrairement à Nietzsche par exemple, la « vie » est moins faite de « chair et de sang »

10 *Cf.* Nathalie Depraz, « La traduction de *Leib* : une *crux phaenomenologica* », dans *Études phénoménologiques*, 1997, n° 26, p. 91-109. Repris, avec de légères modifications, dans B. Cassin (éd.), *Vocabulaire européen des philosophies*, Seuil, 2004, p. 705-709 : « Leib/Körper/Fleisch ».

que de « couches de vécus », de sorte que l'épreuve de moi (*Ich*) prime toujours ou presque sur la pulsation du grand Soi (*Selbst*)[11].

On remarquera aussi et en outre que, dans la langue allemande la plus courante, *Leib* désigne le ventre ou le sein : « *Nichts im Leibe haben* (n'avoir rien dans le ventre), *gesegneten Leibes sein* (être enceinte), *der Mutterleib* (matrice ou utérus), etc. ». Plus généralement, *Leib* correspond, dans la langue germanique, à tout ce qui touche l'intimité corporelle dans ce qu'elle a de plus vital : « *harten Leib haben* (être constipé), *am ganzen Leibe zittern* (trembler de tout son corps) ». Mieux, *Leib* désigne parfois sinon par analogie, au moins par métaphore, ce qu'il y a de plus spirituel en l'homme, comme ce qui a « du cœur » contre ce qui n'en a pas : « *kein Herz im Leib haben* (n'avoir pas de cœur), *mit Leib und Seele* (de tout son cœur), *jemandem mit Leib une Seele ergeben sein* (être dévoué à quelqu'un corps et âme)[12] ».

Bref, *Leib*, au moins dans sa source germanique, semble donc bien tirer du côté du sujet plutôt que de l'objet, du moi à l'intérieur plutôt que du soi à l'extérieur. Le *Leib* est ce qui s'éprouve, se ressent subjectivement plutôt qu'il ne s'observe, et se constate objectivement. L'*incarnation* (*Verleiblichung*) est, ou serait ainsi, l'acte de toujours davantage s'incarner dans son propre corps, alors que l'*incorporation* (*Verkörperung*) reviendrait plutôt à prendre une place quasi fonctionnelle dans un corps, mais non pas à l'éprouver comme tel. Et la chose « marche » d'autant mieux, en théologie cette fois – et pour l'avoir dit nous-même dans *Métamorphose de la finitude* (du corps à la chair) pour ensuite parcourir le chemin inverse, mais non pas contradictoire, dans les *Noces de l'agneau* (de la chair au corps) – que l'on peut très bien parler de l'*incarnation du Christ* comme son « devenir chair » en cela qu'il apparaît toujours davantage dans sa subjectivité corporelle spécifique (transfiguration et résurrection), et de l'*incorporation des disciples* dans son corps en tant que chacun, nous en sommes les membres dont il est la tête (1 Co 12, 12-31). Il faut « devenir

11 *Cf.* Friedrich Nietzsche, *Ainsi parlait Zarathoustra*, Paris, Aubier-Flammarion (édition bilingue), 1986, t. I, 1re partie [« Des contempteurs du corps »], p. 101 : « le Soi dit au moi (*das Selbst sagt zum Ich*) : "souffre à présent". Et le moi souffre et se demande comment faire pour ne plus souffrir – c'est à cela que doit servir la pensée. Le Soi dit au moi (*das Selbst sagt zum Ich*) : "jouis à présent". Et le moi ressent de la joie et se demande comment faire pour gouter souvent encore de la joie – c'est à cela que doit lui servir la pensée. »

12 N. Depraz, « La traduction de *Leib* : une *crux phaenomenologica* », *op. cit.* (*Études phénoménologiques*), p. 91 (et *Vocabulaire européen de la philosophie*, *op. cit.*, p. 706 [légèrement modifié]).

chair » (*wird Leib*), et tel est ce que les phénoménologues français ont retenu, et en particulier Maurice Merleau-Ponty, du célèbre paragraphe 36 des *Ideen II* de Husserl sur le touchant-touché :

> Parler de la chose physique "main gauche", en touchant ma main gauche par ma main droite, c'est faire abstraction de telles sensations (en tant que chose physique, le rugueux ou le lisse) […]. Si je les ajoute, il n'est alors nullement question de dire que la chose physique s'enrichit, mais bien qu'elle *devient chair* (*es wird Leib*), qu'elle *sent*[13].

Tout irait donc pour le mieux si la traduction de *Leib* par « chair » en français et de *Körper* par « corps » allait de soi depuis l'origine. La chair serait alors le « corps propre » ou le « corps subjectif », et le corps le « corps impropre » ou le « corps objectif ». Mieux, exister « en chair et en os » (*leibhaftig*) reviendrait à toujours davantage s'approprier son propre corps, à se détacher du monde des objets pour se ressentir et se déclarer comme corps sujet. Bref, la « chair » (*Leib*) marquerait un processus de subjectivation du corps, à l'inverse du « corps » (*Körper*) qui en resterait toujours à sa seule objectivation. Mais Husserl lui-même n'est pourtant pas convaincu, et ceci dès l'origine, d'un tel primat absolu du *Leib* sur le *Körper*, à tout le moins à bien lire les *Ideen II*. Et l'« embardée de la chair » que les phénoménologues français ont imprimée au *Leib* en le traduisant par « chair » ou « corps propre » – du premier Ricœur à Merleau-Ponty et Michel Henry compris – n'a rien d'évident, même et déjà dès la première traduction des *Méditations cartésiennes* de Husserl par Emmanuel Lévinas, nous le montrerons.

## L'IMPOSSIBLE RÉDUCTION DU CORPS

« Peut-on alors réduire le corps ? » Cette question, nous l'avons déjà posée à Husserl et à ses *Recherches phénoménologiques pour la constitution* (*Ideen II*)[14]. Et la réponse est claire, au moins pour Husserl davantage que

13 E. Husserl, *Recherches phénoménologiques pour la constitution* (*Ideen II, 1912-1918*, repris et recomposé par Edith Stein), Paris, Puf, coll. « Épiméthée », 1982, § 36 [« Constitution du corps propre comme support de sensations locales »], p. 206-214 (cit. p. 207 [S. 145]).

14 « Peut-on réduire le corps ? », in S. Bancalari (éd.), « Epoché », *Archivio di Filosofia*, vol. LXXXIII, n° 1-2, 2015, p. 91-107.

pour ses suivants et ses poursuivants. Le corps, entendons ici le *Körper*, est irréductible, davantage peut-être que la « chair », entendons ici le *Leib*. Car si l'on constitue bien le monde à partir de sa chair, et donc le vécu de son corps, l'« ici » (*hic*) et le « là-bas » (*illic*) de la spatialisation de la corporéité dépendent tout autant de son étendue que de son vécu. Car s'il est une « transposition aperceptive d'autrui » selon laquelle moi qui suis « ici » je m'imagine toujours « là-bas » à la place d'autrui sur le mode du « comme si », car ne pouvant jamais y être, pour suivre ici la cinquième *Méditation cartésienne*[15], c'est bien aussi parce que le corps, ce corps objectif, se tient « là » dans l'espace quand bien même je le vise toujours à partir de mon « ici ». Il y a le corps propre certes, mais il y a aussi, sous la plume du fondateur de la phénoménologie, la « chose corps propre » ou « la chose chair » (*Das Ding Leib*). Quand la main repose sur la table et que « j'éprouve la table comme quelque chose de solide, de froid et de lisse », pour citer à nouveau Husserl dans son célèbre paragraphe 36 des *Ideen II* (le touchant-touché), ces sensations localisées « ne sont pas des propriétés localisées du corps propre en tant que chose physique, en revanche elles sont des propriétés de la *chose corps propre* (*das Ding Leib*) [...]. Elles entrent en jeu quand le corps est touché, pressé, piqué, etc., et elles entrent en jeu là où il est et au moment où il est[16] ».

Que la chair ou le *Leib* puisse encore être une chose ou un *Ding*, alors que tout porterait à croire qu'elle n'est plus qu'un acte en rapport avec la chose même ou la *Sache*, ne dit pas que Husserl aurait « manqué l'orientation transcendantale », à l'instar de Descartes qu'il dénonce dans ses *Méditations cartésiennes*[17]. Cela indique seulement que l'incarnation (*Verleiblichung*) ne saurait se penser sans l'incorporation (*Verkörperung*), et donc la « chair » (*Leib*) sans le « corps » (*Körper*). Pour preuve, s'il est un « point zéro » (*Nullpunkt*) de la chair à partir duquel l'ensemble du monde m'apparaît, puisque mon vécu charnel dépend de l'orientation de mon corps, mon propre corps lui-même n'est pas toujours vécu comme propre, mais plutôt comme impropre ou comme chose, ma tête par exemple : « Je

15 E. Husserl, *Méditations cartésiennes* (1929), Paris, Vrin, 1980 (trad. Emmanuel Lévinas), § 50, p. 91-94 : « L'intentionnalité médiate de l'expérience d'autrui en tant qu'apprésentation (aperception par analogie) ».

16 E. Husserl, *Recherches phénoménologiques pour la constitution* (*Ideen II*), *op. cit.*, § 36, p. 208-209 [S. 146].

17 E. Husserl, *Méditations cartésiennes*, *op. cit.*, § 10, p. 20-21 : « Digression. Comment Descartes a manqué l'orientation transcendantale ».

ne peux voir certaines parties du corps (*Körperteile*) que dans un raccourci perceptif tout à fait particulier », précise Husserl toujours dans les *Ideen II*, « et d'autres sont pour moi franchement impossibles à voir (par exemple ma tête)[18]. » Si donc je ne peux voir la tête « que j'ai », mais aussi celle « que je fais », on comprendra alors que je ne puisse réduire mon corps à son simple vécu subjectif ou à sa chair, et que sa plasticité, y compris pour autrui, doive compter autant, voire davantage, que sa charnellité.

Plutôt donc que de déduire de la « chose chair » (*das Ding Leib*) et du « point zéro » de l'incarnation (*Nullpunkt*) que Husserl aurait aussi « manqué l'orientation transcendantale », à l'instar de Descartes qu'il accuse justement dans ses *Méditations cartésiennes* d'avoir réduit l'acte à la chose, et donc le *cogito* à la *res cogitans*[19], on reconnaîtra, selon nous et à l'inverse, que la *réduction à la chair* (*Leib*) ne saurait être totale, y compris chez le père de la phénoménologie lui-même. On ne peut ni on ne doit *mettre intégralement entre parenthèses le corps* (*Körper*). Le corps-propre subjectivé pour moi (*Leib*) est aussi et toujours un corps impropre objectivé presque sans moi. Je ne peux voir la tête que j'ai et que je fais, mais *j'ai* bien une tête (physique, plastique) avant *d'être* une tête (émotionnelle, affective). Et à force de dire que « je suis mon corps », j'en oublie moi-même que « j'ai un corps ». Tel est précisément ce que me rappelle toute *Éthique du corps épandu*, en soins palliatifs de façon paradigmatique : « dire je suis mon corps (dans la grande santé), c'est oublier qu'un jour mon corps m'aura (dans la souffrance et la maladie par exemple[20]) ».

## L'INVERSION DU MEMBRE FANTÔME

On ne saurait donc se contenter du « membre-fantôme » décrit par Maurice Merleau-Ponty dans la *Phénoménologie de la perception*. Certes, dans le cas du membre manquant, fait remarquer le phénoménologue

18 *Ibid.* § 41 : « Constitution du corps propre en tant que chose matérielle en opposition avec d'autres choses matérielles », p. 224 [S. 159].

19 *Ibid.* § 10, p. 20-21 : « Digression. Comment Descartes a manqué l'orientation transcendantale ».

20 *Cf. Éthique du corps épandu, Soins palliatifs et philosophie*, Paris, Cerf, 2018, p. 38-40 : « J'ai un corps ».

en s'appuyant sur des analyses y compris physiologiques, l'amputé continue à ressentir le membre qu'il n'a pas. S'orienter avec son corps sujet dans l'espace, ou plutôt constituer l'espace par sa chair, revient en effet à s'orienter dans le monde, y compris avec ce qu'on n'a pas ou plus (un tibia ou un avant-bras), de sorte que je fais « comme si » je marchais avec ma jambe ou « comme si » je prenais avec ma main, alors que je ne peux véritablement ni marcher ni prendre :

> La conscience de la jambe fantôme reste donc, elle aussi, équivoque. *L'amputé sent sa jambe* comme je peux sentir vivement l'existence d'un ami qui n'est pourtant pas sous mes yeux, *il ne l'a pas perdue parce qu'il continue à compter avec elle* [...]. Le bras fantôme n'est pas une représentation du bras, mais la *présence ambivalente* d'un bras [...]. Avoir un bras fantôme, c'est *rester ouvert* à toutes les actions dont le bras seul est capable, c'est *garder le champ pratique que l'on avait avant la mutilation*[21].

« Pas de bras, pas de chocolat » – la réplique est célèbre. Et le fameux film français *Les Intouchables*, tiré de la vie de Philippe Pozzo di Borgo, lui-même tétraplégique[22], en a fait sa marque de fabrique. Quand la personne handicapée (François Cluzet) est privée de sa gourmandise par son acolyte valide (Omar Sy), il ne saurait lui-même la manger faute d'avoir les moyens d'aller la chercher. À l'absence de bras (pour la prendre) correspond donc la privation de chocolat (pour le manger). La blague, certes, est plutôt cruelle. Elle rejoint pourtant, et directement, la phénoménologie et cette question paradigmatique du membre fantôme. Car la question se pose : sentir un bras qu'on n'a pas ne donne pas de se servir de ce bras, quand bien même une sensation interne (ressentir) pourrait rejoindre ce qu'il en est d'une sensation externe (sentir) qui pourtant n'existe pas. Peut-être pourrait-il en réalité se faire qu'avec Maurice Merleau-Ponty et tous les partisans phénoménologiques de l'embardée de la chair, on puisse se nourrir du leurre d'une prise de chocolat « sans bras », comme le Dasein est peut-être « sans mains[23] ». L'éloge de l'amputé capable encore de perceptions, ou à tout le moins de sensations, par son membre manquant (hypertrophie du vécu) pourrait

21 Maurice Merleau-Ponty, *Phénoménologie de la perception*, Paris, Gallimard, 1945, 1re partie, chap. I [« Le corps objet »], p. 96-97 (Gallimard, coll. « Tel », p. 110-111). Nous soulignons.

22 Auteur du *Second souffle*, Paris, Bayard, 2011.

23 *Cf.* Jean-François Courtine, *Heidegger et la phénoménologie*, Paris, Vrin, 1990, p. 283-303 : « Donner/prendre : La Main ».

rapidement toucher les limites d'une absence de « corps » et non seulement de « chair » (praxis du corps).

Ainsi convient-il, et selon nous, de renverser l'hypothèse merleau-pontienne du membre fantôme ou manquant, car toujours et seulement ancrée sur la « chair » (*Leib*) et oublieuse du « corps » (*Körper*). Une *Phénoménologie de la perception* fait certes et toujours du corps propre le principe ou le « point zéro » de toute appréhension du monde, mais sans voir qu'à cette hypothèse résiste le moi qui apparaît, ou précisément ne m'apparaît pas, parce qu'il est une chose – la tête que « j'ai » avant que de l'« être » par exemple. Ce n'est donc pas ou plus, dans notre propre hypothèse d'un retour vers le corps, le *membre que je n'ai pas et que je ressens* qui importe (cas des culs-de-jatte et des amputés), mais le *membre que j'ai et que je ne ressens pas ou plus* (cas de l'engourdissement, de l'anesthésie locale, du membre tuméfié, voire cancérisé, etc.). Il y a en effet bien pire et plus existentiel que d'*être le corps qu'on n'a pas* (membre fantôme), c'est de *ne pas être le corps qu'on a* (engourdissement ou maladie du corps).

Dans le premier cas – *ressentir ce que je n'ai pas* (membre fantôme) – on constitue ou on continue à constituer soi-même et le monde à partir de la « chair » ou du corps vécu, quand bien même il manquerait un membre, ou ce qui m'est le plus propre et le plus proche, pour la constitution. Il en va en réalité du membre fantôme pour Maurice Merleau-Ponty comme de la situation ordinaire de tout homme. L'autre est toujours « celui qui me manque » et parfois « manque » à mon champ perceptif, et il vient compléter par sa chair ce qui est appelé par mon corps. Si je ne vois pas ma propre tête, lui au moins la voit. Et c'est en le voyant, lui, voir ma tête « que j'ai », mais aussi « que je fais », que je sais, mais par analogie seulement, la tête « que je suis ». Ma tête n'est jamais objectivée, au moins phénoménologiquement parlant, ni pour lui ni pour moi, car c'est au cœur de notre intersubjectivité qu'elle vient à apparaître pour moi comme pour autrui en guise de lieu véritable d'un sujet sinon capable de s'auto-éprouver (Michel Henry), au moins de percevoir, de s'apercevoir et de s'entre-apercevoir (Merleau-Ponty).

Dans le second cas – *ne pas ressentir ce que j'ai* (anesthésie ou tumeur) –, on ne constitue pas l'objet, car il est en quelque façon non constituable. Il y a du membre, il y a de la chair, il y a une tumeur, il y a une bosse, il y a une plaie, mais dans l'impossibilité absolue de les rapporter à un

« Je » capable de se les approprier. Je ne peux plus dire « je souffre », mais « ça souffre » en quelque sorte en moi – comme le « *Ça n'a rien à voir* » chez Freud, où le « ça » n'est ni visible ni atteignable, mais aussi ne pouvant être ni expérimenté ni éprouvé. L'*invivable*, lorsqu'il atteint l'extrême, ne désigne pas uniquement le « difficile à vivre », mais ce qui « brise l'horizon même du vécu ». Il y a en effet une différence entre *éprouver tragiquement ce que j'expérimente*, et *tragiquement ne pouvoir plus rien ni expérimenter ni éprouver.* Il pourrait en effet paradoxalement nous arriver que « *la plus haute réalité du mal ne parvienne pas ou plus à nous faire mal*, qu'il s'agisse du péché dont nous sommes affectés (mal moral), ou de la souffrance qui devient parfois si intense que face à elle on ne se tient ni résigné ni révolté (mal métaphysique)[24] ».

Plutôt que le corps qui se subjective par la chair chez Merleau-Ponty, ou que l'angoisse qui individualise en me posant la question du sens chez Heidegger, l'inversion du membre fantôme renvoie ainsi à un moi qui ne l'est pas ou plus vraiment, tant il est parfois marqué par le trauma que son corps s'est en quelque sorte objectivé – à la fois dans l'impossibilité de le reconnaître comme mien, et en le constatant en quelque sorte comme autre. Non pas *infra-phénoménal*, comme le « monde de la vie » ou la *Lebenswelt* qui supporte toujours dans l'infra-langagier ce qui appartient au langage, ou le pré-réflexif qui est du ressort de la réflexion, ni *supra-phénoménal* comme si j'appartenais pleinement à la « chair du monde » jusqu'à étendre ma propre chair « jusqu'aux étoiles » pour reprendre une expression de Husserl[25], le corps inconstituable et non constitué est *extra-phénoménal* – ce que nous avons nommé « Hors phénomène », ou encore ici « Hors chair[26] », c'est-à-dire dans le dehors, y compris pour moi, de ma propre corporéité : « Notion de matérialité qui n'a plus rien de commun avec la matière opposée à la pensée et à l'esprit dont se nourrissait le matérialisme classique », écrit Emmanuel

24 *Cf.* notre contribution : « Mal et finitude. Dialogue avec Ricœur et Lévinas », *Études théologiques et religieuses*, 2017/2, p. 413-431 (cit. p. 417, souligné dans le texte) ; ainsi que *Ça n'a rien à voir, Lire Freud en philosophe*, Paris, Cerf, 2018.

25 *Cf.* Didier Franck, *Chair et corps, Sur la phénoménologie de Husserl*, Paris, Ed. de Minuit, 1981, p. 100 : « Organe de toute perception, milieu et moyen de toute perception, ma chair (chez Husserl) s'étend jusqu'où s'étend ma perception : *jusqu'aux étoiles*, elle est coextensive au monde propre, et sans son incorporation, il est bien difficile de comprendre le sens possible d'un *hors-chair* ».

26 *Ibid.* (*supra*). Hypothèse limite d'un « Hors chair », seulement suggérée ici par Didier Franck, et qui fait le cœur du présent essai.

Lévinas juste au sortir de la guerre et du drame d'Auschwitz dans *De l'existence à l'existant* (1945) [...]. « Celle-ci (cette matérialité) c'est l'épais, le grossier, le massif, le misérable. Ce qui a de la consistance, du poids, de l'absurde, brutale, mais impassible présence, mais aussi de l'humilité, de la nudité, de la laideur [...]. La matière est le fait même de l'*Il y a*[27]. »

## QUESTION DE TRADUCTION

L'immense détour opéré ici – par le retour sur la formule du « en chair et en os » (*leibhaftig*), l'enracinement du *Leib* dans la langue germanique, l'impossible réduction du corps, et l'inversion du membre fantôme – nous conduit, ou plutôt nous reconduit logiquement, à la « croix phénoménologique » de la traduction de *Leib* en français. Rien ne dit en effet qu'il faille d'un simple revers de main sacrifier le « corps » (*Körper*) sur l'autel de la « chair » (*Leib*). Et rien n'interdit non plus de penser que cette « croix de la phénoménologie » (*Leib/Körper*) soit aussi, et en quelque façon, la « croix de la théologie » elle-même (corporéité du Christ crucifié cette fois). Si « c'est seulement dans les boucheries que Bacon est un peintre religieux », pour suivre ici l'interprétation de Gille Deleuze[28], il y va peut-être là encore de la « chair », mais au sens courant du terme cette fois – *Fleisch* en allemand, *Flesh* en anglais – soit la « viande » par quoi aussi nous sommes constitués. Il y a certes le *corps qui se donne comme chair* dans la parole du centurion par exemple (« Vraiment, celui-ci était le fils de Dieu », Mt 27, 54), mais il y a aussi la *chair réduite au corps* au terme du cri de déréliction cette fois (« Jésus, ayant poussé un grand cri, expira », Mt 27, 50). Et c'est à tenir les deux versants de la chair – le « vécu » dans son sens phénoménologique (Husserl) et la

27 Emmanuel Lévinas, *De l'existence à l'existant* (1945), Paris, Vrin, 1998, p. 91-92. Pour ce qui est de l'*extra*-phénomenal, ni *infra*-phénoménal ni *supra*-phénoménal, nous renvoyons à notre ouvrage *Hors phénomène, Essai aux confins de la phénoménalité*, Paris, Hermann, coll. « De visu », 2021, ch. 1 : « L'*extra*-phénoménal ».

28 Gilles Deleuze, *Francis Bacon, Logique de la sensation* (1981), Paris, Ed. du Seuil, 2002, p. 30. Hypothèse de la « chair comme viande », y compris dans le cadre de la crucifixion, reprise et commentée dans *Les noces de l'agneau*, *op. cit.*, § 7, p. 86-90 : « Vers une autre métamorphose » (*Triduum philosophique*, p. 432-435).

« viande » dans son sens courant (Deleuze) – qu'on ne tombera ni dans l'idéalisme de la phénoménalité ni dans la fascination de la matérialité.

Il revient alors et précisément à Emmanuel Lévinas, indépendamment de toute interprétation chrétienne bien sûr, de nous donner à voir que la traduction de *Leib* par « chair » et de *Körper* par « corps » en français ne va pas ou n'allait pas de soi, c'est le moins que l'on puisse dire. Mieux, et nous allons le montrer, avant que le « tournant de la chair » soit définitivement pris sous l'impulsion de Paul Ricœur et de Maurice Merleau-Ponty, et de toute la phénoménologie à leur suite (en particulier Michel Henry), on peut dire, et on doit dire, que *Leib* fut toujours traduit en français par « corps » plutôt que par « chair ».

Telle est par exemple la tradition de la traduction de Nietzsche. L'homme pense « au fil conducteur du corps (*Leib*) », et non pas de la chair, quand il est question de corporéité chez le philosophe de Sils-Maria. Ou encore, c'est « le corps qui philosophe (*der Leib philosophiert*) », et non pas la chair, quand on voit combien le *Leib* se rapporte aussi, et d'abord chez lui, à l'organicité. Et dire qu'« en vérité c'est encore à l'estomac que l'esprit s'apparente le plus », pour suivre l'auteur de *Par-delà le bien et le mal*, n'est pas réduire l'esprit au corps, bien au contraire. C'est plutôt pour souligner que le second (l'esprit) fonctionne comme le premier (le corps) et doit donc prendre modèle sur lui : soit le « pouvoir de digestion » comme tel. Traduire en ce sens *Leib* par « corps » en français, et non pas chair, n'est pas hérésie dans l'exégèse de Nietzsche, mais plutôt son usage le plus courant et le plus fondé – en cela précisément que la corporéité n'est pas (encore) détachée de l'organicité[29]. Et les mots mêmes de la langue allemande précédemment cités pour traduire *Leib* en faveur de « l'éprouvé de la chair » plutôt que de « l'organicité du corps » pourraient en réalité, et tout aussi bien, nous donner à penser l'inverse. Tout dépend de quel côté faire pencher la balance ou mettre l'accent. Il faut bien avoir un « ventre » pour n'avoir « rien dans le ventre » (*nichts im Leibe haben*), ou encore avoir un « corps » pour « trembler de tout son corps » (*am ganze Leibe Zittern*).

29 *Cf.* F. Nietzsche, *Fragments posthumes*, 1884, 26, (374) : « C'est au fil conducteur du corps (*Leib*) qu'on avance » (*Cf.* D. Franck, *Nietzsche et l'ombre de Dieu*, Paris, Puf, 1998, Troisième partie [« Le fil conducteur »], chap. 1, p. 171-183 : « La pluralité des corps ») ; *Fragments posthumes*, 1882, 5 [32] : « *der Leib philosophiert* » (cité et traduit D. Franck, *ibid.* p. 476, dernière phrase de l'ouvrage) ; *Par-delà le Bien et le mal* (1885), Paris, Gallimard, Colli-Montinari, 1971, § 230, p. 149 : « En vérité c'est encore à l'estomac que l'esprit s'apparente le plus. »

Bref, tirer le *Leib* du côté du *vécu* plutôt que de l'*organicité*, de la *manière* davantage que de la *matière*, n'a rien d'une évidence, dès lors que l'usage de la traduction (chez Nietzsche par exemple) et la pratique de la langue (n'avoir rien dans le ventre) en ont au moins soulevé la difficulté. Il convient alors, et a minima, de s'interroger. D'où vient ce « grand virage » pris par les philosophes de la chair – Maurice Merleau-Ponty et Paul Ricœur en chefs de file – alors même qu'Emmanuel Lévinas traduisant les *Méditations cartésiennes* de Husserl (en 1931), et peu après qu'elles furent prononcées (en 1929), ne l'a pas emprunté et n'eut même pas l'idée de s'y engager ? Il est parfois des voies déviées que l'on prend subrepticement, et c'est bien tard, et bien plus tard, que l'on voit à quel point on a quitté son point de départ en atteignant son point d'arrivée. Ainsi en va-t-il du *récit de la chair*, pouvant aussi désigner d'abord l'organicité du corps dans le langage courant (*Leib*) et la philosophie (Nietzsche) – bien loin pourtant, et même à l'opposé, de l'embardée de la chair de la phénoménologie (Husserl repris par Ricœur, Merleau-Ponty ou Michel Henry)[30].

## LE RÉCIT DE LA CHAIR

Les *Méditations cartésiennes* marquent précisément le lieu où Husserl fixe définitivement la distinction du *Leib* et du *Körper*. Mais la traduction qu'en propose Lévinas a donc de quoi étonner, au moins au regard du consensus implicite de toute la tradition phénoménologique. Il use en effet du terme de « corps organique » pour dire le *Leib*, quand toutes les traductions contemporaines y substitueront le « corps propre », le « propre corps » ou la « chair ». Ce qui ne paraît qu'une simple querelle d'exégètes porte en réalité en soi les enjeux les plus profonds, et les plus importants, pour l'avenir de la phénoménologie. Car s'il est un tournant, celui-ci sera moins de la théologie – ledit « tournant théologique de la phénoménologie française » (Janicaud) – que de la « corporéité », voire de la « charnellité » : le « tournant de la chair ». Mieux, le tournant théologique de la phénoménologie qui a souvent reconduit la chair phénoménologique à l'incarnation

30 Expression d'« embardée de la chair » reprise du titre de l'introduction des *Noces de l'agneau* (*ibid.*, p. 23-27), dont le présent essai constitue la justification et l'histoire philosophique.

théologique s'appuie *de facto* sur le non-dit de cette réduction du corps à la chair – comme si le Christ eût fui d'autant plus son animalité (le corps) en ralliant son humanité, voire sa divinité (la chair).

Lisons d'abord la traduction d'Emmanuel Lévinas au paragraphe 44 des *Méditations cartésiennes* de Husserl [« Réduction de l'expérience transcendantale à la sphère du propre »] pour se rendre à l'évidence :

> Parmi les corps de cette nature (*Körpern dieser Natur*), réduite à ce qui m'appartient, je trouve *mon propre "corps organique"* (*finde ich meinen Leib*), se distinguant de tous les autres par une particularité unique : c'est, en effet, le seul corps (*Körper*) qui n'est pas seulement corps (*der nicht blosser Körper ist*), mais précisément "corps organique" (*sondern eben Leib*)[31].

Si l'on y regarde de près et à presque un siècle de distance, la traduction de ce passage des *Méditations cartésiennes* de Husserl par Emmanuel Lévinas non seulement a de quoi faire sourire aujourd'hui, mais aussi laisse coi et stupéfait. D'autant que ce texte fera, ou aura fait, office de traduction officielle en France pendant plus de six décennies (Vrin, 1931 / Puf, 1994), qu'il sera maintes fois republié, sans devenir pourtant interrogé, et même en devenant parfois implicitement biffé. *Leib* est ici traduit à deux reprises par « corps organique » – *finde ich meinen Leib* (« je trouve *mon propre corps organique* »), *sondern eben Leib* (« mais précisément *corps organique* ») – et non pas par « chair » ou « corps propre », ce qui tire le sens de la vie corporelle chez Husserl non seulement du côté du vécu mais aussi du biologique, non uniquement vers l'épreuve de soi mais encore vers le flux du vivant en soi. Pour le dire *a posteriori*, Lévinas traduit Husserl à partir de l'usage et dans la lignée de Nietzsche, nous l'avons dit : *der Leib philosophiert* – « c'est le corps (et non la chair) qui philosophe[32] ».

Mais y a-t-il là bévue, et méprise, comme l'accuseront les modernes ou plutôt les suivants ? Si la traduction ultérieure des *Méditations cartésiennes* date tout juste de 1994 (Puf, de Launay), faut-il que tous les lecteurs de Husserl pendant plus de soixante ans se soient trompés, au point de barrer nécessairement et personnellement sur chacun de leurs exemplaires les mots « corps organique » pour les remplacer par

31 E. Husserl, *Méditations cartésiennes*, *op. cit.* (Vrin, trad. Emmanuel Lévinas), § 44, p. 80.

32 F. Nietzsche, *Fragments posthumes*, dans *Œuvres complètes*, Paris, Gallimard, 1976, t. IX, 1882, 5 (32).

celui de « chair[33] » ? Et pourtant, Emmanuel Lévinas insiste, et pour ne pas dire récidive, sachant combien chez lui, et chez lui seul au regard de la phénoménologie ultérieure, la matérialité du corps compte (*De l'existence à l'existant*) comme la satisfaction du besoin biologique dans la jouissance (*Totalité et infini*). Ainsi une note du traducteur, ajoutée en bas de page à ce passage du paragraphe 44 des *Méditations cartésiennes*, suffit à montrer que la transcription ici est intentionnelle et ne doit rien au hasard : « Les termes allemands : *Körper* et *Leib*, n'ayant qu'un seul équivalent français, corps, nous traduirons *Körper* par "corps" et *Leib* par "corps organique" » (N. du t.)[34].

La chose est donc on ne peut plus claire, au moins pour Emmanuel Lévinas, traducteur de Husserl en 1931, comme aussi probablement pour Edith Stein qui vient d'achever la recomposition des *Ideen II* pratiquement à la même époque. Le maître en réalité ici ne distingue pas, ou à tout le moins pas seulement, entre le « corps matériel » (*Körper*) et le « vécu de la chair » (*Leib*), mais entre le « corps matériel » (*Körper*) et le « corps organique » (*Leib*). La nuance est de taille. Elle ne dit certes pas que Husserl a réduit le vécu à l'organique, en quoi il s'éloigne en bien des façons du *Leib* nietzschéen, mais elle souligne que le père de la phénoménologie n'a, quant à lui, jamais pensé le vécu indépendamment de l'organique. Dit autrement, il n'y a pas de « chair sans corps » chez Husserl, et ceci dès ses premières lectures, par là que la vie ne saurait se détacher du vivant, ni l'épreuve de soi du monde.

D'où vient alors le *tournant de la chair* ? Qui et comment, dans l'histoire de la philosophie française, a pris l'implicite décision de défaire la « chair » du « corps » – c'est-à-dire de ne voir que du « vécu » là où il y avait aussi de l'« organique » (double sens du *Leib*), et de l'opposer radicalement au « corps matériel » (*Körper*), comme s'il fallait nécessairement, sinon s'en séparer, au moins s'en défendre ? Comment se fait-il que la dernière publication des *Méditations cartésiennes* en français (de Launay, 1994) traduise maintenant non plus par « corps » mais par « chair », ou plutôt non pas par « chair » mais par « corps propre » ? Mieux, et parce que se ressent véritablement une gêne ici dont nul ne sait comment la résoudre, en transformant soudainement le « corps propre »

---

33 Une pratique que nous avons nous-même adoptée, comme si Lévinas s'était trompé, et pour ne l'interroger que récemment en nous demandant pourquoi l'avoir biffé.

34 E. Husserl, *Méditations cartésiennes*, *op. cit.* (Vrin, trad. Lévinas), § 44, note 1 p. 80.

en « propre corps » : « Parmi les corps de cette nature véritablement saisis, je rencontre, se distinguant de manière unique, mon *propre corps* (*Leib*), c'est-à-dire comme l'unique corps qui n'est pas simplement "corps physique" (*Körper*) mais précisément "corps propre" (*Leib*)[35]. »

Une fois encore, ce qui ne pourrait, de prime abord, se réduire qu'à un simple jeu de langage, ou de traduction, détermine en réalité tout le devenir de la phénoménologie (Ricœur, Merleau-Ponty), voire de son transfert à l'*incarnation* théologique au moins quand elle s'inspire de la phénoménologie (Henry). Ce n'est en effet pas le même – et nous l'avons souligné – que de parler de la souffrance du Christ sur la croix comme « vécu charnel auto-affecté » (corps propre), ou comme « corps y compris animal ou animalisé » (corps organique). Peu importerait en quelque sorte que l'on traduise *Leib* par « chair », « corps propre », « propre corps », « corps organique », s'il ne s'agissait là que d'une querelle pour les phénoménologues et entre phénoménologues. Mais dès lors que la phénoménologie a *de facto* investi le champ de la théologie, dans un tournant dit « théologique de la phénoménologie française », et que la théologie fort heureusement se positionne et s'interroge face à ce tournant, ce qui n'était alors qu'affaire de langage devient lieu d'existence. Car c'est à savoir qui je suis d'abord comme « corps » ou « chair », c'est-à-dire dans ma propre incarnation (phénoménologique), que je saurai qui est ce qu'il en est du Verbe fait « chair » ou « corps » dans sa propre incarnation (théologique).

## QUESTION D'INTERPRÉTATION

Découvrir qui, ou plutôt comment, a pu être pris ce *virage du corps à la chair*, plus fondamental donc que le simple tournant théologique de la phénoménologie, revient alors à se tourner vers le jeune Paul Ricœur (et dans une moindre mesure Merleau-Ponty) dans son célèbre texte sur la « Cinquième *Méditation cartésienne* de Husserl » (1954) – essai repris dans *À l'école de la phénoménologie* (1986), mais en quelque sorte contesté, ou disons autrement orienté, dans *Soi-même comme un autre* (1990). À la

35 E. Husserl, *Méditations cartésiennes*, Paris, Puf, 1994, trad. De Launay, § 44, p. 145.

première note de bas page de ce commentaire, qui a formé des générations entières d'étudiants et de phénoménologues autour de la question centrale de l'altérité, on y lit et on y voit en effet cette formule : « Nous citons entre parenthèses (...) la traduction française de E. Lévinas et G. Pfeiffer (Paris, Vrin, 1947 [car cette traduction était déjà quelque peu revue relativement à celle de 1931], que nous prenons *la liberté de modifier*)[36] ». Qu'on puisse transformer une traduction, certes – à savoir ici la traduction d'Emmanuel Lévinas par Paul Ricœur. Mais que ce soit là une « liberté » totalement justifiée, voilà précisément ce qu'il convient d'interroger. Car dans l'usage de la langue française à tout le moins, « prendre *la* liberté » (au sens de faire un choix décidé) peut aussi faire « prendre *des* libertés » (au sens d'un arbitraire non nécessairement justifié). Et rien n'assure que la liberté au singulier (prendre la liberté) ne soit pas ici aussi une liberté au pluriel (prendre des libertés). Le choix de transcrire *Leib* explicitement par « chair » (Ricœur), non plus en amont par « corps organique » (Lévinas) ou en aval par « corps propre » ou « propre corps » (de Launay), devait certes et probablement à l'époque passer pour un « passage obligé ». Reste qu'une telle décision demeure selon nous « impensée », au moins en cela que les conséquences ultérieures, y compris pour la théologie, n'auront pas toujours été mesurées.

Passage obligé, d'abord, parce qu'il fallait bien montrer que la phénoménalité husserlienne se dégageait de l'étendue ou du *Körper* (objectif et scientifique) pour enfin retrouver le vécu ou le *Leib* (subjectif et phénoménologique), en particulier pour ce qui est de la corporéité. Mais passage obligé, surtout, en cela que Maurice Merleau-Ponty en avait déjà ouvert la voie dès *La phénoménologie de la perception* (1945) en distinguant, d'une part, le « corps comme *objet de la physiologie mécaniste* [*Körper*] » (ch. 1 de la première partie sur « Le corps »), et d'autre part, la « spatialité du *corps propre* » (ch. 3) ou la « synthèse du *corps propre* [*Leib*] » (ch. 4) comme fondement et critère ultime de toute phénoménologie de la corporéité[37].

Reste cependant que l'usage du « corps propre », au moins dans la *Phénoménologie de la perception* (1945), n'est pas encore celui de « chair », encore réservé à cette époque à la matière labile du corps ou la « chair »

36 Paul Ricœur, « Edmond Husserl – La cinquième Méditation cartésienne », dans *À l'école de la phénoménologie*, Paris, Vrin, 1986, note 1 p. 197 (Vrin poche p. 233).

37 *Cf.* Merleau-Ponty, *Phénoménologie de la perception* (1945), Paris, Gallimard, coll. « Tel », 1985.

au sens courant : « Cette conscience qui se cacherait dans un *morceau de chair saignante* est la plus absurde des qualités occultes[38]. » Il faudra en réalité attendre « L'homme et l'adversité » (1951), et donc peu avant le commentaire de la cinquième *Méditation cartésienne* par Paul Ricœur (1954), pour que le terme de « chair » s'impose aussi dans la langue de Merleau-Ponty pour dire le « corps animé » (ou le vécu du corps) – le couple « corps-chair » prenant alors le relais du couple « corps-esprit » :

> Notre siècle a effacé la ligne de partage du "corps" et de "l'esprit" et voit la vie humaine comme spirituelle et corporelle de part en part, toujours appuyée au corps, toujours intéressée, jusque dans ses modes les plus charnels, aux rapports des personnes. Pour beaucoup de penseurs à la fin du XIX^e^ siècle, le *corps*, c'était un morceau de matière, un faisceau de mécanismes. Le XX^e^ siècle a restauré et approfondi la notion de la *chair*, c'est-à-dire du corps animé[39].

Mais, nous l'avons annoncé, ce « passage obligé » du « corps » à la « chair » pour traduire *Leib* en français demeure aussi, et selon nous, « impensé ». Non pas que Ricœur ne l'ait pas décidé. Il le justifie lui-même. Mais en cela que les conséquences pour la phénoménologie seront innombrables, et pas toujours exactement comptabilisées. Car avant de faire travailler la chair phénoménologique (*Leib*) dans la chair théologique (*sarx*) – à l'instar d'*Incarnation* de Michel Henry par exemple[40] – encore fallait-il que la chair phénoménologique elle-même soit devenue ce que peut-être elle n'était pas, ou pas encore, au moins au départ : à savoir un pur « vécu du corps » détaché de son organicité et de sa mondanéité. Si une certaine forme de gnose s'attache parfois à la réinterprétation phénoménologique de la chair théologique (« Et le verbe s'est fait chair »), peut-être celle-ci provient-elle en réalité d'une prise de décision *en amont* et *purement philosophique* cette fois : à savoir l'interprétation du *Leib* ou de la chair chez Husserl comme « vécu du corps » (Ricœur, Merleau-Ponty, Michel Henry) plutôt que comme « organicité du corps » (Lévinas). Le *tournant théologique de la phénoménologie* s'ancre, selon nous, dans le

38 M. Merleau-Ponty, *Phénoménologie de la perception*, Paris, Gallimard, 1945, p. 401 [Gallimard, coll. « Tel », p. 406 : « autrui et le monde humain »]). Voir, sur cette question, la bonne mise au point de P. Dupont, *Dictionnaire Merleau-Ponty*, Paris, Ellipses, 2008, p. 17-20 : article « chair ».

39 M. Merleau-Ponty, « L'homme et l'adversité » (1951), dans *Signes* (1960), Paris, Gallimard, 1985, p. 287.

40 *Supra*, note 2.

*tournant phénoménologique de la chair*, et non pas l'inverse. Ce n'est pas d'abord dans le rapport de la phénoménologie à la théologie que se tient la dispute (tout à fait discutable d'ailleurs dans la superposition du *Leib* au *sarx*)[41], mais au sein de la phénoménologie elle-même (dans la traduction de *Leib* par chair, et son interprétation comme corps vécu ou pure subjectivité du corps).

L'insistance de Paul Ricœur dans son commentaire de la cinquième *Méditation cartésienne* de Husserl (1954), suite à ce qu'il a lui-même nommé sa « prise de liberté », suffit à faire voir que le *tournant de la chair* n'a rien ici d'un accident ni ne doit rien au hasard : « Cette totalité isolable (résidu de la deuxième réduction), c'est le corps propre, *mieux appelé la chair* (*Leib*) : à savoir ce corps que je meus, avec lequel je perçois, par lequel je m'exprime ; cette *chair* (*Leib*) sert de pôle de référence à tous les *corps* (*Körper*)[42]. » *Chair* pour dire *Leib* – telle est donc la « meilleure appellation », comme on le dit aussi du bon vin ou des vins garantis, pour l'ensemble des phénoménologues français au tournant du XX^e^ siècle, Paul Ricœur et Maurice Merleau-Ponty compris. Par la *chair*, et dans la *chair*, se dit dorénavant le « vécu du corps », soit mon propre corps « par lequel je perçois » et « par lequel je m'exprime », étant alors entendu ici que perception et expression ne sont plus de l'ordre de l'organicité, mais appartiennent seulement à une sorte de mienneté de la chair ou du corps propre jamais ébranlée.

Au moins dans les termes donc, sinon sur l'étiquette de cette appellation contrôlée, de la traduction de *Leib* par « corps organique » on est passé au « corps propre », et du « corps propre » au corps « mieux appelé » « chair ». Le propre – comme ce qui m'est le plus mien et le plus proche – devient alors le modèle de toute corporéité. Ce qui est

41 Voir sur ce point N. Depraz, « Leib/Körper/Fleisch », dans B. Cassin (éd.), *Vocabulaire européen des philosophies*, Seuil, 2004, p. 705-709. Et en particulier p. 708 : « L'équivocité du contexte paulinien et johannique : sôma/sarx/pneuma ». La dualité de la « *sarx* » – au sens *positif* johannique (le « Verbe s'est fait chair », Jn 1, 14) et au sens *négatif* paulinien (la « chair de péché », Rm 7, 5 ; ou vivre « selon la chair », Ga 5, 13) – rend en effet la superposition des vocables encore plus difficile. Non pas que le travail de la phénoménologie à partir et sur le texte scripturaire soit inepte, loin de là. Mais en cela seulement qu'il ne peut probablement pas jouer « terme à terme », en particulier dans le décalque pratiqué, mais pas toujours avoué, de la *sarx* et du *Leib* pour parler d'une « même chair » en français.

42 P. Ricœur, « Edmond Husserl – La cinquième Méditation cartésienne », dans *À l'école de la phénoménologie*, *op. cit.*, p. 203 (Vrin, poche p. 241).

corps est « mien » ou il n'est pas, ou alors devient purement objectivé. Et je me vante alors d'autant plus du corps que « je suis » que j'oublie le corps que « j'ai », jusqu'au jour où précisément mon corps m'aura (dans la maladie probablement, et dans la mort certainement). Au regard d'un tel *virage de la chair*, faut-il alors, ou fallait-il, en rester à un tel droit de propriété de moi-même sur mon propre corps, jusqu'à une telle réduction du corps à la chair ? N'est-on pas toujours en réalité, et *in fine*, étranger sur notre propre terre de sorte qu'elle nous demeure sinon hostile, au moins peuplée de créatures étrangères ? Qu'il s'agisse du corps, mais aussi de ma pensée, rien n'assure que je puisse désigner comme « propre », ou même faire « mien », tout ce qui est en train de (m') arriver.

## LE CORPS IMPROPRE

Qu'en est-il alors de cette « *chair* » elle-même – non plus seulement du point de vue de la traduction (*Leib*) ou de l'interprétation (Ricœur ou Merleau-Ponty), mais dans le contenu même de ce qu'elle cherche ? Elle est donc « ce corps que je meus et avec lequel je perçois » ou « par lequel je m'exprime » (Ricœur). Jusque-là, point de difficultés. Il y a bien un corps par lequel je me manifeste et fais voir aux autres, comme à moi-même, ce qu'il en est de mon propre éprouvé. On pourra alors, à la suite de Husserl et si telle est sa juste interprétation, distinguer d'un côté ce « corps » qui est ou qui serait le mien et qu'on aura coutume d'appeler « chair » (*Leib*) des « autres corps » (*Körper*) dont il se détache en cela que lui seul ne serait ni réductible à une substance ni mesuré à titre d'objet.

Mais alors la question devient : le corps « que je meus », le corps « avec lequel je perçois », le corps « par lequel je m'exprime », n'est-il que le *vécu de mon propre corps*, c'est-à-dire « cette *chair* (*Leib*) qui sert de pôle de référence à tous les corps (*Körper*) » – suivant ici la version de Paul Ricœur ? Ou est-il plutôt, et peut-être davantage, « le seul corps qui n'est pas seulement corps (*Körper*), mais précisément *corps organique* (*Leib*) » – rappelant ici la traduction d'Emmanuel Lévinas ?

Le point dirimant passe moins entre le « corps » (*Körper*) et la « chair » (*Leib*) qu'entre l'interprétation de ce qu'on appelle le *Leib* lui-même – soit comme « corps organique » (Lévinas), soit comme « corps propre » (le premier Merleau-Ponty), soit comme « propre corps » (de Launay), soit comme « chair » (Ricœur, Merleau-Ponty et toute la tradition française jusqu'à Michel Henry compris).

Or c'est paradoxalement à Paul Ricœur lui-même qu'il faut en demander la solution. Ou plutôt reconnaître avec lui qu'on peut avoir changé et que les conséquences de la décision impensée, ou à tout le moins non mesurée en toutes ses implications, exigent d'autrement l'orienter. C'est en effet tout le mérite de l'herméneute ici de ne pas s'en tenir à un seul point fixé, et même de reconnaître des « points limites » ou des « points aveugles » dans la phénoménologie elle-même. D'où la qualité insigne, au moins chez Paul Ricœur, de ne pas en rester à la seule orthodoxie de la phénoménologie, mais aussi de frayer des voies nouvelles pour demeurer fidèle au récit des choses mêmes.

Ainsi faut-il aller jusqu'à *Soi-même comme un autre* (1990), soit presque quarante années après le « tournant de la chair » pris dans *À l'école de la phénoménologie* et son commentaire de la cinquième *Méditation cartésienne* de Husserl (1954), pour voir courageusement Paul Ricœur revenir vers le mouvement qu'il avait pourtant préalablement, et lui-même, initié. Au paradoxe du corps propre et toujours mien (chair), il faut maintenant opposer l'autre paradoxe du corps impropre et mondain (corps), et au primat de l'*alter ego* (autre moi-même) substituer l'autre primauté, non moins exigeante, de l'*ego alter* (autre que moi-même) :

> C'est seulement lorsque l'ontologie de la chair s'affranchit autant qu'il est possible de la problématique de la constitution qui l'a paradoxalement conquise, que l'on peut faire face au *paradoxe inverse* [...] : à savoir non pas ce que signifie qu'un corps soit mon corps, c'est-à-dire *chair*, mais que *la chair soit aussi un corps parmi les corps*. C'est là que *la phénoménologie trouve sa limite*, du moins celle qui entend dériver les aspects objectifs du monde d'une expérience primordiale non objectivante par le biais de l'intersubjectivité principalement [...]. C'est parce que Husserl a seulement pensé l'autre comme *un autre moi* et jamais *le soi comme un autre*, qu'il n'a pas de réponse au paradoxe que résume la question : comment comprendre que ma *chair* soit aussi un *corps*[43] ?

43 P. Ricœur, *Soi-même comme un autre* (1990), Paris, Seuil, coll. « Points Essais », 1996, Dixième étude [« Vers quelle ontologie ? », p. 376-377 (nous soulignons). Avec le juste

La « phénoménologie charnelle » (*carnal phenomenology*) trouve ici son relais, ou à tout le moins son accomplissement, dans ce que l'on pourrait appeler une « herméneutique charnelle » (*carnal hermeneutics*) – que l'on traduira peut-être, et en français cette fois, par « herméneutique corporelle ». Herméneutique du corps qui indique, certes, que la corporéité n'est pas sans chercher à « signifier » ou à « faire sens », mais cette fois dans une radicale étrangeté de soi à soi plutôt que dans l'immédiate reconnaissance de l'être soi. De l'altérité dépend aussi la corporéité, et non pas seulement l'inverse. À force d'insister sur le « propre » dans le « corps propre », on ne voit pas, ou plus, ce qu'il y a aussi d'« impropre », y compris dans mon propre corps. L'incongruité de mon propre corps pour moi – un organe isolé des autres organes (une main, un pied ou un nez par exemple), ou encore une maladie qui l'a déformé (tumeur, excroissance, dégénérescence, etc.) –, tel est ce qui le rend « autre » pour moi dans tous les sens du terme, à savoir non seulement « différent » mais aussi « étranger[44] ».

## « JE EST UN AUTRE »

On radicalisera alors ce que Paul Ricœur a si bien commencé, ou plutôt « recommencé », mais à la fin de sa vie seulement (*Soi-même comme un autre*). Car si Husserl « n'a pas de réponse au paradoxe que résume la question : comment comprendre que ma *chair* soit aussi un *corps* ? » parce qu'il « a seulement pensé l'autre comme un *autre moi* et jamais le *soi comme un autre* », ce n'est pas uniquement en cela, et selon nous, que l'autre est un « autre *que* moi-même » (*ego alter*) davantage qu'un « autre moi-même » (*alter ego*), mais par là aussi que je suis moi-même, et pour

---

commentaire de Richard Kearney dans le sens d'une « herméneutique charnelle » (*Carnal Hermeneutics*) : « The Recovery of Flesch in Ricœur and Merleau-Ponty », in S. Horton, S. Mendelsohn, Ch. Rojcewicz, R. Kearney, *Somatic Desire, Recovering Corporeality in Contemporary Thought*, New York, Lexington books, 2019, p. 41-68. En particulier p. 50-52 [« The Return to Flesh »] : « Husserl had a *carnal phenomenology* but lacked a *carnal hermeneutics* – and only the latter, Ricœur suggests, can provide a full account of the ontological relationship between flesh and the world » (cit. p. 52, nous soulignons).

44 Situation par exemple décrite dans *Éthique du corps épandu*, *op. cit.*, chap. III, p. 55-65 : « L'hyper-matérialité du corps ».

moi-même, « autre *à* moi-même ». L'altérité ici se défait de l'égoïté, comme la charnellité (*Verleiblichkeit*) de la corporéité (*Körperlichkeit*) – non pas seulement pour tenir le primat de l'autre sur l'ego ou de la chair sur corps (Husserl), ni pour rappeler l'importance du moi comme autre ou du corps face à la chair (Ricœur), mais pour faire appel à l'étrangeté du soi pour soi (le Soi en majuscule) comme à la racine de l'incongruité de mon propre corps pour moi (le corps impropre). *Soi-même comme un autre* (Ricœur) doit se tirer jusqu'au *grand Soi comme autre* (Nietzsche). Le corps propre est d'autant plus impropre que je ne le reconnais plus comme mien et qu'il me colle pourtant à la peau, de même que l'être soi est d'autant plus autre que ce n'est plus moi et fait pourtant le moi.

« Je est un autre ». La célèbre formule d'Arthur Rimbaud dans sa lettre à Paul Demeny datée du 15 mai 1871 ne traduit pas seulement une forme d'égoïté toujours dépendante et constituée par l'altérité. Elle signe plutôt une forme d'*expansion de la psychê* (la pensée épandue) comme il y a une *expansion du corps* (le corps épandu). J'assiste à ma propre pensée, comme j'assiste à mon propre corps. L'*inversion du membre fantôme* (ne pas sentir le corps que j'ai dans l'engourdissement ou l'anesthésie par exemple) s'accompagne d'une forme d'*inversion de la pensée propre* (ne pas reconnaître, ni me reconnaître, dans mes propres pensées). Je ne me vois pas toujours dans mes pensées, et tel est ce qui fait « la » pensée en moi, ou ses objets, que je n'avoue pas toujours comme miens. *Je* ne pense pas, mais « ç*a* pense en moi », ou « *Quelque chose* pense » (*Es denkt*), pour citer Nietzche bien avant Freud[45]. Et tel est précisément le sens de la « Lettre du voyant » du poète, que l'on voit pourtant et précisément si rarement, faute de citer la formule dans son intégralité : « Car *Je est un autre.* Si le cuivre s'éveille clairon, il n'y a rien de sa faute. Cela m'est évident : j'*assiste* à l'éclosion de ma pensée : je la *regarde*, je l'*écoute* : je lance un coup d'archet : la symphonie *fait son remuement* dans les profondeurs, ou *vient d'un bond* sur la scène[46]. »

---

45 F. Nietzsche, *Par-delà le bien et le mal* (1885), *op. cit.* (*Œuvres philosophiques complètes*), § 17, p. 35 : « Une pensée se présente quand "elle" veut, et non pas quand "je" veux ; de sorte que c'est *falsifier* la réalité que de dire : le sujet "je" est la condition du prédicat "pense". *Quelque chose pense* (*Es denkt*) : mais que ce "quelque chose" soit justement l'antique et fameux "je", voilà, pour nous exprimer avec modération, une simple hypothèse, une assertion, et en tout cas pas une "certitude immédiate" ».

46 Arthur Rimbaud, « Lettre à Paul Demeny » (Charleville, le 15 mai 1871), dans *Œuvres complètes*, Paris, Pléiade, 2009, p. 343-344.

Mieux, après avoir radicalisé Paul Ricœur (du « soi-même *comme* un autre » au « Je *est* un autre » où le « comme » en guise de comparaison ou d'analogie a disparu), on poussera à bout Paul Rimbaud lui-même, ou plutôt par lui-même. Car la « seconde lettre du voyant » à Paul Demeny (le 15 mai 1871) est précédée de deux jours d'une « première lettre du voyant » à son professeur Georges Izambard cette fois (13 mai 1871). Et ici, le « ça pense » de Nietzsche et Freud, ou le « j'*assiste* à l'éclosion de ma pensée » de la seconde lettre, s'annonce dans un *« On me pense »* qu'on ne manquera pas ici de remarquer. Tout se passe comme si l'étrangeté de ma propre pensée pour moi – comme aussi de mon corps – devait finalement s'arc-bouter sur un pur anonymat qui fait que je ne sais pas ni « quoi » ni « comment » *cela* a pu m'arriver :

> Maintenant, je m'encrapule le plus possible. Pourquoi ? Je veux être poète, et je travaille à *me rendre voyant* : vous ne comprendrez pas du tout, et je ne saurais presque vous expliquer. Il s'agit *d'arriver à l'inconnu par le dérèglement de tous les sens.* Les souffrances sont énormes, mais il faut être fort, être né poète, et je me suis reconnu poète. Ce n'est pas du tout ma faute. C'est faux de dire : *Je pense.* On devrait dire : *On me pense.* – Pardon du jeu de mots. – JE est un autre. Tant pis pour le bois qui se trouve violon, et Nargue aux inconscients, qui ergotent sur ce qu'ils ignorent tout à fait[47] !

Il y a donc, et certes, le « *tournant de la chair* », mais avec lui il y a, ou il devrait y avoir, le « *tournant de la pensée* ». On ne *vivra* pas en effet et seulement autrement – avec ce corps que j'ai, que je ne suis pas seulement, et que je ne connais pas toujours comme mien (*corps épandu*) –, mais on *pensera* aussi autrement : avec ces pensées qui me submergent non pas parce qu'elles me dépassent ou proviendraient d'une quelconque transcendance (« mes pensées ne sont pas vos pensées », Isaïe 55, 8), mais en cela qu'elles sont comme des objets qui traversent ma psyché (*pensée épandue*). Le « Soi autre » devient alors de l'ordre du « tout-autre » – non pas ici au sens d'autrui ou du divin, mais de l'étrange qui me surpasse et m'accule à moi-même. Le monde, qui est aussi mon monde, fourmille d'objets ou de pensées qui ne cessent de me traverser, de sorte qu'ils vivent aussi de leur propre vie dont parfois je suis expatrié. Il n'y a là ni de quoi paniquer ni trouver des raisons pour taxer ce « monde étranger »

47 A. Rimbaud, « Lettre à Georges Izambard » (Charleville, le 13 mai 1871), *ibid.*, p. 339-340.

comme nécessairement hostile ou à même de m'écraser. Car après tout, il en va aussi ici de la capacité d'imaginer, et même de rêver[48].

Si le « tournant de la chair » (*Leib*) en appelle, ou en rappelle au « corps » (*Körper*), c'est en cela que le monde des objets fut oublié – non pas pour aliéner notre subjectivité, mais les voir eux-mêmes et parfois comme des sujets à même de s'imposer. Point n'est question ici de « chair du monde » (Merleau-Ponty) dès lors que ces « choses » se heurtent à moi dans leur étrangeté. On y verra plutôt le « corps de la terre » par là qu'elles proviennent de ce même « limon » dont ensemble nous sommes constitués. L'enfance le sait, et le conteur Claude Ponti en particulier, qui loin de se cantonner à l'intériorité du sujet-éprouvé (Proust), fait vivre, et laisse vivre, la pure extériorité des « objets éprouvants » – dans tous les sens du terme : « Il y a encore quelqu'un qui pleure. Cette fois c'est *une madeleine*. C'est difficile à consoler, une madeleine[49]. »

Emmanuel FALQUE
Institut Catholique de Paris

48 Sur la « pensée épandue » et l'« anonymat pour soi » de sa propre pensée, voir *Hors phénomène, Essai aux confins de la phénoménalité*, *op. cit.*, ch. 5 : « L'expansion de la psyché ».

49 Claude Ponti, *Pétronille et ses 120 petits*, Paris, L'École des loisirs (livres pour enfants), 1991, p. 26-27.

# INCARNATION ET DÉSINCARNATION CHEZ MICHEL HENRY

Lors du colloque « Incarnation » de 1998 à Rome, Michel Henry donna une intervention intitulée « L'incarnation dans une phénoménologie radicale », publiée dans le quatrième tome de la *Phénoménologie de la vie*. Ce texte s'ouvre sur la phrase suivante : « L'Incarnation ne peut se comprendre qu'à partir de l'idée qu'on se fait du corps et de la chair[1]. »

C'est cette déclaration que nous tâcherons d'abord d'expliciter, en montrant en quel sens le concept henryen d'« incarnation » suppose bien déjà une « idée du corps ». C'est vrai, tout d'abord, du concept « ontologique » d'incarnation, développé par Henry en conclusion de *Philosophie et phénoménologie du corps*[2] et supposant une idée du corps, moins opposé à l'âme cartésienne qu'il ne lui est identifié. C'est vrai, ensuite, du concept « théologique » d'incarnation, développé dans l'ouvrage *Incarnation* et supposant une idée de la « chair », moins opposée au Verbe qu'elle n'en est déjà constituée. L'incarnation n'est donc plus la venue de l'âme dans un corps qui lui est extérieur, ni la venue du Verbe dans une chair qui lui est étrangère, mais leur venue dans une chair qui leur est *toujours déjà* identifiée. Si bien qu'il n'est presque plus possible de parler de « venue », sauf à parler de la venue en elle-même de la Vie. C'est en ce sens que l'on comprendra l'expression d'Emmanuel Falque, issue d'une intervention à l'Institut catholique de Paris, et selon laquelle : « L'incarnation pour tout dire ne "change" probablement rien, ou presque, chez Michel Henry[3]. »

Mais, si l'incarnation ne change rien à l'âme ou au Verbe, qui demeurent en eux-mêmes dans la chair, elle change tout au corps qui semble avoir

1 Michel Henry, « L'incarnation dans une phénoménologie radicale » in *Phénoménologie de la vie, tome IV : Sur l'éthique et la religion*, Puf, 2004, p. 146.

2 Ce fut l'un des premiers chapitres rédigés de *L'essence de la manifestation*, paru séparément en 1965.

3 Emmanuel Falque, « Y a-t-il une chair sans corps ? » in *Phénoménologie et christianisme chez Michel Henry*, Philippe Capelle (Ed.), Cerf, 2004, p. 131.

perdu jusqu'à sa propre corporéité. Dès lors, et comme nous tâcherons ensuite de le montrer, cette idée du corps depuis laquelle se comprend le concept d'« incarnation » résulte déjà d'une forme plus originaire d'incarnation. Non plus au sens d'une expérience, d'un phénomène ou d'un événement, mais au sens d'un procédé philosophique problématique qui, loin d'être limité à l'œuvre henryenne, est propre à la tradition phénoménologique. Il consiste chez Henry, s'appuyant lui-même sur Maine de Biran, à prêter au corps des déterminations de l'âme cartésienne, à leur donner corps ou à les faire s'incarner. C'est le cas de son mode de connaissance comme « *cogito* », de son mode d'action comme « volonté », et de son mode de subsistance ou de son « immortalité ». De cette triple incarnation de l'âme résulte l'idéalisation du corps, ou son abstraction. Car donner corps à l'abstraction revient inversement à rendre le corps abstrait. D'où la thèse d'une incarnation qui implique en fait une désincarnation.

## DE LA CHAIR À L'INCARNATION

Le concept ontologique d'incarnation chez Henry suppose une conception spécifique du « corps » : comme « corps subjectif » dans *Philosophie et phénoménologie du corps*, et comme « chair » dans *Incarnation.*

Comme Henry l'écrit en conclusion de *Philosophie et phénoménologie du corps* : « L'ensemble des problèmes relatifs à la vie corporelle et au phénomène de l'incarnation n'ont jamais été portés à la clarté du concept ni soumis à la juridiction de l'ontologie[4]. » Faute d'une élucidation ontologique de ce concept, l'on en reste alors à « une interprétation philosophiquement naïve du phénomène de l'incarnation[5] ». Cette interprétation naïve de l'incarnation repose sur la séparation cartésienne de l'âme et du corps : de l'âme comme principe d'immanence vide ou abstrait et du corps comme *« élément de l'être transcendant*[6] ». D'où l'idée de l'incarnation comme « adjonction synthétique mystérieuse » d'un

4 M. Henry, *Philosophie et phénoménologie du corps*, Puf, 1965, p. 253.

5 *Ibid.*, p. 285.

6 *Ibid.*, p. 78 ; p. 299. L'abstraction de l'âme a pour revers l'objectivation du corps : l'âme, réduite à un principe abstrait, est privée de toute réalité concrète et de tout mouvement ; et le corps, réduit à l'étendue et à la matérialité, est privé de toute subjectivité.

corps à l'être de la conscience[7]. S'incarner pour l'âme serait entrer dans l'élément du monde et se trouver enfermée dans des déterminations corporelles qui demeurent inchangées. C'est pourquoi l'incarnation vouerait l'homme à une existence contingente et finie. D'où le paradoxe que recouvre, selon Henry, cette conception de l'incarnation : « Le rapport que soutiennent entre eux ces deux éléments hétérogènes ne peut être qu'un rapport paradoxal. Au regard de l'esprit pur, l'incarnation se manifeste comme un phénomène contingent qui marque la réalité humaine d'un caractère de finitude insurmontable[8]. »

Cette interprétation « naïve », dira Henry dans *Incarnation*, est aussi celle des Pères de l'Église qui, tout en luttant contre la dévalorisation grecque du corps, continuent cependant à la présupposer. Pensée par Athanase comme le devenir-visible du Verbe aux fins de sa révélation, la chair du verbe n'est que le corps visible, dans l'horizon du monde. Pensée par Tertullien comme l'entrée dans un corps organique, la chair se trouve formée « du limon de la terre[9] ». D'où l'énigme, dit Henry, que recouvre cette conception de l'incarnation : « Aussi longtemps que l'Incarnation du Verbe comme prise en charge par lui d'un corps d'homme et ainsi de notre humanité se propose comme l'addition à son être invisible et éternel d'un élément hétérogène, de ce corps matériel voué à la décomposition, c'est en effet en présence d'obscurités, d'impossibilités, voire d'absurdités qu'on se trouve placé[10]. » Supposant toujours la matérialité du corps et la séparation des substances, cette conception de l'incarnation ne va que dans un sens : c'est le verbe qui se fait chair, mais d'une chair qui n'est pas Verbe, d'une chair mondaine et mortelle.

C'est de cette conception « naïve » que se distingue donc le sens ontologique de l'incarnation, d'abord développé en conclusion de *Philosophie et phénoménologie du corps*. De la séparation des substances, il faut faire retour à l'« expérience interne transcendantale[11] » en laquelle l'âme et le corps s'identifient originairement. Corps et âme ne s'opposent plus,

7 *Ibid.*, p. 261.

8 *Ibid.*, p. 282.

9 M. Henry, *Incarnation*, Éditions du Seuil, 2000, p. 22 (« Tertullien pense encore 'grec'. Le Christ a donc une âme aussi bien qu'un corps et on ne voit poindre aucune critique de la définition classique de l'homme comme composé de ces deux substances. Celle-ci, au contraire, demeure sous-jacente au traité *De carne* ») ; p. 182.

10 *Ibid.*, p. 27.

11 M. Henry, *Philosophie et phénoménologie du corps*, *op. cit.*, p. 74.

mais s'identifient donc au sein de ce que Henry pense comme *l'essence* originaire de toute manifestation : la subjectivité comme auto-affection. Ce retour suppose donc un double mouvement : si le sujet se fait corps, c'est parce que le corps est déjà subjectif.

Il s'agit bien d'abord de conférer à l'âme abstraite une réalité concrète ou une corporéité. « Avec la théorie ontologique du corps subjectif – écrit Henry –, le concept de subjectivité acquiert la réalité qui lui manque trop souvent[12]. » Ou encore : « La subjectivité n'est point un milieu impersonnel, un simple champ "transcendantal" qui se dissout, au terme de la pensée classique, dans un pur mirage, dans une continuité vide, simple représentation privée de tout contenu [...], mais une région de l'être parfaitement déterminée et absolument concrète[13]. » Seulement, cette réalité concrète qui lui est ainsi conférée n'est pas celle du corps matériel : « Quant à l'être du corps, il n'est originairement ni un simple être-là, ni une quelconque détermination objective, dont l'homme, en tant qu'être métaphysique, devrait constater la finitude, la contingence ou l'absurdité[14]. » Et si la subjectivité peut être identifiée au corps ou s'y incarner, c'est bien parce que le corps est déjà « subjectif ». Comme le dit Henry on ne peut plus nettement ici : « La subjectivité est réelle *et le corps est subjectif*[15]. »

Il en va de même du concept plus tardif d'incarnation, conçu par Henry depuis sa lecture du christianisme. Si le Verbe peut se faire chair, c'est parce que la chair provient du Verbe lui-même, qu'il en est le principe ou qu'il en constitue la réalité. S'incarner pour le Verbe, c'est rester en lui-même ou venir en une chair qu'il a lui-même générée[16]. Dans le texte de 1998, Henry se réfère alors à l'analyse irénéenne de l'incarnation : « Ainsi, que la chair soit capable de recevoir la vie, cela se prouve par cette vie même dont elle vit déjà[17]. » Et comme il le dit aussi dans une note préparatoire manuscrite à *Incarnation* : « Ainsi est

12 *Ibid.*, p. 257.

13 *Ibid.*

14 *Ibid.*, p. 261-262.

15 *Ibid.* (Nous soulignons).

16 M. Henry, *Incarnation*, *op. cit.*, p. 332 : « En s'incarnant dans une chair semblable à la nôtre, le Verbe vient en effet dans ce qu'il a lui-même généré dans sa Vie au tout début, dans ce qu'il a rendu non seulement possible mais réel » ; « c'est le Verbe de Vie qui a généré la chair en lui donnant la Vie hors de laquelle aucune chair n'est possible ».

17 M. Henry, « L'incarnation dans une phénoménologie radicale » *op. cit.*, p. 151.

fondée l'analyse décisive d'Irénée la chair peut recevoir la Vie parce qu'elle en vient[18]. »

L'apparente énigme de l'incarnation s'évapore alors pour laisser place à cette identité. La subjectivité reste en elle-même dans le corps, le Verbe en lui-même dans la chair. Et l'incarnation n'est autre, dans les deux cas, que la venue en elle-même de la Vie. L'incarnation suppose bien un corps déjà identifié au Verbe ou à la subjectivité. Et cette identification résulte déjà d'une forme plus originaire d'incarnation.

## DE L'INCARNATION À LA CHAIR

Henry résume le sens de sa démarche en conclusion de *Philosophie et phénoménologie du corps* : « La recherche doit plutôt progresser de telle sorte que l'analyse du corps, conduite conformément aux conditions que lui prescrit *a priori* la structure de la subjectivité absolue avec laquelle l'être originaire du corps est identifié, puisse cependant nous aider en retour à nous faire une idée plus précise de cette structure fondamentale[19]. » L'analyse du corps est donc déjà conduite depuis la subjectivité à laquelle il est identifié. Or cette identification résulte de ce geste philosophique spécifique, que Henry trouve chez Maine de Biran et qu'il radicalise, consistant à donner corps ou à faire s'incarner l'âme cartésienne et ses différentes propriétés : la propriété, épistémologique, du mode de connaissance de l'âme comme *cogito* ; celle, pratique, du mode d'action de l'âme comme *volonté* ; et celle, métaphysique, du mode de subsistance de l'âme comme *immortalité.*

### L'IDÉALISATION ÉPISTÉMOLOGIQUE DU CORPS OU L'INCARNATION DU *COGITO*

La première idéalisation du corps est celle, épistémologique, qui résulte de l'incarnation du *cogito.* Et la première étape de cette idéalisation

18 Université catholique de Louvain, Plateforme technologique « Fonds Alpha », Fonds Michel Henry, Ms A 26057. Nous remercions vivement Jean Leclercq, directeur du Fonds Michel Henry, pour nous avoir permis d'accéder aux archives de Michel Henry.

19 M. Henry, *Philosophie et phénoménologie du corps*, *op. cit.*, p. 258.

consiste en une certaine lecture du *cogito*, que Henry trouve chez Maine de Biran. Cherchant à établir le « fait primitif du sens intime », Maine de Biran – dans l'*Essai sur les fondements de la psychologie* auquel Henry se réfère principalement – part du *cogito* cartésien : « Je reprends le principe de Descartes, *je pense, j'existe*, et descendant en moi-même, je cherche à caractériser plus expressément quelle est cette pensée primitive substantielle qui est censée constituer toute mon existence individuelle, et je la trouve identifiée dans sa source avec le sentiment d'une action et d'un *effort voulu*[20]. » Le *cogito* est donc identifié par Biran au « sentiment immédiat de la force[21] », d'une « force agissante » qui s'applique continûment à un terme résistant. D'où l'intégration du corps au *cogito*, ainsi repensé comme acte ou comme effort. Reste que, dans le chapitre du premier volume des *Essais* qui lui est consacré, le corps est moins associé par Biran à ce sentiment d'effort lui-même qu'il n'est conçu comme le terme qui lui résiste et lui cède continûment – s'apparentant plus dès lors à ce que Henry nomme le corps organique[22]. C'est donc la lecture henryenne de Biran qui achève d'identifier ce fait de conscience au corps lui-même, alors conçu comme « corps subjectif[23] ». Dans sa lecture de Biran, Henry semble glisser subrepticement de la thèse d'une connaissance originaire du corps propre comme le terme résistant immanent à l'aperception du moi, à la thèse de l'identité du corps et de cette aperception. Maine de Biran, écrit alors Henry au second chapitre de *Philosophie et phénoménologie du corps*, s'oppose moins à la pensée cartésienne qu'il n'en prolonge l'intuition, attribuant au corps le *cogito* réservé par Descartes à la pensée :

> Parce qu'il a donné à l'intuition centrale du cartésianisme une signification radicale, parce qu'il s'est avancé le plus loin possible dans l'exploration de la

20 Maine de Biran, *Essai sur les fondements de la psychologie*, Œuvres Tome VII/1, Paris, Vrin, 2001, p. 117. Voir aussi, p. 81 : « Sous ce dernier point de vue, le seul qui se rapporte clairement aux faits primitifs, la philosophie de Descartes doit être considérée comme la véritable doctrine-mère en tant qu'elle tend à donner à la science des principes la seule base qu'elle puisse avoir dans le fait primitif de sens intime. »

21 *Ibid.*, p. 9.

22 Alors que le premier est pensé comme « force hyperorganique », le second est pensé comme corps propre – relevant plus semble-t-il de ce que Henry nomme le « corps organique », que de ce qu'il nomme le « corps subjectif ».

23 Sur la lecture henryenne de Maine de Biran, voir Anne Devarieux, *L'intériorité réciproque. L'hérésie biranienne de Michel Henry*, Jérôme Millon, 2018.

> région d'existence absolue que cette intuition avait mise à jour, parce qu'il n'a jamais cru pouvoir franchir le cercle qu'assignaient à ses recherches les présupposés d'une ontologie de la subjectivité, que Maine de Biran, loin d'être limité de la sorte dans le développement de son analyse, a pu, au contraire, approfondir celle-ci jusqu'à la « découverte » du mouvement subjectif, jusqu'à la conception de la théorie ontologique du corps[24].

Selon cette lecture, c'est moins le *cogito* qui change, de Descartes à Biran, que le corps lui-même. Ainsi arraché à l'étendue pour être rattaché à la pensée, le corps est devenu le lieu d'une transparence et d'une connaissance absolue. Le corps ainsi conçu, dit Henry, nous est donné dans une connaissance « immédiate, absolument certaine » dont l'étude relève de la philosophie première[25]. Lieu d'une connaissance immédiate, certaine et autonome, le corps et ses mouvements appartiennent « à la sphère de transparence et de certitude absolue de la subjectivité transcendantale[26] ». Henry loue donc Biran pour « ne pas reculer devant cette absurdité apparente qui consiste à donner à la connaissance ontologique et originaire le nom de corps[27] ». Loin d'être repensé à l'aune de son incarnation, le *cogito* prend simplement un autre nom. Le nom de « corps » et – comme l'écrit Henry dans une note manuscrite à *Incarnation* – d'un « corps qui ne ment pas / pas plus qu'une *cogitatio*[28] ».

Cette thèse d'un *cogito* incarné se trouve prolongée par *Incarnation*, depuis ce que Henry nomme « le *cogito* chrétien » d'Irénée. Ce n'est plus le corps qui se trouve ici déterminé par la subjectivité, mais la chair qui se trouve déterminée par le Verbe. Et ce n'est plus en termes de connaissance absolue que la chair se trouve repensée, mais en termes d'« archi-intelligibilité » :

> Avec l'immanence dans la chair de la Vie qui constitue sa réalité, c'est l'Archi-intelligibilité de la Vie qui lui est communiquée. Dès lors se propose l'une des thèses les plus inouïes formulées par la pensée humaine, *l'interprétation de la chair comme portant inéluctablement en soi une Archi-intelligibilité*, celle de la Vie en laquelle elle est donnée à elle-même, en laquelle elle est faite chair. Il n'y a de chair que s'auto-affirmant et s'auto-légitimant quant à son existence par cela même qu'elle est chair, ou plutôt chair vivante, portant en elle la

24 M. Henry, *Philosophie et phénoménologie du corps*, *op. cit.*, p. 77.

25 *Ibid.*, p. 74.

26 *Ibid.*, p. 75.

27 *Ibid.*, p. 78.

28 Ms A 26212.

> Vie, cette Archi-intelligibilité qui fait d'elle un inébranlable fondement. L'affirmation inouïe d'Irénée – impliquée d'ailleurs par la Parole johannique –, c'est le cogito de la chair, ou, si l'on préfère, le cogito chrétien[29].

Une première forme d'idéalisation du corps consiste donc à lui prêter, sans reste, et sans qu'il soit le moins du monde repensé depuis cette incarnation, le mode de connaissance de la substance pensante. Comme l'écrit Henry dans une note manuscrite à *Incarnation* on ne peut plus éloquente : « Si c'est la chair qui doit manifester l'âme il faut se demander en quoi consiste ce pouvoir de manifestation propre à la chair on s'apercevra alors que c'est précisément celui de l'âme et qu'ainsi (contre le dualisme grec) il n'y a aucune différence entre chair et âme[30]. » Ce qui peut donner lieu à deux types de critiques. D'abord, le corps est repensé sur un modèle épistémologique, à l'aune de la connaissance que l'on en a. Henry pose l'identité de la « nature ontologique » du corps et de sa « connaissance ontologique ». Le corps et son expérience se réduisent ici à sa connaissance, ce qui, d'un point de vue phénoménologique, est d'ores et déjà discutable. Ensuite, cette connaissance est celle immédiate et absolue d'une parfaite identité à soi, au fondement de toute autre certitude. Le corps se donnerait constamment à lui-même dans une absolue transparence, excluant de son vécu tous les phénomènes d'opacité, d'extranéité, de non-coïncidence ou d'altérité. Repensée depuis l'abstraction première du *cogito*, la chair henryenne reste en elle-même abstraite, privée de cette opacité qui constitue, dirait Merleau-Ponty, l'épaisseur de la corporéité.

## L'IDÉALISATION PRATIQUE DU CORPS OU L'INCARNATION DE LA VOLONTÉ

La seconde idéalisation du corps est celle, pratique, qui consiste en l'incarnation du mode d'action et de pouvoir de l'âme comme volonté. Descartes distingue l'action du corps, pensée en termes mécanistes de mouvement et de causalité, de l'action de l'âme, pensée en termes de volonté[31]. La première étape de cette idéalisation pratique du corps consiste d'abord, chez Maine de Biran, en l'identification de la volonté à une

29 M. Henry, *Incarnation*, *op. cit.*, p. 193.

30 Ms A 026412.

31 Voir par exemple le § 17 des *Passions de l'âme*.

« force agissante », ou au « sentiment d'une *cause* ou force actuellement appliquée à mouvoir le corps[32] ». Et elle consiste ensuite en l'identification henryenne de la volonté comme force ou pouvoir, au corps lui-même – là où le corps propre semble n'être, dans ce texte de Biran, que son premier objet. Si le corps propre comme « continu résistant » est bien immanent à l'effort volontaire, chez Maine de Biran, il n'en reste pas moins distinct[33]. C'est donc la lecture henryenne de Biran qui achève d'identifier le corps à la volonté elle-même définie comme pouvoir ou comme force, le concevant alors, en sa dimension subjective originaire, comme le sentiment intérieur de ce pouvoir ou de cet effort volontaire. Le corps, pour n'être plus le lieu d'une causalité mécanique, comme chez Descartes – agissant sur l'âme ou pouvant être agi par elle – devient le lieu de cette autre forme de pouvoir. Ce n'est pas l'âme qui agit sur le corps, le corps se faisant l'instrument – intérieur ou extérieur – d'un pouvoir[34]. Ce n'est pas non plus le corps qui agit sur l'âme, comme par le biais d'« esprits animaux ». C'est le « corps » qui agit comme âme. Le corps n'est pas en notre pouvoir comme en notre volonté : il est notre pouvoir, il est notre volonté. Henry repense le corps subjectif comme pouvoir originaire, à l'origine de tous nos pouvoirs. Non pas « un effort déterminé présidant à l'accomplissement de tel ou tel mouvement », mais « une sorte de tension latente avec laquelle se confond l'être même de notre corps absolu[35] ». Aussi le corps subjectif peut-il être défini comme « ce qui a prise sur les choses[36] » – étendant « son pouvoir sur tout ce qui existe[37] ». Ce qui n'est pas sans rappeler d'ailleurs l'absence de limite de la volonté cartésienne, cause de l'erreur lorsqu'elle s'étend au-delà de l'entendement. Le pouvoir du corps s'étend à tout, à commencer par le corps organique. Les « organes se donnent à nous comme un empire

32 M. de Biran, *Essai sur les fondements de la psychologie*, *op. cit.*, p. 9 : « Le sentiment d'une *cause* ou force actuellement appliquée à mouvoir le corps est une force agissante que nous appelons *volonté.* »

33 Voir le chapitre III du premier volume où le corps propre apparaît bien comme le « terme primitif et vraiment élémentaire de l'aperception interne » (*ibid.*, p. 139), indissociable et pourtant distinct du sens de l'effort volontaire : le « corps objet de l'aperception immédiate dont le moi se *distingue* sans pouvoir jamais s'en séparer » (*ibid.*, p. 142).

34 Comme le dit Michel Henry : « Nos actions s'accomplissent sans que nous ayons recours à notre corps comme un moyen » (M. Henry, *Philosophie et phénoménologie du corps*, *op. cit.*, p. 83).

35 *Ibid.*, p. 230.

36 *Ibid.*, p. 82.

37 *Ibid.*, p. 135.

sur lequel nous avons pouvoir et autorité, comme une région que nous connaissons à l'intérieur précisément du pouvoir que nous exerçons sur elle[38] ». Et ce pouvoir s'étend également au monde extérieur, accessible par principe au corps – toute inaccessibilité momentanée supposant une accessibilité première.

Henry détermine également le corps comme lieu d'une passivité. Mais d'une passivité ontologique qui n'est pas opposée à l'activité ni synonyme de sensibilité. Au sixième chapitre de *Philosophie et phénoménologie du corps*, Henry critique Biran pour avoir maintenu, aux côtés de la vie volontaire et intelligente du corps, une forme de passivité corporelle, relevant de sa vie organique et conçue en termes de sensibilité. « C'est ainsi que naît un dualisme, écrit Henry, qui oppose un effort volontaire et moteur à la passivité de la vie sensible[39]. » Or Henry refuse de considérer cette passivité comme le fait « sensible » d'une manière d'être-affecté, hétérogène à l'activité. En sa forme originaire, la passivité s'oppose moins au pouvoir du corps subjectif qu'elle ne le suppose comme une autre de ses modalités. « Entre l'effort d'inspiration délibéré et l'appréhension subjective involontaire d'une odeur, il n'y a pas de différence ontologique essentielle : *activité et passivité sont bien plutôt deux modalités différentes d'un seul et même pouvoir fondamental qui n'est rien d'autre que l'être originaire du corps subjectif*[40]. » La passivité du corps est donc, elle-même, un mode de son pouvoir. Et c'est même la manière dont le pouvoir se donne. Inlassablement soumis à son propre pouvoir, le corps subjectif ne peut pas ne pas pouvoir. C'est cette conception de la passivité qu'explique ailleurs le concept « théologique » d'incarnation. Son pouvoir, le corps humain ne le tient pas de lui-même, bien que ce soit là « l'illusion transcendantale de l'*ego* » que de se donner son pouvoir comme sien[41]. Ce pouvoir, il le tient de Dieu et du pouvoir originaire du Verbe qui s'est fait chair. Henry vise moins ici la thèse d'un pouvoir originaire du corps humain que celle de son autonomie. Si l'homme ne tient pas son pouvoir de lui-même, il ne le possède pas moins. Sa seule « impuissance » consistant dans le fait de n'être pas à l'origine de son propre pouvoir. Le corps, dès lors, ne saurait être que

38 *Ibid.*, p. 170.
39 *Ibid.*, p. 217.
40 *Ibid.*, p. 226.
41 Comme Henry l'affirme dans le cadre de sa critique du « je peux » au § 34 d'*Incarnation*.

puissant, sa passivité tenant à sa puissance même, et sa puissance à sa passivité. Comme Henry l'écrit dans une note manuscrite préparatoire à *Incarnation* : « Impossibilité du corps de différer de soi = sa possibilité d'agir[42]. » Tout vécu d'impuissance réelle – consistant simplement à ne pas pouvoir ou à être passivement exposé à un pouvoir étranger – est exclu de cette conception de la corporéité. Comme si, avec son explication mécaniste, la passivité sensible du corps avait été balayée. Si le corps est idéalisé, c'est bien donc en ce qu'il résulte tout entier de l'incarnation d'un pouvoir qui le précède – du pouvoir de l'âme cartésienne ou du pouvoir du Dieu chrétien.

## L'IDÉALISATION MÉTAPHYSIQUE DU CORPS OU L'INCARNATION DE L'IMMORTALITÉ

La dernière idéalisation du corps est celle, métaphysique, qui consiste dans l'incarnation de cette propriété de l'âme qu'est l'immortalité. En conclusion de *Philosophie et phénoménologie du corps*, Henry dégage les quatre sens auxquels le corps peut être dit « fini ». La « finitude » désigne (1) le fait, pour le corps, d'occuper une place dans l'espace et le temps ; (2) le fait, pour le corps, de pouvoir être-représenté ou objectivisé ; (3) le fait pour le corps de se rapporter à l'horizon fini du monde transcendant ; (4) le fait pour le corps d'être doué d'une intentionnalité qui est en elle-même finie. Les deux premiers sens s'appliquent donc à un corps transcendant – au corps spatio-temporel et objectif. Et les deux derniers sens s'appliquent au corps intentionnel. Mais aucun sens de la finitude, comme Henry s'attache à le montrer, ne s'applique au « corps subjectif » : le corps subjectif n'étant justement ni intentionnel ni transcendant. Pour être « existentielle », cette finitude, conclut Henry, n'est pas « ontologique ». D'où la naïveté de cette conception de l'incarnation selon laquelle l'âme se vouerait à un corps mortel qui n'est pas repensé depuis elle. Au sens ontologique, au contraire, l'âme s'incarne dans un corps qui n'est pas plus « fini » qu'elle. C'est le corps subjectif lui-même qui se voit ici attribué l'infinité, l'absoluité ou l'immortalité. « Pensée comme subjective, écrit Henry, cette existence est alors reconnue comme une existence absolue, *quand bien même elle serait celle de notre corps*[43] ». Ou encore, le corps subjectif appartient « à une sphère

42 Ms A 026116.
43 M. Henry, *Philosophie et phénoménologie du corps*, *op. cit.*, p. 304.

d'existence infinie[44] ». Ce qui n'est pas sans rappeler le lien fait par Henry, dans *Incarnation*, entre l'incarnation et le salut. La phénoménologie de la chair suppose une phénoménologie de l'incarnation, laquelle est « liée à la conception chrétienne du salut[45] ». « En s'incarnant, le Verbe a donc pris sur lui le péché et la mort inscrits dans notre chair finie et il les a détruits en mourant lui-même sur la Croix[46]. » La chair qui résulte de l'incarnation est donc sauvée en ce sens, restituée à son infinité, par-delà le péché ou l'oubli de la vie.

L'abstraction d'un corps dit « infini » est donc palpable ici. Soit le corps fini est laissé de côté par la chair infinie, soit il est lui-même absorbé en elle. Comme le dit très explicitement Henry, en réponse à Emmanuel Falque : « Ce sont là les thèses fondamentales de *Incarnation*, [...] que les propriétés de notre chair finie s'expliquent par celles de la vie infinie de Dieu[47]. » Mais s'expliquent-elles réellement ainsi ? La Vie infinie peut-elle expliquer la chair finie sans la réduire ou la nier[48] ? La finitude, dont la réalité est ici niée, peut se penser en plusieurs sens : comme celle du corps transcendant ou naturel, situé dans le monde et partageant ses propriétés ; comme celle du corps intentionnel, se rapportant à un monde fini et s'y mouvant ; mais comme celle d'un corps subjectif aussi qui, pour éprouver sa vie dans l'immanence d'une auto-affection, ne se limite pas pour autant à en éprouver l'accroissement. Le corps subjectif, s'éprouvant dans une auto-affection, n'en est pas moins mourant. Et ce sont tous ces phénomènes de diminution de vitalité qui demeurent ici niés par la chair infinie : les phénomènes de fatigue, d'angoisse, de vieillesse ou de maladie.

44 *Ibid.*, p. 301. Ces analyses, écrit aussi Henry, « aboutissent généralement à la négation du lien qu'on trouve si souvent établi entre le phénomène de l'incarnation et, d'autre part, la finitude, la contingence, voire l'absurdité, comme caractères inhérents à la réalité humaine, en tant qu'elle est soumise à un tel phénomène » (*ibid.*, p. 282).

45 M. Henry, *Incarnation*, *op. cit.*, p. 179 : « Quelque chose comme une "chair" n'étant compréhensible qu'à partir de sa venue en soi dans la venue en soi de la Vie absolue – et cela comme le mode phénoménologique selon lequel cette venue originaire en soi-même se produit, la phénoménologie de l'Incarnation devrait logiquement précéder celle de la chair. Si nous suivons l'ordre inverse, c'est pour deux raisons. La première est que la phénoménologie de l'Incarnation étant liée à la conception chrétienne du salut, dont elle constitue la possibilité fondatrice, nous traiterons ces deux questions ensemble dans notre première partie. »

46 *Ibid.*, p. 334.

47 *Cf. Phénoménologie et christianisme chez Michel Henry*, *op. cit.*, p. 173.

48 Comme le dit bien E. Falque : « Un monadisme de la chair henryenne désincorporerait ainsi d'autant plus le corps qu'elle le détruirait et l'absorberait en elle » (*ibid.*, p. 130).

## CONCLUSION
## Le corps où l'incarnation de l'âme dans la phénoménologie

Le concept henryen d'« incarnation » suppose donc bien une idée du corps, résultant elle-même d'une triple forme d'incarnation : celle, épistémologique, du mode de connaissance de l'âme comme *cogito* ; celle, pratique, de son mode de pouvoir et d'action comme volonté ; et celle, métaphysique, de son immortalité. De cette triple incarnation résulte l'impossibilité de penser les vécus corporels d'altérité, d'impuissance et de finitude ou de mortalité. Résulte donc, de cette triple forme d'incarnation, un corps idéalisé – immortel, tout-puissant et transparent.

Mais ce procédé, qui trouve peut-être dans l'œuvre henryenne sa plus nette expression, n'y est pas pour autant limité. Bien que ce soit l'objet d'un autre travail que de le montrer, cette transposition de l'âme dans la chair se joue dans une grande partie de la tradition phénoménologique, à commencer par cet ouvrage de référence pour toute phénoménologie du corps, qu'est le second tome des *Ideen*. C'est à l'âme, écrit Husserl, que le *Leib* « doit son appellation », comme « corps pour une âme, ou encore pour un esprit » [*Leib" für eine Seele, bzw. für einen Geist*][49]. Le corps propre est bien un corps matériel également – comme l'indique l'expression husserlienne d'un « *materieller Leib* » –, mais il ne l'est pas uniquement ni même essentiellement. En atteste le concept même d'un « corps de spectre » [*Gespensterleib*] dont la corporéité subsisterait indépendamment de la matérialité[50]. Le *Leib* se laisse donc définir, ici aussi, par les propriétés de l'âme, elles-mêmes définies en leur immatérialité, par opposition à l'extension. La chair résulte donc, dans les *Ideen II*, d'une double incarnation : de « l'âme sensible » – objet de la seconde section – et de « l'âme spirituelle » – objet de la troisième section. En résulte, dans le premier cas, le *Leib* conçu comme le « support de sensations localisées » ou d'impressions sensibles immatérielles et, dans le

49 Edmund Husserl, *Ideen zu einer reinen Phänomenologie und phänomenologischen Philosophie II : Phänomenologische Untersuchungen zur Konstitution*, Nijhoff, Den Haag, 1952, § 14, p. 33 ; trad. E. Escoubas, *Recherches phénoménologiques pour la constitution*, Paris, Puf, 1982, p. 62.

50 *Ibid.*, § 21, p. 94 ; p. 142.

second cas, le *Leib* conçu comme conscience intentionnelle et volitive. Comme Husserl l'écrit donc bien avant Henry : « La chair est, en tant que chair, de part en part remplie d'âme[51]. »

C'est donc le concept phénoménologique de « corps » en général qui résulterait d'une incarnation, impliquant chaque fois une désincarnation. D'où l'urgence actuelle pour la phénoménologie de repenser le corps et de le faire se réincarner, sans le désincarner aussitôt. Il ne s'agirait ni, à la manière naturaliste, de le réinscrire dans une substance étendue et matérielle qui ne serait pas repensée depuis son caractère animé ; ni, à la manière spiritualiste, de désinscrire le corps de sa réalité matérielle pour ne faire plus droit qu'à ses propriétés spirituelles. En un mot, il ne faut pas plus identifier le corps à l'étendue qu'il ne faut l'identifier à la pensée. Ce n'est pas aux propriétés des substances cartésiennes – fussent-elles ici fusionnées – qu'il faut faire retour, mais au phénomène qui les précède, ou au « corps lui-même ».

Paula LORELLE
Université catholique de Louvain

51 *Ibid.*, § 56 *h*, p. 240 ; p. 329. [« *Der Leib ist als Leib durch und durch seelenvoller Leib* »].

# DONNER CORPS À LA GRÂCE OU QUAND LA BEAUTÉ S'INCARNE

## Réflexions sur l'art contemporain à partir de l'idée d'incarnation

Lorsque l'on regarde une œuvre d'art contemporaine, la première impression que l'on a est souvent celle de sa dissociation d'avec la beauté. Étant ainsi séparé du beau, l'art semble alors inévitablement condamné à se tenir à distance de tout ce qui rend possible une véritable expérience esthétique, mettant ainsi le spectateur dans l'impossibilité de distinguer l'art du non-art. C'est ce qu'a voulu exprimer Yasmina Reza dans sa pièce *Art*, qui prend en dérision le tableau de Malevitch *Carré blanc sur fond blanc*[1]. C'est encore ce qui a fait le succès du film *The Square* lorsqu'il est sorti en 2017[2].

En effet, que l'on considère l'*Urinoir* de Marcel Duchamp, *Merda d'artista* de Piero Manzoni ou *Cloaca Factory* de Wim Delvoye, la difficulté à comprendre en quoi cela est de l'art est évidente. Au premier abord, l'on pourrait en conclure que l'art est mort à lui-même, et nombreux sont d'ailleurs ceux qui, aujourd'hui, l'affirment.

Et pourtant ! Des expériences existent qui contredisent cette affirmation. Et cela non seulement parce que, parmi les œuvres produites aujourd'hui, nous pouvons en rencontrer dont il est aisé de dire que c'est de l'art et que c'est beau. Mais aussi parce que ces œuvres renvoient naturellement à une expérience humaine authentique et que c'est pour cela qu'elles nous parlent et nous plaisent. Est-ce l'expérience de la beauté ? Pas facile de l'affirmer. Mais il est certain, en revanche, que ces œuvres portent en elles quelque chose qui touche nos sens et notre corps, nous mobilisant à leur répondre tout en mettant en jeu notre propre responsabilité[3]. En

1 Yasmina Reza, *Art*, Actes Sud, 1994.

2 Comédie dramatique de Ruben Östlund, sortie en salles en octobre 2017.

3 Pour ne donner qu'un seul exemple, cela est évident dans l'œuvre du peintre Jean-Marie Pirot, alias Arcabas, dont les peintures peuvent être admirées dans le palais archiépiscopal de Malines, en Belgique.

commentant l'œuvre du peintre Rothko (que je présenterai plus loin), le critique américain David Antin affirmait que ses peintures « changent les facultés du spectateur ; elles laissent indifférentes si on ne répond pas au challenge qu'elles lancent. Mais si on se laisse prendre dans la dynamique qu'elles suggèrent, alors elles permettent d'entrer dans une confrontation avec une condition existentielle qui, en dernier lieu, caractérise notre expérience de l'être au monde[4] ». Cette affirmation, qui est vraie pour Rothko, me paraît convenir aussi à de nombreuses expressions de l'art contemporain.

Or, au cœur de ces expressions de l'art, il y a un renvoi clair au thème de l'incarnation. Et l'on pourrait même se demander si une certaine difficulté à comprendre l'art d'aujourd'hui ne vient pas du fait que notre culture, tout en accordant une grande importance aux apparences et à l'éphémère, se tient cependant à distance du corps et des émotions qui l'affectent, trop préoccupée de poursuivre la perfection, la toute-puissance et donc, inévitablement, l'abstraction et la désincarnation.

Examiner ce lien entre difficulté à comprendre l'art, d'une part, et difficulté à s'enraciner dans la réalité de corps imparfaits et vulnérables, d'autre part, me paraît important pour saisir la manière dont on se rapporte aujourd'hui à l'art et au beau. Cela permettra ensuite de montrer aussi en quoi la réalité de l'incarnation peut s'avérer précieuse pour la sauvegarde non seulement de l'art, mais aussi de la culture et de la société contemporaines.

## L'ART CONTEMPORAIN ENTRE FORME ET PATHOS

D'entrée de jeu, on pourrait peut-être s'accorder sur l'identification de l'art avec l'une des expressions humaines qui dévoile l'homme dans sa dignité et dans sa vérité. L'art, en effet, témoigne que l'esprit humain possède ce qui lui permet de dépasser le simple contexte de son animalité. Dans ses recherches sur *l'homo religiosus*, le professeur Julien Ries, éminent historien des religions et anthropologue, l'a bien montré, lui

4 David Antin, « The Existential Allegory of the Rothko Chapel » in G. Phillips, Thomas Crow (éds), *Seeing Rothko*, Los Angeles, Getty Publications, 2005, p. 123-134.

qui a souligné *l'importance des* peintures pariétales des hommes préhistoriques comme témoignage de la conscience que l'homme a eue de lui-même et de son environnement depuis ses origines[5].

Or, ce lien si étroit entre expression artistique et humanité de l'homme justifie que l'art se montre solidaire de l'image que chaque époque se fait de l'homme et de son être au monde. Pour comprendre l'art du XXe siècle, il faut alors se demander ce qu'il en est de l'homme à partir de l'époque moderne.

Si l'on prend le philosophe F. Nietzsche comme point de repère de cette anthropologie (c'est sans doute l'exemple le plus extrême, mais aussi le plus éclairant), on voit que, pour lui, l'humanité est davantage contenue dans la capacité de libérer en soi des forces surhumaines de création et d'affirmation. L'œuvre de Nietzsche participe d'une expérience constante de la maladie (maladie qui le jettera définitivement dans la folie en 1889, à seulement 45 ans !), de la rupture et de la solitude. Son auteur y livre les échos personnels d'une existence menée à cette triple enseigne. Il se réclame ainsi d'une philosophie qui justifie positivement le conflit, la douleur, la destruction comme aspects nécessaires de la vie et il se défend de devoir recourir à l'idée d'un Dieu ou d'un « arrière-monde » pour conquérir la paix. Dans *Le Gai Savoir, il* met en avant le changement, la différence, le conflit, la guerre en les préférant à la permanence à soi, à l'identité à soi, à la paix, à la solution des conflits. Pour contrecarrer l'expérience douloureuse de la vie, Nietzsche ne fait appel ni à Dieu ni à la raison, mais à certaines formes de vie passionnelles, qui dépendent d'une perspective vitale individuelle. Cette attitude, qui constitue son « oui à la vie » et débouche sur une sorte de légèreté joyeuse, représente pour lui le seul remède pour interrompre, même pour un bref moment, les souffrances de la vie. Sa philosophie tourne ainsi le dos à toutes les valeurs du passé en mettant en avant

5 Julien Ries (1920-2013) est un prêtre catholique belge, créé cardinal en 2012 par le Pape Benoît XVI. Professeur à l'Université catholique de Louvain (UCLouvain) et fondateur du Centre d'histoire des religions de la même université, il a développé l'idée de l'*homo religiosus* de l'anthropologie religieuse. Son œuvre complète est éditée en italien par l'éditeur Jaca Book en collaboration avec *l'Archivio Julien Ries* de l'Université Catholique de Milan à laquelle J. Ries a légué en 2009 sa bibliothèque et ses archives, y compris sa précieuse correspondance avec Lévi-Strauss. Son *Traité sur l'anthropologie du sacré* est l'une de pièces maîtresses de cette œuvre. Pour ce qui nous occupe, *cf. L'« homo religiosus » et son expérience du sacré ; introduction à une nouvelle anthropologie religieuse*, Paris, Cerf, 2009, 524 p.

l'homme le plus solitaire qui a rompu tous ses liens avec l'humanité traditionnelle. Par l'intermédiaire de Zarathoustra, le prophète qui lui sert de porte-parole, Nietzsche en appelle à atteindre une humanité dotée de forces surhumaines de création et d'affirmation. Et il fait de l'art l'instrument majeur de la réussite.

Nietzsche aura une influence considérable sur la naissance de l'art moderne et de sa « révolte » contre les affres du passé. À ses débuts, des œuvres comme *Le Déjeuner sur l'herbe* ou *Olympia* de Manet témoignent d'un « choquant » qui appelle le spectateur à changer son regard sur la réalité. Et si, dans un premier temps, ce choquant se limite à modifier la manière de présenter l'œuvre, sans pour autant transformer la représentation en tant que telle (les peintures de Manet restent figuratives malgré la nouveauté qu'elles véhiculent), plus tard, de nouvelles intentions révolutionnaires pénètrent l'esprit des artistes en contribuant à séparer davantage l'art du réel et à produire des œuvres étonnantes, abstraites et conceptuelles. Ces œuvres témoignent d'une déconstruction et d'un désespoir du monde qui finit par emporter l'art et la beauté dans son gouffre.

Traversée par une anthropologie de la surhumanité – ou par une anthropologie de la déconstruction du sujet et de son des-assujettissement –, l'art moderne se présente ainsi en rupture par rapport à ce qu'il avait été dans le passé, et il finit par en découdre aussi bien avec la figuration qu'avec la représentation de la beauté[6].

Aujourd'hui, ce temps semble révolu, du moins si l'on en croit Catherine Grenier, spécialiste d'art contemporain. Dans son essai *La Revanche des émotions*, elle montre que l'art contemporain ne se pense plus dans la stricte continuation de l'art moderne. En effet, si celui-ci, dans une veine anti-romantique et au nom du rationalisme, a contribué à intellectualiser l'art et à rejeter *« l'émotion, le sens de la transcendance,*

---

6 Parfois, il s'allie aussi à la science en s'ouvrant aux performances d'un corps surhumain et bionique. En 1992, à Lausanne, le critique américain Jeffrey Deitch organise une exposition au titre significatif de *Post Human*, la présentant par ces mots : « Les tendances sociales et scientifiques convergent pour donner vie à une nouvelle construction de l'être humain. Le point de vue "terre-à-terre" qui consiste à s'accepter tels que la nature nous a faits est remplacé par le sentiment toujours plus fort qu'il est normal de se réinventer. On pense que chacun peut simplement construire la personnalité qu'il veut, libre de toute contrainte du passé ou d'un code génétique » POST HUMAN EXHIBIT CATALOG ESSAY 1992-93 Jeffrey Deitch, « http://www.artic.edu/~pcarroll/PostHuman.html (consulté le 28 septembre 2012) ».

*l'expressivité, la relation à la nature, les références littéraires et théâtrales »*, l'art contemporain a pris un autre chemin[7]. Et si l'art moderne a fini par réduire l'art à une pure énonciation conceptuelle, provoquant une perte de la figuration au profit de l'abstraction et d'une relation abstraite et symbolique au monde, l'art contemporain a renoué avec l'empathie, en remettant celle-ci au cœur du processus même de création[8]. Et puisque l'empathie porte en elle l'idée que « celui qui voit fait corps avec ce qu'il voit », comme dirait Merleau-Ponty[9], cela a conduit à retrouver une espèce d'unité entre spectateur, artiste et œuvre. L'artiste s'en est trouvé réhabilité, et le spectateur a retrouvé la joie d'une véritable expérience esthétique face à une œuvre d'art qui est devenue bien plus « lisible » pour lui.

L'empathie a permis ainsi à l'art non seulement de renouer avec la figuration, mais aussi de rompre avec le principe de la distance critique qui voulait que, en regardant l'œuvre, le spectateur la complète par sa réflexion et la compréhension intellectuelle de ce qu'elle représente[10]. Et elle a permis aussi de repousser l'attitude des avant-gardes pour qui l'« idée » nouvelle comptait plus dans la constitution de l'œuvre que le travail même des matériaux. Catherine Grenier a montré que les artistes ont retrouvé aujourd'hui la mesure du passé. Leurs œuvres se conçoivent davantage comme une reprise, par adhésion empathique, des formes empruntées à un passé proche ou lointain. La fiction, l'image de la peinture se retrouvent à être formées non plus par conceptualisation, mais à partir d'une condensation ou d'une absorption, ou encore d'une incorporation de formes préexistantes qui viennent se synthétiser dans le présent de l'artiste[11]. Le peintre Peter Doig en est un exemple. Son succès fulgurant auprès du public (certaines de ses œuvres se sont vendues chez Christie's à plus de 10 millions de dollars !) dépend de sa capacité à superposer formes et styles différents venant du passé et du présent pour les synthétiser dans une œuvre qui, étant figurative mais

7 Catherine Grenier, *La Revanche des émotions*, Paris, Seuil, 2008, spéc. p. 7-41.

8 *Cf.* C. Grenier, *op. cit.* p. 19.

9 *Cf.* Maurice Merleau-Ponty, *L'Œil et l'Esprit*, Paris, Gallimard, 1960.

10 À ce propos, intéressante est l'introduction au catalogue de l'exposition lancée par Thierry de Duve en l'an 2000, publiée dans *Voici. 100 ans d'art contemporain*, Paris, Flammarion, 2000, spéc. p. 13-55.

11 *Cf.* C. Grenier, *op. cit.*, p. 33 : « L'œuvre n'est ni un commentaire des formes du passé, ni un collage citationnel, elle correspond plutôt à une remontée vers la conscience d'un tréfonds artistique qui habite le peintre jusqu'à le constituer. »

aux contours flous et imprécis, ouvre le public à l'empathie et permet sa participation à l'expérience artistique[12].

Les sciences humaines définissent l'empathie comme un mécanisme psychologique qui permet à l'individu de comprendre les sentiments et les émotions d'une autre personne sans qu'il les ressente lui-même. C'est ce qu'on appelle dans le langage courant « se mettre à la place » d'autrui. L'empathie mobilise donc la connaissance d'autrui sans pour autant mettre en jeu un rapport affectif ou moral avec lui. Elle vise la connaissance – d'autrui et du monde – tout en épargnant au sujet de passer personnellement par l'épreuve affectant autrui. Elle permet ainsi une construction de soi comme être social[13].

Grâce à l'empathie, l'art en vient ainsi à constituer un rempart contre ce qui nous sépare de notre propre expérience de la réalité ainsi que des autres et de leur expérience, en rendant possible à la forme artistique de « retricoter en un seul maillage le passé ancien et le passé moderne, les utopies déçues et l'aspiration à l'espoir ». C'est là, pour Catherine Grenier, l'enjeu majeur de l'art contemporain, dans ce travail de « récollection et réconciliation avec un monde et une histoire devenus douloureux[14] ». Cette forme d'empathie qui devient capacité d'assumer et de réconcilier passé et présent dans des formes connaissables et uniques est aussi ce qui permet la « résilience » comme réparation du traumatisme et de la douleur qui, en même temps, ne sont ni refoulés ni oubliés. C'est dire si, sur ce terrain, l'art peut jouer un rôle clé en cette époque de crise et d'inévitable transition.

Catherine Grenier propose quelques exemples d'artistes s'inscrivant dans ce courant d'art qui renoue avec le corps et ses représentations empathiques. Parmi ces artistes, un me paraît particulièrement significatif pour le propos qui nous occupe. Il s'agit de Robert Morris et plus particulièrement de sa dernière œuvre, *Less Than*, à laquelle je souhaiterais consacrer ici une brève analyse.

---

12 Une brève présentation de Peter Doig, proposée par Stéphane Aquin, conservateur au Musée d'art contemporain de Montréal, peut être visionnée à l'URL suivante : « https://www.youtube.com/watch?v=DNySM1jPKns » ou encore ici « https://www.youtube.com/watch?v=5OFNqJV3MI8 (consultés le 2 juin 2020) »

13 *Cf.* C. Grenier, *op. cit.* p. 39. Dans l'art – commente Catherine Grenier – « l'empathie redonne sa pleine mesure à l'imagination comme mode privilégiée de saisie du réel et constitue un instrument de reconstruction d'un devenir communautaire de l'art. L'artiste se situe alors comme un maillon dans une chaîne empathique qui relie le monde, l'histoire et la société au spectateur, l'auteur d'une récréation ou d'une actualisation du réel ».

14 *Cf.* C. Grenier, *op. cit.* p. 40 (première citation) et 41 (seconde citation).

Robert Morris (1931-2018) est un artiste américain, plasticien et écrivain, considéré comme l'un des représentants de pointe de l'art minimaliste, puis (à partir des années 60) du post-minimalisme[15]. *Less Than*, « moins que rien » (2005), est l'une de ses dernières installations. Il s'agit d'une sculpture en bronze d'une simplicité désarmante représentant un corps plié sous le poids d'une jarre qu'il porte sur son dos. Installée au centre du cloître San Domenico à Reggio Emilia, la statue est accompagnée d'une intervention sonore (bruits stridents de la vie moderne) qui s'enclenche au coucher du soleil dans le silence du cloître[16].

L'œuvre met immédiatement le spectateur devant la présence d'un corps ; elle est donc en quelque sorte figurative. Mais ce corps est sans tête, et un vide béant s'ouvre sur sa poitrine asexuée. Ce corps asexué représente ainsi, de façon symbolique, l'humanité tout entière, une humanité qui est cependant sans identité et qui, sans tête ni visage, se trouve privée de parole et d'intelligence, dans la plus complète incapacité de communiquer. Et pourtant, ce corps est représenté comme étant doté d'un dynamisme certain, car la jarre qu'il porte sur son dos met en valeur son effort pour la soutenir. La figure incomplète ; le silence et l'ordre du cloître qui contrastent avec les bruits stridents du monde émis brièvement, mais avec puissance, par la statue à des heures fixes ; la courbure du corps ainsi que la tension musculaire des jambes du personnage laissent penser que l'humanité ainsi représentée est recourbée sous le poids de sa destinée et qu'elle est frappée par le mal dont souffre le monde.

Il est évident que l'artiste a voulu donner à cette œuvre une touche réaliste et allégorique tout en permettant qu'elle soit traversée par une certaine ambiguïté : la jarre peut symboliser la jarre de Pandora, qui apporte aux hommes le malheur, mais aussi – étant donné le lieu où la statue est posée – la source d'eau vive du baptême chrétien qui conduit à la délivrance du mal et à la vie éternelle ; le corps mutilé mais toujours vivant peut donner l'impression que la statue annonce la mort, mais aussi qu'elle est le commencement d'une renaissance. Ainsi conçue, l'œuvre

15 Catherine Grenier a consacré un livre à l'œuvre de Robert Morris, *Robert Morris : Less Than*, Reggio Emilia, Éd. Gli Ori, 2005.

16 On peut visionner l'œuvre *Less Than* à l'URL suivante : « https://turismo.comune.re.it/en/reggio-emilia/discover-the-area/art-and-culture/artistic-works/less-than-robert-morris (consulté le 2 juin 2020) ». Le bruit qui l'accompagne augmente le paradoxe de l'œuvre, car il vient contredire le silence qui habite le lieu et qui fait sa caractéristique première.

engendre en tout cas un certain pathos et ne laisse pas le spectateur indifférent, l'invitant à s'interroger sur ce qu'il y a de plus essentiel dans l'existence : la vie, la mort, le mal.

Mais en même temps, l'artiste s'arrange pour éviter que ce pathos ainsi généré ne devienne dominateur en submergeant le spectateur. En installant l'œuvre, il rééquilibre alors volontairement les éléments qui auraient pu conduire au débordement des passions suscitées. Ainsi, les éléments qui s'opposent naturellement comme la statue humaine défigurée, le cloître silencieux, les bruits stridents du monde, le poids de la jarre, sont retenus par les formes qui les organisent et qui, elles, sont installées dans une évidente retenue : le corps sans tête ni visage est positionné au milieu d'un endroit bien ordonné (le centre d'un cloître rigoureusement géométrique) ; les bruits stridents du monde interrompent le silence du cloître seulement brièvement et à un moment précis de la journée. Cette retenue permet même au spectateur de transformer son sentiment d'empathie en supposant que le poids du mal est réabsorbé dans une possibilité de rédemption.

Dans les années 90, Morris avait déjà produit des œuvres représentant la figure du mal et de la mort, notamment dans les installations *The Fallen and the Saved* de 1994 et 1995, où l'on retrouvait d'ailleurs la jarre comme symbole d'urne funéraire. Mais ces œuvres plongent le spectateur dans un univers quasi apocalyptique et font clairement allusion à l'incertitude concernant ce qui, à la fin, sera sauvé et ce qui tombera (d'où le titre de l'œuvre). C'est comme si l'auteur, alors dépassé par son propre pessimisme, avait voulu indiquer qu'après la fin des utopies du progrès et du marxisme, personne ne peut dire où va le monde. Le pathos transmis par ses installations résultait alors négatif, surdimensionné et dominateur. Or, ce qui est intéressant, c'est que Morris ne représente pas de corps dans ses œuvres des années 90, alors que, dans *Less Than*, en mettant en scène un corps, bien que défiguré et ployant sous le poids de sa destinée mortelle et du mal, et en l'installant dans l'ordre et le silence d'un cloître, il parvient à modérer ce même pathos et à laisser filtrer dans son œuvre une lumière certaine[17]. Le spectateur peut alors voir en ce corps, pourtant qualifié de *less than*, de « presque rien », la

17 Catherine Grenier (*op. cit.*, p. 73) définit ainsi cette attitude de Morris : « À une présence tragique au monde, que traduit la vacuité de la forme, s'associe une irréductible attention au vivant, dont la matière est l'expression première [...] En réintroduisant la figure

résistance de l'humanité à la disparition totale, à l'anéantissement. Dans un monde de machines dans lequel l'homme n'est presque rien, ce même homme résiste grâce à son corps. Celui-ci, même mutilé, courbé sous le poids de la vie et du monde, fait face à sa destinée et la porte, défiguré et courbé, mais vivant. Et avec lui, c'est l'art tout entier qui résiste, permettant, grâce aux œuvres, une expérience empathique du monde qui empêche celui-ci de sombrer dans le néant.

La revanche de ce corps qui résiste est attestée par la résistance de la forme et de la figure face au pouvoir de la conceptualisation et de l'abstraction. Par cette figure mutilée et prête à disparaître, mais quand même « incarnée », l'humanité et l'art manifestent leur vivacité et leur capacité à subir l'outrage du temps, de la corrosion et du mal sans sombrer en ceux-ci, mais en renaissant de leur propre défaite. Posée au cœur d'un cloître destiné à abriter la vie religieuse, cette figure qui est comme un tabernacle (par son ouverture béante à la place de la tête), pourrait presque indiquer l'origine de la vie et de l'art. Le fait que l'artiste ait choisi un matériau, le bronze, et un processus de fabrication, le moulage, qui font référence à des techniques anciennes permet de penser que, même dans le façonnage de l'œuvre, il a voulu exprimer un retour aux origines et par là l'optimisme d'un monde naissant plus que le pessimisme d'une humanité mourante.

Au cœur de tout le processus, il y a en tout cas un corps, représentatif et en même temps pathétique, qui, dépourvu de visage, ne communique pas avec le spectateur par le langage ou la parole, mais seulement par l'expérience d'empathie qu'il suscite grâce au regard que le spectateur porte sur lui. Ambigu dans sa structure et dans sa représentation, ce corps, qui pourrait signifier la destruction et l'anéantissement aussi bien que l'origine et la renaissance, laisse au spectateur la responsabilité de l'interprétation, se présentant comme une *figure* et une *forme* réalistes et à la fois allégoriques et symboliques. En ce sens, l'œuvre ne laisserait voir que ce que l'on veut voir à travers elle, comme Morris lui-même aimait dire de ses productions, même dans sa période la plus abstraite.

C'est donc par la proposition d'une forme *esthétique*, qui est un corps et qui a du corps, une forme à laquelle le spectateur n'accède véritablement que par sa sensibilité et son pathos, que Morris montre comment l'art

humaine au centre de son dispositif, Morris donne aujourd'hui à son œuvre des accents moins désespérés que dans les travaux des années 1980. »

contemporain permet d'ouvrir un chemin de salut pour une humanité perdue et proche de l'anéantissement. Loin d'être mort, l'art jouerait ainsi – grâce à l'incarnation – un rôle clé pour la survie de l'humain au milieu d'un monde hanté par la destruction.

## LA BEAUTÉ

Si tel est le rôle de l'art, qu'en est-il de celui de la beauté ? En quoi l'incarnation pourrait-elle la dévoiler ?

« La beauté sauvera-t-elle le monde ? » C'est Dostoïevski qui pose cette question dans *L'Idiot*, l'un de ses grands romans de la maturité, publié en 1868. Elle est prononcée par Hippolyte Terentiev, un jeune homme tuberculeux, révolté et pathétique, et elle est adressée au prince Mychkine, le protagoniste du roman. Elle l'est sous forme interrogative : « C'est vrai, prince, que vous avez dit une fois : "C'est la beauté qui sauvera le monde" ? » Le prince Mychkine est un homme bon et aimant, qui vit en décalage par rapport à la société. Naïf, généreux, sans égard pour son habillement ou son langage, malade aussi, il débarque au milieu d'une société artificielle et corrompue. Figure christique, il s'exprime avec la simplicité du langage du cœur, ce qui déroute ses contemporains. Il pardonne par amour à ses « amis », même lorsqu'il est trahi, et justifie toujours leurs fautes, les imputant à leur ignorance ou à leur faiblesse. Mychkine voue un amour plein de compassion à la belle Nastassia Filippovna, qui a été abusée par son tuteur pendant son enfance et qui nourrit, depuis lors, une sorte d'amour/répulsion pour les hommes. Cet amour pur et respectueux contraste fortement avec la passion destructrice de Rogojine, l'autre héros du livre, qui veut aussi épouser Nastassia sous l'emprise de sa passion dévorante. Le roman s'achève d'ailleurs en un drame : Mychkine conduit finalement à l'autel Natassia, mais celle-ci s'enfuit pour suivre Rogojine, lequel, fou de passion, finit par la tuer.

Le contraste entre les deux héros du roman, Mychkine et Rogojine, permet de mieux comprendre la citation à propos de la beauté. Une même beauté, celle de Nastassia Filippovna, a captivé les deux personnages.

Mychkine, considéré comme « idiot » aux yeux des hommes, mais qui voit le monde avec un regard d'empathie et d'innocence, a compris que la beauté de Nastassia est blessée dans l'amour depuis son enfance, et qu'elle est en attente d'une rédemption et d'un accomplissement. Rogojine, au contraire, ébloui par la beauté de Nastassia, la veut pour lui, pour la posséder totalement, comme on possède un trophée.

Par ce contraste entre Mychkine et Rogojine, Dostoïevski laisse voir que la beauté ne peut se dévoiler qu'en étant incarnée et que, pour cela, elle possède un côté ambigu, soumise comme elle est au regard de celui qui la contemple. Elle se présente à la fois comme une réalité attrayante ayant une consistance propre, un éclat propre, une certaine objectivité (car souvent, tout le monde aime les mêmes belles choses) et pourtant, elle reste enveloppée de mystère en ce qu'elle dépend aussi de celui qui la contemple et du contexte dans lequel elle se donne à voir. Et c'est là que se situe toute la complexité de sa saisie. Derrière le beau visage de Nastassia, Mychkine devine une âme humiliée et meurtrie, qu'un amour oblatif pourrait guérir. Ce même beau visage inspire à Rogojine une folle passion, égoïste et meurtrière.

C'est ici sans doute un premier point important qu'il faut souligner : la beauté ne peut se saisir que là où elle s'incarne. Et en cette saisie, autant importe le côté « objectif » de sa manifestation que le regard subjectif de celui qui la contemple.

Mais dans *L'Idiot*, Dostoïevski montre aussi un autre aspect de la beauté. La phrase d'Hippolyte s'achève en effet ainsi : « Quelle beauté sauvera le monde ? C'est Kolia qui m'a rapporté ça. Vous êtes un chrétien zélé ? Kolia m'affirme que vous vous dites chrétien[18]. » Avec la prudence de mise, on peut alors penser que Dostoïevski aurait tout aussi bien pu remplacer la question prononcée par Hippolyte par celle-ci : « "Le Christ sauvera-t-il le monde ?" C'est lui, le Christ, "le plus beau des enfants des hommes" (Ps 44, 3) venu rendre à l'homme sa "première beauté". » Dans le visage de Nastassia Filippovna, Mychkine voit en effet le Christ souffrant. Le regard qu'il porte sur elle, plein d'empathie, dépasse le sensible pour rejoindre, dans la profondeur de l'autre qu'est Natassia, cet

18 Kolia est l'un des fils de la maison où s'établit le prince Mychkine lorsqu'il arrive à Petersburg. Kolia est un garçon de treize ans, au cœur pur et généreux, plein d'admiration pour le prince, qui l'a pris en amitié. Et de fait, ce qu'Hippolyte dit tenir de Kolia est vrai : Mychkine est profondément chrétien, et Kolia l'a deviné.

Autre qui est Dieu. Ce détail montre que la beauté est aussi « autre » et par rapport au regard subjectif de celui qui la contemple et par rapport à l'œuvre dans laquelle elle s'incarne et qui la manifeste.

C'est sans doute pour cela que les anciens ne s'y sont pas trompés en identifiant la beauté avec une réalité absolue, dont les beautés temporelles ne sont que des copies inadéquates et imparfaites. Dans le discours bien connu du *Banquet*, lorsque la prêtresse Diotime montre le rôle joué par l'Amour dans le chemin qui conduit à la vérité et à la sagesse, Platon offre à la beauté une place d'honneur[19]. Et quelques siècles plus tard, c'est à Plotin de s'exprimer encore de la même manière dans son traité *Sur le Beau*[20]. La perfection absolue est donc l'une des caractéristiques que l'on a reconnues à la beauté depuis toujours, dans la tradition occidentale du moins. L'Antiquité donnera vie à différentes formes d'imitation ou de représentation de cette beauté parfaite, mais toutes seront caractérisées par l'imposition de canons à respecter. Ceux-ci sont vus en effet comme la seule possibilité de représenter l'irreprésentable, à savoir la perfection de l'être dont la beauté est la manifestation lumineuse.

Cette situation restera invariable jusqu'à l'époque moderne, période lors de laquelle une révolution « métaphysique » imposera de penser le sujet – et non plus l'être – comme le centre de l'ordre du monde. Avec cette révolution copernicienne imposée à la métaphysique, la beauté est dépossédée de son éclat et perd le caractère de perfection qui l'avait accompagnée depuis l'Antiquité. Cela ouvre une nouvelle page de l'esthétique. *Aisthesis sera pris au sens littéral du terme et indiquera la* perception de l'œuvre à partir du seul point de vue du sujet. Le beau devient alors une question de sentiments et de goût. La beauté rendue ainsi subjective se trouve dans la condition de ne pas pouvoir être partagée et reconnue comme telle et objectivement par tous. Cela conduit à sa progressive désincarnation.

---

19 *Cf.* Platon, *Banquet*, 210 e ss.

20 *Cf.* Plotin, *Ennéades*, I, 6 [Traité 1] : « Comment verra-t-on cette beauté immense qui reste en quelque sorte à l'intérieur des sanctuaires et qui ne s'avance pas au-dehors pour se faire voir des profanes ? Que celui qui le peut aille donc à la suivre jusque dans son intimité ; qu'il abandonne la vision des yeux et ne se retourne pas vers l'éclat des corps qu'il admirait avant. Car si on voit les beautés corporelles, il ne faut pas courir à elles, mais savoir qu'elles sont des images, des traces et des ombres ; et il faut s'enfuir vers cette beauté dont elles sont les images. »

Certes, il y a quelque chose de « juste » dans le fait de restituer la beauté au sujet, car la perception du beau a affaire avec la subjectivité. Mais la réduction du beau au seul goût du sujet comporte une progressive perte d'ancrage du beau dans la réalité. L'esthétique moderne a fini par coincer celui-ci dans une impasse dont il aura du mal à sortir. La perte d'incarnation du beau dans la réalité conduira en effet à donner à l'art et à l'artiste les pleins pouvoirs sur l'œuvre, laquelle deviendra de plus en plus le lieu d'expression de la subjectivité de son créateur en s'intellectualisant et en perdant progressivement en lisibilité pour le spectateur.

L'expérience que nous faisons couramment de la beauté nous dit pourtant que le beau s'impose de lui-même, il s'invite dans notre vision du monde, dans notre quotidien, et il nous questionne, voire il nous effraie[21]. Il nous éprouve par sa présence et il nous interpelle en nous attirant à lui. Il nous fait faire une expérience de la réalité qui est autre parce qu'il fixe sur elle notre attention et nous fait découvrir autrement les choses « ordinaires ». Il soustrait tout objet à sa simple utilité pour le montrer en lui-même, dans un désintérêt total. Ce qui est dit « beau » possède une grâce qui sort tout objet de son cadre de « normalité » d'utilisation. En cela, la question du beau se pose à nous comme ce qui invite chacun à une sortie de soi, comme une question qui appelle au « partage » et à la communication de ce que l'on perçoit être beau. En ce sens, le beau en appelle à l'incarnation en ce qu'il exige de la part du sujet une attention accrue envers la réalité à travers laquelle il se laisse voir. Et en même temps, la beauté ne se laisse jamais complètement saisir là où elle se trouve incarnée, en conservant, dans son apparaître à travers l'œuvre, une aura de mystère qui pointe vers un au-delà de toute saisie et de toute définition possible de ce qu'est le beau.

---

21 *Cf.* Jean-Louis Chrétien, *L'effroi du beau*, Paris, Cerf, 2008.

## LE CHRISTIANISME ET L'INCARNATION OU LA DIMENSION « EUCHARISTIQUE » DE L'ART CONTEMPORAIN

Si ce que l'on vient de dire est vrai, alors le christianisme possède un atout formidable pour penser le beau et l'art aujourd'hui, car la notion d'incarnation se trouve à l'origine même de son existence, et elle reste au cœur de son expérience.

Or, si l'on regarde les choses sur un plan purement historique, l'on doit constater que le christianisme n'a pas produit un modèle esthétique propre. La production artistique de la tradition chrétienne ainsi que les textes qui l'illustrent (ceux d'Augustin, du Pseudo-Denys ou de Thomas d'Aquin) ont tous reproduit les principes de ce que l'on peut appeler le modèle « classique[22] », en identifiant la beauté avec la perfection de l'être et l'art avec une technique capable de produire le beau en suivant des critères et des canons garantissant le respect de la nature divine et absolue du beau. L'élaboration de l'esthétique chrétienne suit de fait le développement de la métaphysique telle que les Grecs l'avaient pensée. C'est ainsi qu'à l'effondrement de la métaphysique classique, l'art et l'esthétique de la période chrétienne se trouvent dépourvus de moyens pour stopper le renversement du modèle à la suite de l'avènement de la « métaphysique du sujet ».

Et pourtant, fort de sa compréhension du mystère de l'incarnation de Dieu en Jésus-Christ, le christianisme et la tradition chrétienne auraient pu apporter beaucoup à la pensée du beau et de l'art. Et ils le peuvent encore aujourd'hui. Mais ils doivent en acquérir la pleine conscience et avoir le courage de l'exprimer.

*Dans son œuvre majeure, La Gloire et la Croix, le théologien H. Urs von Balthasar soulignait que* la beauté est essentielle à la compréhension que l'homme a de lui-même et du monde, car elle lui rappelle son enracinement dans un corps et, par cet enracinement, le fait qu'il ne règne pas en maître sur lui-même. Par son corps, l'homme se découvre déjà « communiqué » au monde, comme une « image » et non comme un

22 C'est ainsi que Marc Sherringham définit l'esthétique qui a caractérisé l'époque antique et médiévale. *Cf. Introduction à la philosophie esthétique*, Paris, Payot, 2003.

archétype de l'être et de l'esprit. Sa beauté aussi, il la reçoit et il peut la faire resplendir à travers son corps seulement s'il reconnaît que, en lui, corps, esprit et liberté ne font qu'un[23]. En rendant l'homme proche du monde, le beau lui révèle ainsi la dimension « religieuse » de son être, dans le sens où il le « relie », dans sa matérialité même, à ce qui dépasse la facticité de son être au monde[24], l'ouvrant à la gratuité.

Or, par son contenu figuratif particulier, par l'empathie qu'il suscite à travers ses œuvres, l'art contemporain permet cette expérience à la fois incarnée et « gratuite » de la réalité. En ce sens, on pourrait presque dire qu'il possède une dimension « eucharistique ». Car ce que l'œuvre donne à voir et à expérimenter est plus que la facticité qui s'offre à la vision du spectateur. Cet « autre chose », cependant, ne peut être perçu qu'à travers la facticité que l'œuvre incarne. Cela se passe comme dans le mystère eucharistique où la transsubstantiation du pain n'est possible qu'à condition que ce pain reste un simple morceau de pain. Ce « plus » qu'il contient ne se donne à voir qu'à celui qui y croit et qui le reçoit en y croyant. « Celui qui a recevra encore, et celui qui n'a rien se fera enlever même ce qu'il paraît avoir », dit l'Évangéliste Luc (8, 18), et c'est vrai, en quelque sorte, pour l'art aussi.

Pour illustrer cette dimension eucharistique de l'art contemporain, je voudrais alors, en conclusion, faire référence à l'œuvre de Mark Rothko, et plus particulièrement à la chapelle de l'Université Saint-Thomas de Houston qu'il a imaginée et décorée à partir de 1960, et qui a été achevée après sa mort survenue en 1970[25]. Rothko avait été invité par la famille de Menil à penser ce lieu de spiritualité interconfessionnelle et à peindre, pour le décorer, une série de *Murales*. Dans la chapelle, qui est de forme octogonale, la lumière ne vient que d'en haut, par la coupole, et est filtrée par des bandes de tissu de peinture. Celles-ci, quatorze en tout, sont monochromes, de couleur noire intense. Rothko, pour la première fois de sa vie, renonce à l'attrait sensoriel des couleurs et fait du « sombre » le caractère dominant de la pièce, ce qui attire et dérange à la fois. David Antin, critique d'art américain, exprimait ainsi ses impressions après avoir visité les lieux :

23 *La Gloire et la Croix*, vol I, Aubier, 1965, surtout p. 1-99.

24 *Cf.* J.-L. Chrétien, *L'effroi du beau*, Paris, Cerf, 1997.

25 La chapelle porte ainsi aujourd'hui son nom. Elle est visible à l'URL suivante : « http://www.rothkochapel.org/experience/gallery/ (consulté le 2 juin 2020) ». Pour l'histoire et la fonction de la chapelle, *cf.* « http://www.rothkochapel.org/learn/about/ (consulté le 2 juin 2020) ».

> L'instabilité que la Chapelle provoque en celui qui regarde et le sentiment de fragilité humaine qu'elle inspire confrontent le spectateur avec sa propre expérience de vie, avec sa contingence. On a le sentiment qu'on ne peut pas contrôler son destin, car il est suffisant qu'un nuage passe entre le spectateur et la lumière qu'on ne peut plus se souvenir de ce qu'on regardait. C'est cela la grande nouveauté des peintures de Rothko [...] Elles changent les facultés du spectateur ; elles laissent indifférentes si on ne répond pas au challenge qu'elles lancent. Mais si on se laisse prendre dans la dynamique qu'elles suggèrent, alors elles permettent d'entrer dans une confrontation avec une condition existentielle qui, en dernier lieu, caractérise notre expérience de l'être au monde[26].

Lors de l'inauguration de la chapelle, Dominique de Menil clôturait ainsi son discours :

> Au premier regard, nous serons peut-être déçus que les peintures qui nous entourent manquent de glamour, mais plus je vis avec elles, plus je suis impressionnée. Rothko voulait que ses peintures soient intimes et intemporelles, qu'elles nous enveloppent sans nous enfermer. Leurs surfaces sombres ne figent pas le regard. Nous pouvons voir à travers, nous regardons dans l'infini et ces tableaux peuvent nous amener au seuil du divin[27].

On a comparé les peintures de la chapelle Rothko à celles de la chapelle Sixtine et à celle de la chapelle de Matisse à Vence, en disant qu'elles rayonnent de l'intérieur. Et c'est le cas. Elles sont un excellent exemple de ce que j'ai appelé le caractère « eucharistique » de l'art, caractère qui n'est accessible qu'au cœur qui se laisse prendre et à l'œil qui, à travers la matérialité de l'œuvre, veut voir ce qu'il y a à voir au-delà et qui reste inaccessible à un regard superficiel et distrait.

Tel est le rôle de l'art, de l'art contemporain en particulier : plonger le spectateur dans les profondeurs de la « chair » du monde[28] à travers l'unité qu'il rend possible entre sa chair et celle de l'œuvre, réelle incarnation et pas simple représentation du beau. Ce plongeon oblige le spectateur à une conversion, qui est une sortie de soi et qui ouvre au mystère de l'être des choses, au « déjà et pas encore », de la même

---

26 « The Existential Allegory of the Rothko Chapel » G. Phillips, Thomas Crow (éds), *Seeing Rothko*, Los Angeles, Getty Publications, 2005, p. 123-124. Le colloque a eu lieu en février 2002 au Getty Research Institute de Los Angeles.

27 Discours d'inauguration de la chapelle Rothko.

28 J'emprunte cette expression à Merleau-Ponty, ainsi qu'il l'emploie notamment dans son œuvre *L'Œil et l'Esprit*.

manière que l'incarnation du Christ ouvre au mystère du Père rendu ainsi présent au monde comme aucun homme n'aurait jamais pu se le représenter.

L'art contemporain rend possible cet accès au monde en vérité, pourvu qu'on accepte de se laisser attirer par ce que la chair de l'œuvre a à communiquer, dans un esprit de gratuité, d'abandon et de grande humilité.

Laura RIZZERIO
ESPHIN, Université de Namur

DEUXIÈME PARTIE

# ENJEUX ÉTHIQUES ET PHÉNOMÉNOLOGIQUES DE L'INCARNATION

# COGNITION INCARNÉE, TRANSHUMANISMES ET IA

L'émergence médiatique récente des transhumanismes ou les prouesses d'algorithmes ou de réseaux de neurones artificiels nourrissent l'imaginaire collectif d'une vie humaine ou posthumaine débarrassée des limites du corps, voire du corps lui-même. Cette manière de dire « adieu au corps[1] », dont le sociologue David Le Breton a étudié l'histoire et ses ramifications, rejoint des courants anciens de dévalorisation du corps tant dans la philosophie platonicienne que stoïcienne, mais la nouveauté contemporaine provient des réussites de la technoscience à augmenter toujours la puissance des machines et à réparer le corps humain au-delà de ce qui était concevable il y a encore peu. La tentation est alors grande de penser que la maîtrise humaine pourrait enfin vaincre les limites biologiques du corps et de l'esprit humain.

À travers l'étude de ces chemins de décorporéisation, à rebours de l'incarnation tant du côté des transhumanismes que du côté de l'intelligence artificielle, nous ferons paraître des points de résistance du corps qui est loin de se limiter à ses composants et ses fonctions à la manière d'une machine. Il faut sans doute convoquer ici à nouveau les réflexions de Paul Valéry dans l'article « Réflexions sur le corps » paru en 1943[2], qui évoquait le « problème des trois corps » auquel tout discours sur le corps humain est confronté. En effet, le corps humain est en premier lieu « mon corps » pour parler de ma présence au monde, de ma personne, des affections qui m'habitent, des actions que je peux faire, d'une manière asymétrique de conformer l'espace par un devant et un derrière, un au-dessus et un au-dessous. Le second corps est celui qui est vu par les autres, qui est habillé, apprêté, maquillé… aimé ou

1 David Le Breton, *L'adieu au corps*, Paris, Métailié, 1999.

2 Paul Valéry, *Œuvres* tome 1, La Pléiade, 1957, p. 923-931 (texte paru initialement dans un numéro consacré à « Médecine et littérature » dans la revue *Formes et Couleurs*, cinquième année, n° 3, Lausanne, 1943 [168 pages sans pagination]).

pas dans sa glace. Le troisième corps est celui de nos viscères, de nos organes, de nos neurones, de nos vaisseaux sanguins, de nos gènes… le corps qui est analysé, disséqué, numérisé par les médecins, les biologistes.

L'une des caractéristiques des transhumanismes et de l'intelligence artificielle est d'hypertrophier le deuxième et surtout le troisième corps au détriment du premier. Ce risque d'une réduction de la vie et de l'expérience humaine à ce troisième corps est bien présent dans l'imagerie médicale avec la notion de « patient numérisé », double sans corps du patient, mais la relation médicale cherche encore à maintenir une attention au premier corps et à l'anamnèse faite par le sujet de ses symptômes. En revanche, la butée du corps concret et souffrant de l'autre est absente dans le monde des représentations de l'humain et de sa perfection, de ses fonctions et de ses optimisations, tant dans les transhumanismes que dans l'intelligence artificielle.

Toutefois, l'attention au premier corps, au corps-sujet, n'est heureusement pas totalement absente des recherches en neurosciences et en intelligence artificielle. L'influence de Merleau-Ponty résonne encore dans les travaux de « neurophénoménologie » et de « cognition incarnée » (*embodied cognition*) initiés par Francisco Varela. Si les sciences et les techniques ne peuvent pas prétendre saisir la totalité de l'être humain, il serait à mon sens dramatique que la philosophie se coupe de ces recherches en les jugeant a priori stériles et partielles, alors que les représentations de l'être humain véhiculées par les neurosciences envahissent l'espace public, influencent nos manières de parler (« mon cerveau a décidé », « mon cerveau est embrouillé », etc.), créent la mode du préfixe « neuro » ajouté à toutes les disciplines, de la neuroéconomie à la neurophilosophie en passant par la neuroéducation et le neurodroit, et orientent les décisions politiques.

## LES TRANSHUMANISMES ET LE CORPS

Le terme « transhumanisme » est apparu dans les années 1930 dans un milieu scientifique marqué par l'évolution, en lien avec les réflexions et écrits des frères Aldous et Julian Huxley ainsi que la pensée de Teilhard de Chardin, notamment dans *L'énergie humaine* (1937, publication 1962). Ainsi le polytechnicien Jean Coutrot (1895-1941) propose en mai 1939 un « précis de transhumanisme[3] ». Mais c'est Julian Huxley, promoteur de la synthèse moderne de la théorie de l'évolution, qui, dans une conférence d'avril 1951 à l'université de Washington, donne la formulation la plus aboutie de ce premier transhumanisme évolutionniste :

> Nous les hommes sommes des éléments du processus qui est devenu conscient de lui, et c'est notre devoir et notre destinée de faciliter le processus en le menant à de nouveaux niveaux. Notre motivation principale, par conséquent, dérivera de l'exploration et de la compréhension de la nature humaine et de ses possibilités inhérentes de développement et d'accomplissement, une étude qui inclura bien sûr les limitations, les distorsions et les frustrations à éviter. Une telle philosophie pourrait être bien appelée « Transhumanisme ». Elle est fondée sur l'idée de l'humanité essayant de surmonter ses limitations et de parvenir à une pleine maturité ; elle est la réalisation que le développement individuel et social sont tous deux des processus de transformation de soi[4].

Il s'agit de mener à sa pleine maturité les processus de transformation de soi que sont le développement individuel et social, en mobilisant toutes les dimensions de la culture humaine pour prendre en charge l'évolution de l'être humain, au-delà des vérités portées des courants plus partiels aux yeux de Huxley comme le marxisme, le christianisme et l'individualisme libéral (qui sera enchâssé dans le terme libertarianisme, au milieu des années 1950 aux États-Unis).

La dimension technique et le dépassement des limites du corps humain ne sont pas centraux, dans cette conception transhumaniste de la transformation de soi. En revanche, le dépassement des limites du corps humain et la quête de l'immortalité deviendront essentiels dans les courants ultérieurs du transhumanisme.

À partir des années 1960, le transhumanisme se transforme en des avatars imprégnés par une omniprésence de la technique, de l'ingénierie du corps et de l'esprit humain. Ainsi Robert Ettinger (1918-2011) réinterprète le terme de transhumanisme en lien avec celui d'immortalité,

---

3 Voir Olivier Dard & Alexandre Moatti, « Aux origines du mot "transhumanisme" », *Futuribles*, juillet-août 2016, n° 413 et Alexandre Moatti, *Aux racines du transhumanisme – France 1930-1980*, Paris, Odile Jacob, 2020.

4 Julian Huxley, « Knowledge, morality, and destiny » in *New bottles for new wine*, London, Chatto & Windus, 1957, p. 245-278 (ici traduction personnelle, p. 259-260).

lance le mouvement de cryogénisation d'attente et fonde notamment le Cryonics Institute. De son côté, FM-2030, de son vrai nom Fereidoun M. Esfandiary (1930-2000), adepte du « parti du haut » (*up-winger* en anglais), s'enthousiasme des évolutions et progrès apportés par les techniques. Changer de nom, c'est abandonner ses liens avec les générations passées, pour se tourner résolument vers un futur technologique magnifique. Nulle ambivalence du développement technique pour FM-2030, il faut laisser de côté les doutes ou les questions de la société occidentale envers la technique.

Mais c'est dans la Californie des années 1980 que le transhumanisme tel que nous le connaissons aujourd'hui va prendre son envol, notamment avec deux de ses hérauts que sont Max More et Natasha Vita-More. Né en 1964 sous le nom de Max O'Connor, Max More change de nom après de premières études de philosophie à Oxford et en Californie avec un doctorat sur « la nature de la mort ». More lance en 1988 le magazine *Extropy*, qui s'adjoint très vite le sous-titre *Journal of Transhumanist Thought*. La fondation de l'Extropy Institute suit en 1990 et formera le creuset du courant transhumaniste jusqu'à sa fermeture en 2006.

L'extropie se veut « un cadre ouvert et évolutif qui permette aux individus et aux groupements librement créés d'établir les institutions et les formes sociales qu'ils préfèrent dans une double opposition à la perte d'ordre et de structure de la matière par entropie et à la perfection trop statique et définie des utopies ». La philosophie extropienne de Max More s'articulait initialement autour de quatre principes : l'expansion sans limites (plus d'intelligence, de sagesse, de longévité, élimination des limites tant corporelles que psychologiques), la transformation de soi (sur le plan moral et cognitif), l'optimisme dynamique (attitude positive envers le futur), la technologie intelligente (place de la science et de la technologie pour mettre en œuvre les valeurs extropiennes)[5]. Ultérieurement, ces principes s'étendront à sept à partir de sa version 3.0 : le progrès perpétuel (en remplacement de « l'expansion sans limite »), la transformation de soi, l'optimisme pratique (« pratique » venant se substituer à « dynamique »), la technologie intelligente, la société ouverte (favoriser les sociétés qui respectent la liberté d'expression), l'auto-orientation (favoriser le libre choix des

5 Max More « The Extropian Principles », *Extropy* n° 6 (Summer 1990), p. 17-18.

individus), la pensée rationnelle (supériorité de la raison sur les croyances)[6]. C'est en avril 1992, à ma connaissance, que Max More crée le néologisme « liberté morphologique » (*morphological freedom*) qu'il définit par « la capacité à altérer à volonté sa forme corporelle par les technologies comme la chirurgie, l'ingénierie génétique, les nanotechnologies, le téléchargement (*uploading*)[7] » et qui deviendra un des piliers des promesses des transhumanismes actuels.

## LES DEUX FORMES DE LIBERTÉ MORPHOLOGIQUE
## Corps prosthétique et téléchargement de l'esprit

### LE CORPS PROSTHÉTIQUE

Natasha Vita-More (née en 1950 sous le nom de Nancie Clark), après des études d'art et de droit et sa rencontre avec l'extropianisme, proposa à partir de 1996 le projet d'un corps humain prosthétique, « Primo posthuman », doté de prothèses sensorielles, de membres, d'un sexe interchangeable. Ce corps prosthétique est le résultat d'un design, d'une ingénierie humaine afin de le rendre malléable et transformable à souhait en fonction des désirs et des humeurs. Dans une version moins extrême, les prothèses portées par des athlètes comme Oscar Pistorius ou des mannequins comme Aimee Mullins donnent à penser que la prothèse serait supérieure aux membres biologiques et qu'à la limite, il serait désirable de les remplacer par des prothèses. Ce nouveau regard sur les prothèses conduit à les colorer et à les montrer plutôt que de les cacher soigneusement sous des vêtements.

Mais cette vision des prothèses est très idéalisée et ne prend pas en compte l'unité psychophysique du corps humain. En effet, dans les cas d'amputation, la sensation, voire la douleur du membre fantôme

---

6 Pour une traduction française de la version 3.0 des principes extropiens : « http://editions-hache.com/essais/more/more1.html (consulté le 18/09/2020) ».

7 *Extropy* n° 9 (Summer 1992), p. 29 et cité à nouveau dans n° 10 Winter/Spring 1993, p. 17 et les numéros suivants. Ici, More se réfère à Nietzsche dans *Le gai savoir* : *Eins ist Not. — Seinem Charakter „Stil geben"— eine große und seltene Kunst !* (n° 290) (« Une chose est nécessaire, donner du style à son caractère [à sa personnalité]. Un art grand et rare ! ») et au surhomme du Zarathoustra.

est toujours présente chez les adultes[8]. De plus, l'usage d'une prothèse demande un entraînement et une volonté très importante… ce qui fait qu'elles sont souvent peu utilisées après quelques mois, sauf chez les personnes jeunes.

Le cas d'Alice rapporté par la psychologue Naïma Brennetot[9] illustre bien que tout changement de prothèse demande un effort psychique important, tant une prothèse affecte l'identité personnelle. Alice est affectée d'une malformation importante du fémur droit (agénésie) et porte une prothèse adaptée à son âge et à sa taille. À quatorze ans, elle se met à refuser sa nouvelle prothèse et s'accroche à l'ancienne, même si elle n'est plus adaptée à la marche.

> Au fil des entretiens, j'apprends qu'Alice garde toutes ses prothèses et qu'elle en a une collection dans son placard. Elle dit y être très attachée et « fait corps » avec sa prothèse, c'est toujours difficile et douloureux pour elle de se séparer d'une ancienne prothèse et accepter une nouvelle. Quand je l'invite à me décrire sa nouvelle prothèse, elle me dit qu'elle la trouve « froide, dure et serrée… », comme pour dire « pas encore habitée, pas encore humaine ». Alice se trouve à chaque renouvellement impressionnée par la hauteur de la prothèse proposée par les appareilleurs qui s'adaptent à sa croissance naturelle[10].

Ce témoignage met bien en évidence l'écart entre le discours sur la liberté morphologique, la transformation à volonté de son corps, et le long travail psychique d'intégration de ces changements dans le vécu de son corps.

En vidéo, l'interchangeabilité du sexe semble une évidence, un processus instantané… comme s'il était possible de changer d'apparence sans que cela impacte son environnement, ses relations, le regard d'autrui. Mais il faut rappeler l'expérience de ceux qui vivent un écart entre leur identité de genre et leur assignation de sexe à la naissance, et du long processus chirurgical et psychique que représente le changement de sexe. Judith Butler, qui développe une vision performative du genre, a toujours mis en garde sur l'erreur de comparer le changement d'identité de genre à un changement de vêtements.

8 Maurice Merleau-Ponty avait bien expliqué ce phénomène dans *La phénoménologie de la perception*. Pour un réexamen plus récent, voir Peggy Tessier, *Le corps accidenté – Bouleversements identitaires et reconstruction de soi*, Paris, Puf, 2015, notamment p. 146-153.

9 Naïma Brennetot, « Handicap et accompagnement psychologique » in Cristina Lindenmeyer (dir.), *L'humain et ses prothèses*, Paris, CNRS Éditions, 2017, p. 87-96 (notamment p. 91-94).

10 *Ibid.*, p. 92.

Le corps-sujet est bien moins malléable, obéissant à la volonté que ne le laissent supposer les discours transhumanistes et l'idéal de maîtrise et de contrôle du corps qu'ils présupposent. La temporalité du corps-sujet introduit une incommensurabilité avec l'ingénierie d'un corps-objet, modifié dans ses parties.

### L'*UPLOADING* (LE TÉLÉCHARGEMENT DU PSYCHISME HUMAIN) : LA VIE HUMAINE SANS CORPS BIOLOGIQUE

Ray Kurzweil, ingénieur et inventeur de talent dans le domaine de la reconnaissance vocale et né en 1948, aime à se montrer sur une tombe à son nom sur laquelle l'année de sa mort est remplacée par « jamais » (*never*)[11]. Il est le promoteur de la singularité, de l'abandon du corps par téléchargement de son esprit (de son psychisme plus exactement) dans une machine à partir de 2045. Kurzweil annonce depuis le début des années 1990 la symbiose à venir entre l'homme et les machines de façon de plus en plus précise dans sa trilogie *L'âge des machines intelligentes* (1990), *L'âge des machines spirituelles* (1999) et *La singularité est proche* (2005)[12]. Nous serions au seuil de la 5ᵉ époque de l'univers, à savoir « La fusion de la technologie et de l'intelligence » après les quatre phases précédentes d'évolution (évolution par la physique et la chimie ; évolution par la biologie ; évolution par les cerveaux ; évolution par la technologie) et avant la 6ᵉ correspondant à l'expansion des processus intelligents dans tout l'univers.

À regarder de plus près, le chemin du téléchargement (*uploading*) proposé par Kurzweil passe par la numérisation de l'état interne et de la dynamique du cerveau humain, rien moins que 86 milliards de neurones et de connexions jusqu'à plusieurs milliers d'autres, soit au moins cent mille milliards de relations pour le cerveau d'une personne adulte. Si on ajoute à cela les variables à prendre en compte pour modéliser un neurone biologique, la puissance de calcul et l'énergie nécessaires sont hors d'atteinte de tout ce qu'on peut imaginer pouvoir concevoir avant le XXIIᵉ siècle sur des supercalculateurs[13].

---

11 Par exemple dans le documentaire « Transcendant Man – The Life and Ideas of Ray Kurzweil » (2009) qui lui est consacré.

12 *La singularité est proche* a été traduit en français sous le titre *Humanité 2.0 – La bible du changement* (Paris, M21, 2007).

13 Même l'étude très optimiste « Whole Brain Emulation – A Road Map » (2008) [http://www.fhi.ox.ac.uk/reports/2008-3.pdf, page consultée le 18/09/2020] d'Anders Sandberg

Le téléchargement de « l'esprit » est fondé sur le pari que la personnalité et l'identité d'un individu sont uniquement contenues dans le cerveau, à la manière de John Locke qui faisait de la continuité mémorielle le critère de l'unité de la personne. Nulle référence n'est faite à la place du corps du sujet, voire du corps-sujet, tout au plus le raisonnement implicite est que tout le corps est « contenu » dans des représentations mentales portées par l'état des réseaux de neurones dans le cerveau.

Ce transhumanisme du téléchargement est, pour le philosophe Jean-Michel Besnier ou le professeur d'informatique Jean-Gabriel Ganascia, un retour contemporain de la gnose.

> Poussés jusqu'au terme de leurs prétentions, les différents courants de promotion de la Singularité technologique conduisent tous à un dualisme radical qui fait pendant au dualisme radical des pensées gnostiques. [...]
>
> Dans la perspective de la Singularité, on affirme que les machines posséderont bientôt des capacités matérielles supérieures à celles de nos cerveaux au point qu'il sera loisible d'y télécharger nos consciences. [...]Cela sous-entend donc que notre esprit se dissociera totalement de notre corps, qu'il s'en distinguera au point de parvenir à une existence autonome. Comment imaginer un dualisme plus radical[14] ?

À rebours de tout le mouvement phénoménologique et même de la philosophie de Descartes, qui insiste beaucoup plus sur l'unité du corps et de l'esprit et est beaucoup moins dualiste qu'on l'affirme habituellement dans les neurosciences contemporaines, le transhumanisme du téléchargement radicalise le cognitivisme classique qui tendait à faire de l'être humain un ensemble de calculs en suivant l'héritage de Thomas Hobbes sur la raison-calcul.

---

et Nick Bostrom, deux partisans du transhumanisme, montre bien la difficulté d'une telle entreprise.

14 Jean-Gabriel Ganascia, *Le mythe de la singularité*, Paris, Seuil, 2017, p. 74.

## LE COGNITIVISME CLASSIQUE ET L'INTELLIGENCE ARTIFICIELLE

L'idée centrale du cognitivisme[15] classique est que l'intelligence (notamment humaine) ressemble dans ses caractéristiques essentielles à une computation sur des représentations symboliques. Cela conduit à penser que l'esprit humain peut être réduit à un ensemble d'algorithmes. L'exemple récent le plus médiatique de cette vision computationnelle de l'être humain est l'ouvrage *Homo Deus – Une brève histoire de l'avenir* (2015, en hébreu) de Yuval Noah Harari, historien israélien, spécialiste de l'art militaire au Moyen Âge, pour qui nos pensées, nos émotions ne sont que des algorithmes, des calculs. Le scénario envisagé par Harari conduit au remplacement des algorithmes conscients que sont les êtres humains par des algorithmes plus puissants, mais non conscients, implémentés sur des machines.

Mais cette vision de l'être humain comme algorithme ou ordinateur est bien plus ancienne. Les partisans de la *GOFAI* (*good old-fashioned artificial intelligence*, la « bonne vieille intelligence artificielle »), selon l'expression du philosophe de l'intelligence artificielle John Haugeland, pensent que « l'esprit est seulement un ordinateur avec certaines caractéristiques spéciales – notamment celle d'avoir des états internes et des processus qui peuvent être considérés explicitement comme de la pensée ou du raisonnement[16] ». Dans cette manière de voir, l'esprit est seulement un cas particulier d'ordinateur et est identifié à un programme suffisamment complexe et adéquatement écrit. L'esprit humain n'est alors qu'un cas particulier d'esprits plus larges pouvant apparaître sur d'autres supports matériels que le cerveau. Ce courant de pensée, appelé aussi par le philosophe américain John Searle l'« intelligence artificielle forte » (*strong artificial intelligence*)[17], fut prédominant du

15 On peut rappeler ici que la cognition est définie habituellement comme l'ensemble des processus mentaux impliqués dans la connaissance, à savoir la mémoire, le langage, le raisonnement, l'apprentissage, l'attention…

16 John Haugeland, « What is Mind Design ? » in – , *Mind Design II – Philosophy, Psychology, Artificial Intelligence*, Cambridge : MA, MIT Press, 1997, p. 16.

17 John Searle, « Minds, Brains, and Programs », *The Behavioral and Brain Sciences* 3 (1980), p. 417-424. [reproduit in Boden (Margaret) (ed.), *The Philosophy of Artificial Intelligence*,

milieu des années 1950 jusqu'au milieu des années 1980. Cette perspective présuppose que l'esprit humain est entièrement calculable et ne s'intéresse pas au substrat de la pensée humaine qu'est le cerveau. La comparaison entre l'esprit et l'ordinateur ne fonctionne, dans ce cadre, qu'entre l'esprit, caractérisé par ses fonctions, sans référence au cerveau, et l'ordinateur, défini par son programme uniquement, sans se soucier de sa réalisation matérielle.

Si des critiques contre l'intelligence artificielle forte s'expriment déjà dans le courant dominant, aux États-Unis et en Angleterre, de la philosophie analytique, à l'exemple de John Searle et de sa chambre chinoise[18], ce ne sont pas les seules, et il est possible d'en trouver aussi parmi les tenants anglo-américains, souvent marginalisés, de la phénoménologie. Ainsi, dès 1965, le philosophe américain Hubert Dreyfus, très influencé par les œuvres de Heidegger et de Merleau-Ponty, a formulé des critiques virulentes à l'encontre des prophètes de l'intelligence artificielle en comparant leurs méthodes à celles des alchimistes médiévaux[19], puis a mis en évidence dans un livre célèbre, *What computers can't do*[20] (« Ce que les ordinateurs ne peuvent pas faire »), paru en 1972, quatre postulats fondateurs de l'intelligence artificielle forte qui lui permettent de soutenir que l'esprit humain est un système universel de manipulation de symboles. Il s'agit de postulats biologique, psychologique, épistémologique et ontologique.

D'après le postulat biologique, les neurones sont des bascules, émettant des signaux de type tout ou rien, qui peuvent être assimilés à des bits d'information. Mais rien ne prouve que le cerveau traite l'information

Oxford, Oxford University Press, 1990, p. 67-88.]. Searle fait la distinction, dans cet article, entre l'intelligence artificielle forte et l'intelligence artificielle faible. Selon l'intelligence artificielle forte, l'esprit peut être réalisé, de manière entière et réelle, par un programme d'ordinateur suffisamment bien programmé, tandis que l'intelligence artificielle faible correspond simplement à l'affirmation que toutes les fonctions de l'esprit peuvent être simulées sur un ordinateur.

18 Une expérience de pensée pour montrer qu'un être humain ne parlant pas chinois et enfermé dans une pièce avec des dictionnaires et grammaires en chinois serait capable, comme un ordinateur, de donner des réponses en chinois à des questions posées en chinois, tout en ne comprenant absolument rien.

19 « Alchemy and Artificial Intelligence », The RAND Corporation (déc. 1965), p. 3244 [cité in Hubert Dreyfus, *Intelligence artificielle : mythes et limites [=IAML]*, Paris, Flammarion, 1984 (traduction française de la deuxième édition américaine de 1979 de *What Computers Can't Do – The Limits of Artificial Intelligence*), p. 32].

20 La traduction française du livre est IAML.

de cette manière-là et que l'information ne soit pas du tout numérique, mais analogique, et corresponde à l'activation de groupes de neurones. De plus, le fonctionnement réel du cerveau et son organisation fortement interactive – alors que l'ordinateur l'est très peu – « n'incitent guère à penser qu'à partir des calculateurs numériques on produira de l'intelligence[21] ». Un tel constat semble condamner irrémédiablement l'approche numérique des ordinateurs, mais ce serait oublier qu'il est possible de transformer très fidèlement un signal analogique en un signal numérique et réciproquement, pourvu que l'échantillonnage du signal initial soit assez fin.

Le postulat psychologique prétend que l'esprit humain est, au niveau psychologique (différent du niveau physique), « un système de traitement de l'information fonctionnant comme un ordinateur équipé de programmes heuristiques[22] ». Or le mot technique d'information, selon la théorie de la communication de Shannon, ne fait aucune place à la signification de l'information, et diffère ainsi de l'usage courant du mot « information », lié à la notion de contenu sémantique d'un message. Dreyfus observe une double confusion dans ce postulat psychologique, d'une part dans l'amalgame des deux sens du mot « information », d'autre part dans un glissement de la notion de calcul non spécifié vers celle de calcul suivant des programmes heuristiques[23]. En effet, d'un point de vue empirique, rien ne permet de prouver le fait que le cerveau traite des types d'information à la Shannon ni qu'il fasse des calculs de la même manière que les ordinateurs numériques séquentiels. En outre, l'existence du niveau intermédiaire mental, entre le niveau physiologique et le niveau phénoménologique, n'est pas évidente en soi.

Poursuivant son analyse, Dreyfus affirme que les difficultés soulevées jusqu'à présent sont redoublées par un postulat épistémologique qui prétend que tout savoir peut être explicitement formulé, et un postulat ontologique qui conçoit que toute information pertinente sur l'univers est un ensemble de faits atomiques logiquement indépendants les uns des autres. En effet, même si le postulat psychologique assurant que le fonctionnement mental est une suite d'opérations de calcul suivant des règles heuristiques n'est pas avéré, « il reste néanmoins concevable que

21 IAML, p. 199.
22 *Op. cit.*, p. 203.
23 *Op. cit.*, p. 205.

le comportement intelligent puisse être formalisé à l'aide de règles de ce genre[24] ». Dreyfus prend l'exemple du cycliste qui a acquis un savoir pratique dans l'utilisation de son vélo et qui va incliner sa bicyclette dans les virages afin de pouvoir rester sur la route. La compétence du cycliste peut s'expliquer en disant qu'il suit des trajectoires qui ont des courbures proportionnelles au carré de la vitesse et peut ainsi se formaliser sous les traits d'une loi mathématique reliant l'inclinaison du vélo du cycliste, sa vitesse et la courbure du virage. Le cycliste ne suit sans doute pas cette règle ni consciemment ni inconsciemment, mais les chercheurs en intelligence artificielle pensent qu'un robot muni de cette règle[25] parviendrait réellement à maîtriser une bicyclette dans un virage. Le postulat épistémologique s'appuie donc sur deux assertions : « toute conduite délibérée peut recevoir une expression formelle[26] » et « cette expression formelle peut servir à reproduire la conduite en question[27] ».

Pour éviter la régression infinie, le chercheur en intelligence artificielle est obligé de postuler que le monde est décomposable et analysable en faits élémentaires et indépendants de tout contexte et de toute interprétation, ce qui est exactement le postulat ontologique que Dreyfus évoque. Pour décrire le monde, il suffirait de collecter et d'entrer dans un ordinateur les cent mille, le million, voire les dix millions de faits élémentaires à partir desquels il est possible d'évaluer toutes les croyances[28]. Une telle vision des choses n'est pas neuve en

24 *Op. cit.*, p. 235.

25 Il faudrait sans doute ajouter bien d'autres règles, mais qu'il y ait une seule ou mille règles à appliquer ne modifie pas le sens de l'argumentation.

26 *Op. cit.*, p. 238.

27 *Ibid.*

28 Selon l'évaluation de Minsky en 1968 dans *Semantic Information Processing*, citée par H. Dreyfus, *op. cit.*, p. 265 : « Nul ne serait en mesure de citer cent objets à propos de chacun desquels il puisse citer un millier de faits ; ou encore un millier d'objets à propos desquels il puisse citer une bonne centaine de faits. J'ai le sentiment, par conséquent, que pour pouvoir faire preuve de bons sens dans des situations ordinaires, la machine doit, en gros, acquérir le chiffre critique d'une centaine de milliers d'éléments de connaissance. Un million de ces mêmes données, pourvu qu'elles soient convenablement organisées, devrait suffire à doter la machine d'une très grande intelligence. Si mon raisonnement ne vous convainc pas, multipliez ces chiffres par dix. » Dans la préface rédigée en 1992 de la nouvelle édition de son livre de 1972 *What computers can't do*, intitulé *What computers still can't do*, Dreyfus évoque les recherches plus récentes de Douglas Lenat, au début des années 1990, sur la formalisation de la connaissance « consensuelle » (*consensus knowledge*) c'est-à-dire de l'arrière-fond de connaissances « ordinaires » qui nous permettent de comprendre ce qui se passe dans le monde. Dreyfus prend l'exemple des connaissances

philosophie, car l'idée d'un monde analysable à l'aide de concepts objectifs, non soumis à l'ambiguïté de l'interprétation se trouve déjà chez Platon avec sa théorie des Idées (ou des Formes). Sans parcourir toute l'histoire de la philosophie, on peut cependant citer les contributions de Leibniz et du premier Wittgenstein à une telle vision du monde. En effet, Leibniz pensait que la compréhension des concepts était liée à une décomposition en éléments plus simples. Or cette décomposition en éléments plus simples n'est pas infinie et donc cela signifie qu'elle s'arrête à des composants simples ultimes, formant entre eux une sorte d'alphabet des pensées humaines. Dans la même ligne, on trouve, chez Wittgenstein, dans le *Tractatus logico-philosophicus*, une décomposition du monde en faits élémentaires qu'il est possible d'exprimer sous forme de propositions du langage, logiquement indépendantes[29].

Mais une telle conception du monde ne va pas de soi et laisse échapper beaucoup d'éléments du monde de la vie[30], ainsi que l'ont souligné Merleau-Ponty ou Heidegger. « Ce postulat qui affirme que tout ce qui existe peut être traité comme un objet isolable et bien précis, Merleau-Ponty l'appelle “le préjugé du monde” – la présomption universelle. Heidegger l'appelle *“das rechnende Denken”* – la pensée calcul – et il y voit le but final de la philosophie, aboutissant inévitablement à la technologie[31]. » Ce postulat ontologique trouve sa force de persuasion, comme le postulat épistémologique, dans une fascination pour les réussites de la science et une transposition au domaine de l'humain. En l'occurrence, les sciences physiques parviennent à décomposer les objets de l'univers en agrégats de particules élémentaires, et les forces s'exerçant sur ces agrégats en forces élémentaires s'exerçant sur les particules élémentaires[32].

---

suivantes : « Georges Bush est [il faudrait dire aujourd'hui : était] le président des États-Unis », « Georges Bush porte des sous-vêtements » ou encore « Quand Georges Bush est à Washington, son pied gauche est aussi à Washington » (p. xvi).

29 *Cf.* H. Dreyfus, *op. cit.*, p. 267-269 pour une relecture plus large de l'histoire de la philosophie.

30 Cette limite du système de représentation du monde en faits élémentaires « *context-free* » s'exprime déjà chez le premier Wittgenstein dans les propositions 6.4 à 7 du *Tractatus logico-philosophicus*, quand il place les propositions sur les valeurs, le bonheur, le sentiment mystique ou plus largement sur le monde de la vie, du côté des limites du langage, d'un langage formel.

31 H. Dreyfus, *op. cit.*, p. 269.

32 Il faut noter cependant qu'une telle décomposition n'est pas valable pour toutes les propriétés de l'univers. En effet, des propriétés de la matière comme la température ou

Si une telle décomposition est pertinente en physique, il n'est pas possible d'inférer de ce résultat la « preuve » d'une décomposition des faits que manipule l'esprit humain en faits élémentaires sans contextes, sauf à considérer qu'il est légitime d'identifier l'univers de la physique au monde des hommes. Or la décomposition des faits humains en faits élémentaires achoppe sur la difficulté de programmer les contextes liés aux faits considérés, alors que l'esprit humain sélectionne en permanence les faits à examiner en fonction du contexte.

Les quatre critiques de Dreyfus sur les postulats fondateurs de l'intelligence artificielle n'ont pas perdu de leur force et ouvrent à des approches alternatives des théories computationnelles de l'esprit qui prennent réellement au sérieux le corps dans la connaissance.

## LA FONCTION CRITIQUE DE LA COGNITION INCARNÉE

La cognition incarnée est un programme de recherche plus qu'une vision unifiée du rôle et de la place du corps dans la cognition. L'ouvrage *The Embodied Mind*[33] (1991) de Francisco Varela, Evan Thompson et Eleanor Rosch fut un précurseur et catalyseur du courant de la cognition incarnée. À travers l'analyse de la perception des couleurs et son lien au mouvement, Varela, Thompson et Rosch soulignent que le monde du sujet est le résultat de l'interaction des processus sensorimoteurs et des actions du sujet en lien avec leur environnement physique et culturel.

Selon la définition proposée par Robert Wilson et Lucia Foglia, la thèse sur l'incarnation (*embodiment thesis*) peut s'énoncer ainsi :

> De nombreuses caractéristiques de la cognition sont incarnées en ce sens qu'elles dépendent profondément des caractéristiques du corps physique d'un

l'entropie sont liées à des calculs statistiques sur des nombres très importants d'atomes et de molécules. La température ou l'entropie d'une particule élémentaire ou d'une molécule n'a pas de sens.

33 Traduction française : *L'inscription corporelle de l'esprit – Sciences cognitives et expérience humaine*, Paris, Seuil, 1993.

> agent, de sorte que le corps de l'agent situé au-delà du cerveau joue un rôle causal important, ou un rôle physiquement constitutif, dans le traitement cognitif de cet agent[34].

La thèse de l'incarnation peut s'analyser, selon Wilson et Foglia, en termes de trois sous-thèses déterminées sur la nature de la dépendance de la cognition à l'égard du corps, chacune ayant ses propres implications particulières[35] :

a. Le corps comme contrainte : le corps d'un agent fonctionne de manière à contraindre de manière significative la nature et le contenu des représentations traitées par le système cognitif de cet agent.
b. Le corps en tant que répartiteur (*distributor*) : le corps d'un agent fonctionne de manière à répartir la charge de calcul et de représentation entre les structures neurales et non neurales.
c. Le corps régulateur : le corps d'un agent fonctionne de manière à réguler l'activité cognitive dans l'espace et le temps, en assurant une coordination étroite entre la cognition et l'action.

Récemment, dans une étude traduite en français[36], Arthur Glenberg, professeur en psychologie et directeur d'un laboratoire de cognition incarnée à l'université d'Arizona, a fait le point sur les contributions de la cognition incarnée aux sciences cognitives autour de trois axes : l'incarnation dans la perception et l'action, l'incarnation dans la compréhension du langage, l'incarnation des buts et de la causalité.

Ainsi, l'être humain (et l'animal aussi) perçoit « ce qui est requis pour guider l'action, et ces perceptions sont guidées par nos corps, ce qui inclut la morphologie, la physiologie et les comportements appris antérieurement[37] ». S'asseoir dans un fauteuil avec des accoudoirs n'est

34 Robert Wilson et Lucia Foglia, « Embodied Cognition », *Stanford Encyclopedia of Philosophy*, Spring 2017 edition, 3e partie.

35 *Ibid.*

36 Arthur Glenberg, « Rares sont ceux qui croient que le monde est plat : Comment l'incarnation est en train de changer la compréhension scientifique de la cognition » in Jérôme Dokic et Denis Perrin (sous la direction de), « La cognition incarnée », *Recherches sur la philosophie et le langage* n° 33 – 2017, p. 33-54.

37 *Ibid.*, p. 38.

pas possible à un lutteur de sumo de 170 kg ou à un éléphant, et tous deux ne se lanceront pas dans ce type d'action. De plus, des études ont montré que des paraplégiques ayant perdu l'usage de leurs jambes ne parviennent plus à détecter la marche simulée par des points lumineux sur un écran. L'incapacité à se mouvoir entraînait dans ce cas une incapacité à percevoir.

De même, la compréhension du langage est une forme de simulation qui relie les représentations mentales, mais aussi les actions, les perceptions et les émotions. Le fait d'écouter des mots comme « ramasser », « botter », « embrasser » entraîne des activations des aires motrices concernant la main, la jambe ou les lèvres. L'injection de Botox dans le muscle de froncement (muscle corrugateur du front) « a réduit la compréhension des phrases qui décrivent des situations de colère et de tristesse, mais pas celles qui décrivent des situations joyeuses[38] ».

Des expériences conduites sur des enfants de 3 mois portant des mitaines adhésives (gants avec du Velcro) permettant d'accrocher des objets comme une balle ou un ours en peluche ont montré l'influence des compétences motrices de l'enfant avec ce gant sur l'interprétation de mouvements initiés par autrui. « Autrement dit, les enfants qui avaient développé une certaine compétence motrice à l'égard des objets étaient capables de discriminer entre l'objectif d'atteindre une balle et celui d'atteindre un ours en peluche. Pour ces enfants, les buts reflétaient (et étaient peut-être constitués par) des compétences motrices[39]. »

Ces apports de la cognition incarnée continuent bien sûr d'être discutés. Comme le souligne Bradford Mahon, professeur associé de psychologie à l'université Carnegie Mellon, dans sa réponse critique à Arthur Glenberg[40], deux hypothèses peuvent être formulées sur l'articulation entre compréhension du langage et activité motrice. Selon l'hypothèse H0, l'activation de l'information motrice se produit après l'accès au concept du mot (activation motrice en cascade).

38 *Ibid.*, p. 42.

39 *Ibid.*, p. 45.

40 Bradford Mahon, « Le fardeau de la cognition incarnée » in Jérôme Dokic et Denis Perrin (sous la direction de), « La cognition incarnée », *Recherches sur la philosophie et le langage* n° 33 – 2017, p. 55-76.

Selon l'hypothèse H1, l'activation de l'information motrice est l'accès conceptuel (le concept d'un mot d'action est représenté dans le système moteur).

L'acceptation de H1 (sans le souci de rejeter H0) est souvent vue comme la thèse de la cognition incarnée. Pour rejeter H0, il faut montrer, d'une part, que « l'activation ne se propage pas par des concepts jusqu'aux représentations d'entrée et de sortie[41] » et, d'autre part, que « le fait d'endommager les processus moteurs a des effets dévastateurs sur le traitement conceptuel[42] ».

Or des expériences sur la lecture subliminale de chiffres arabes ont montré une préparation motrice de la main. De plus, les déficits conceptuels provoqués par des lésions ou des déficits sensorimoteurs sont assez légers. Il ne serait ainsi pas évident pour Bradford Mahon de prouver la nécessité de la cognition incarnée pour rendre compte de l'expérience humaine.

Ce débat en cours entre cognition incarnée et cognitivisme classique est loin d'être tranché au niveau herméneutique, même si l'interaction entre cognition et corporéité est bien établie.

## CONCLUSION

La cognition incarnée est, avec la neurophénoménologie, un lieu important de dialogue entre philosophie et neurosciences. Face à la fascination de la réduction du sujet au mental et du mental à la neurophysiologie, la cognition incarnée est un aiguillon au sein même de la démarche scientifique de la place du corps dans la cognition et, plus largement, de l'importance du premier corps de Paul Valéry, ce corps-sujet face aux courants transhumanistes et de l'intelligence artificielle qui ne voient dans le corps qu'un support très imparfait pour le mental et prônent la désincarnation pour enfin augmenter et libérer les potentialités de l'esprit humain.

41 *Ibid.*, p. 62.
42 *Ibid.*

En outre, la cognition incarnée peut jouer une fonction critique dans les pratiques éducatives, notamment occidentales, qui sous-estiment l'importance du corps dans les apprentissages et le chemin de connaissance. Dans une étude suggestive récente, Denis Francesconi et Massimiliano Tarozzi en appellent à une « formation incarnée » (*embodied education*) qui renouvelle tant la *paideia* grecque que la *Bildung* allemande[43].

Éric CHARMETANT
Centre Sèvres –
Facultés jésuites de Paris

43 Denis Francesconi und Massimiliano Tarozzi, « Embodied Education and Education of the Body : The Phenomenological Perspective » in Malte Brinkmann, Johannes Türstig, Martin Weber-Spanknebel (Hrsg.), *Leib – Leiblichkeit – Embodiment : Pädagogische Perspektiven auf eine Phänomenologie des Leibes*, Wiesbaden, Springer, 2019, p. 229-247.

# « CELUI QUI N'A PLUS FIGURE HUMAINE »

## Phénoménologie du corps en qui l'humain s'absente

> Des multitudes avaient été saisies d'épouvante en le voyant, – car il n'avait plus figure humaine, et son apparence n'était plus celle d'un homme [...]
> ISAÏE 52, 14

> Il a grandi comme une racine en terre aride ; sans beauté ni éclat pour attirer nos regards, et sans apparence qui nous eût séduits ; objet de mépris, abandonné des hommes, homme de douleur, familier de la souffrance, comme quelqu'un devant qui on se voile la face, méprisé, nous n'en faisions aucun cas.
> ISAÏE 53, 2b-3[1]

Nous voudrions considérer ici ce qu'il en advient de la relation avec celui « qui n'a plus figure humaine », c'est-à-dire celui – ou celle – que l'on peut ne plus reconnaître comme un humain, et devant qui on peut se trouver saisi d'épouvante. La « défiguration » dont il est question n'est pas nécessairement une déformation ou une atteinte physique. Plus largement, nous interrogeons les situations dans lesquelles les attributs classiques de l'humain font défaut : lorsque l'on constate l'absence de *logos* (parole, raison ou raisonnement, savoir sur soi ou sur son environnement), ou encore l'absence de conscience (conscience de l'environnement, conscience de soi, conscience de son identité). Sans même parler de l'autonomie, figure actuelle la plus prégnante de l'expression de soi. Il

1 Livre d'Isaïe, traduction Bible de Jérusalem, revue.

en est ainsi dans les situations de coma, de sédation durable, ou pour les personnes en état végétatif chronique, certains handicaps profonds, certaines maladies neurodégénératives. Celui qui gît là, sans parole, sans expression – tout entier dans sa respiration qui parfois se suspend, parfois est rauque, parfois ténue au point d'être imperceptible –, celui qui erre dans le couloir sans but, sans savoir ni qui il est, ni d'où il vient, ni où il va, puis-je me reconnaître en lui ? La tentation peut surgir de mettre en question notre ressemblance, et par là notre commune humanité.

Toutes ces situations, dans leur diversité, ont en commun l'incertitude tragique quant à la relation qui se joue là. Elles se caractérisent par l'absence d'une réciprocité avérée. Or qu'est-ce qu'une relation sans réciprocité ? Est-ce encore une relation ? J'appelle ces situations des « situations limites » ou « situations extrêmes » par lesquelles nous sommes conduits aux confins de l'humain. La défiguration dont il sera question ici renvoie à cette indiscernabilité, qui est interrogation ou hésitation sur l'appartenance à l'humain. L'enjeu est celui de la tentation de l'exclusion hors de l'humanité de celui qui n'en a plus les qualités ou l'apparence. En effet, l'humain sans qualités aura vite fait d'être considéré comme inutile, d'être désigné comme « légume » – et par ce simple vocable, symboliquement exclu de l'humanité.

Qu'en est-il de la chair de celui qui n'a plus figure humaine ? Ne sommes-nous pas conduits aux confins, ou peut-être à l'ultime du visage, et de l'appel éthique que le visage manifeste ? Nous verrons, dans un premier temps, que l'ultime du visage nous conduit aux limites de l'éthique. Nous interrogerons ensuite le statut de la chair de celui « qui n'a plus figure humaine » : peut-on parler d'une présence en chair ? Puis nous interrogerons ce que j'appellerai la chair de la sollicitude. La question qui habite une phénoménologie du corps en qui l'humain semble s'absenter est en effet une préoccupation éthique : quelle attitude ? comment tenir l'humain en celui qui n'a plus figure humaine ? quelle attitude adopter face à l'autre, mais aussi face au rejet que l'on peut éprouver en soi ?

## LA DÉFIGURATION OU L'ULTIME DU VISAGE

Lorsqu'il n'y a pas ou plus de ressemblance avérée, la tentation est grande de rejeter l'autre hors de l'humanité – ce que Lévinas appelle la tentation du meurtre : « négation totale dont le meurtre est la tentation et la tentative[2] ». Le visage désigne alors, paradoxalement, la condition de l'autre dont on a envie de se détourner, parce que l'on n'est pas absolument certain de reconnaître en lui un humain (ou parce que l'on reconnaît en lui ce à quoi on voudrait absolument ne pas ressembler). Dans *Autrement qu'être*, Lévinas écrit : « Le dévoilement du visage est nudité – non forme – abandon de soi, vieillissement, mourir ; plus nu que la nudité : pauvreté, peau à rides ; peau à rides : trace de soi-même[3] ». Lorsque s'efface la ressemblance humaine, lorsque s'estompent les apparences ou les comportements les plus habituels de l'humanité, alors se manifeste ce que j'appelle l'ultime du visage.

Pour donner à percevoir quelque chose de ces confins de l'humain, où l'on se trouve à la limite, nous évoquerons deux exemples de cette expérience de l'effacement de l'humain : l'un se donne à voir, l'autre se donne à lire. Je convoquerai d'abord les tableaux de Francis Bacon[4], puis un passage de Jorge Semprún dans son récit de Buchenwald *Le mort qu'il faut.*

### LA VIANDE ET LE MODÈLE

Une expérience de la défiguration comme perte de la ressemblance ou de l'évidence d'une commune humanité se donne à voir dans les tableaux de Francis Bacon. Nous sommes sur une ligne de crête entre évidence et inévidence de l'humain. L'humanité qui transparaît est-elle encore commune ? La ressemblance est en question : on devine bien une figure humaine, et l'on est en même temps saisi par l'effacement de l'humain à travers sa défiguration. Deleuze, commentant Bacon, rappelle

2 Emmanuel Lévinas, *Totalité et infini* (TI) (1961), La Haye, M. Nijhoff, 1984, p. 168.

3 E. Lévinas, *Autrement qu'être ou au-delà de l'essence* (AE) (La Haye, M. Nijhoff, 1974), Paris, Le Livre de Poche, 1990, p. 141.

4 Par exemple *Three Studies for a Portrait of Lucian Freud* (1964). Ou *Trois études pour le portrait d'Henrietta Moraes* (1963).

que celui-ci dit avoir « toujours été touché par les images des abattoirs et de la viande[5] ». C'est peut-être par là que le visage reprend chair : dans la menace de la disparition de l'humaine ressemblance, dans la proximité avec la « viande » malmenée, le visage se manifeste comme corps souffrant. Deleuze dit du projet de portraitiste de Bacon qu'il s'agit de « défaire le visage, retrouver ou faire surgir la tête sous le visage ». Il ajoute que lorsque Bacon représente le corps, c'est « le corps en tant que chair et viande[6] », par où se manifeste « la zone d'indiscernabilité » entre homme et bête. Est-ce encore un humain, celui qui souffre comme une bête, celui qui, comme l'animal, n'a pas accès à la parole, celui devant qui Deleuze, commentateur de Bacon, s'exclame : « Pitié pour la viande[7] ! ». Cette inquiétante indiscernabilité semble rendre l'humain étranger à sa propre humanité.

Et pourtant, à regarder les tableaux de Bacon, l'expérience perceptive ne s'arrête pas à l'indiscernabilité. Au contraire, on reconnaît étonnamment le modèle dans son portrait. Étrangement, la défiguration ne fait pas disparaître la singularité de la personne : la singularité demeure et se donne à voir. Paradoxalement, la personne (dans sa singularité) nous est donnée à voir avant l'humain. Si l'humanité est indiscernable, la personne est reconnaissable. Peut-être faut-il se souvenir de la leçon de Bacon face à qui n'a plus « figure humaine », et se demander « Qui est-il ? » pour sortir de l'effroi ou de la sidération dans lesquels nous pouvons être plongés, notamment lorsque l'accès au langage et à la conscience de soi sont atteints.

## « ÇA » OU « LUI » ?

Dans *Le mort qu'il faut*[8], Semprún relate un épisode de son internement à Buchenwald : la recherche, par le réseau de résistance dont il fait partie, d'un moribond dont il pourrait s'approprier l'identité (le moribond mourant sous son nom, et lui continuant à vivre sous le nom du moribond) afin d'échapper à une identification comme résistant par les SS. De cet épisode de son expérience concentrationnaire, il rapporte le souvenir précis d'une rencontre avec un « musulman » – terme par

5 Gilles Deleuze, *Francis Bacon. Logique de la sensation*, Paris, Seuil, 2002, p. 27.
6 *Ibid.* p. 28.
7 *Ibid.* p. 29.
8 Jorge Semprún, *Le Mort qu'il faut*, Paris, Gallimard, coll. « Folio », 2002.

lequel étaient désignés dans les camps ceux que l'on considérait comme des « morts vivants », des « cadavres ambulants » : ceux qui étaient à la limite entre la vie et la mort, mais aussi entre la chose et le vivant, entre l'humain qui persévère dans l'existence et la réalisation de l'objectif nazi de « déshumanisation ». Ceux qui n'avaient plus figure humaine.

La première fois que Semprún remarque le « jeune musulman » avec qui il va se lier, il est d'abord frappé par son état, qu'il décrit comme celui d'une chose plutôt que d'un humain :

> Lui – si tant est qu'il fût licite, ou approprié, d'employer un pronom personnel ; peut-être aurait-il été plus juste, plus ajusté, de dire « ça » – lui, en tout cas, ce n'était que ça, un amoncellement de hardes innommables, avachi contre la paroi extérieure du bâtiment des latrines[9].

Semprún décrit parfaitement le doute qui saisit sur le statut à accorder à cet « être » : faut-il parler d'une personne, lui attribuer une existence personnelle, ou l'associer à l'inanité des choses ? La réalité commune du camp ne suffit pas à assurer la certitude de partager un monde commun. Le regard en vient à classer le « musulman » dans une autre catégorie que celle des humains, pour le tenir à distance de soi, pour introduire une séparation avec celui qui représente ce que l'on ne souhaite pas devenir. Il fait figure de repoussoir. Dans le récit de Semprún, un détail fait cependant basculer le doute et entrer en relation :

> Soudain, il avait levé la tête. Sans doute était-il encore assez vivant pour sentir mon regard sur lui. Mon regard angoissé, dévasté, appesanti sur lui. Il s'avérait que cet être n'avait pas seulement un matricule, il avait aussi un visage. Sous le crâne rasé couvert de croûtes purulentes, ce visage était réduit à une sorte de masque sans grand relief, presque plat… Mais ce masque quasiment transparent, translucide, était habité par un regard étrangement juvénile. Insoutenable, ce regard vivant sur un masque mortuaire[10].

La rencontre survenant « malgré soi », le fait d'être saisi par la présence déroutante de l'autre, de ne pouvoir se soustraire à un regard ou à une présence : nous reconnaissons l'expérience que Lévinas décrit sous le concept de « visage ». Le visage de celui qui a à peine figure humaine ouvre pourtant la relation. Éviter ce quelqu'un devient impossible. On

9 J. Semprún, *op. cit.*, p. 49.
10 J. Semprún, *op. cit.*, p. 50.

peut contourner une chose qui encombre le chemin. On ne peut éviter d'être saisi par un regard qui, par sa seule existence, impose la rencontre. Et rend possible autre chose que l'insoutenable amalgame de la vie s'effaçant et de la mort avançant : ce n'est pas le masque de la mort qui va dominer la relation, mais la singularité du visage. Ce n'est pas la proximité de la mort ou de la déshumanisation qui saisit, mais la reconnaissance de la commune humanité.

> Jamais je n'aurai aussi fortement senti la proximité, la prochaineté, de quelqu'un. [...] À vrai dire j'avais la certitude – déroutante, irraisonnée peut-être, mais assurée d'elle-même, sans faille –, la certitude, ainsi, qu'il m'aurait contemplé, le cas échéant, le hasard renversé, avec le même intérêt, le même désintéressement, la même gratitude, la même compassion, la même exigeante fraternité que je sentais affleurer, se condenser dans mon âme à moi, dans mon regard[11].

Ce que n'offre pas la chose, et qui convertit le regard posé sur l'autre, c'est la possibilité de la réciprocité, ou peut-être plus exactement de la réversibilité. On aurait ici une parfaite illustration de la sollicitude telle que la décrit Ricœur dans *Soi-même comme un autre* : l'étreinte des mains dans l'ultime moment de vie, où le donner équivaut au recevoir. Cette capacité prêtée à l'autre – évidence intuitive qui s'impose contre toute rationalité – rend possible une rencontre qui va au-delà du masque mortuaire et à l'encontre de la déshumanisation. Le regard du jeune « musulman » change le regard du narrateur. Son regard saisi par le regard – le visage – de l'autre devient un regard humanisant.

> Ce mort vivant était un jeune frère, mon double peut-être, mon *Doppelgänger* : un autre moi-même, ou moi-même en tant qu'autre. C'était l'altérité reconnue, l'identité existentielle perçue comme possibilité d'être autre, précisément, qui nous rendait si proches[12].

La réversibilité porte sur la « possibilité d'être autre ». Non pas la possibilité projective ou identificatoire d'être l'autre, mais l'éventualité d'être dans la situation de l'autre, et d'éprouver pour soi le regard humanisant d'un autre. Est prêtée à l'autre la capacité de compassion, ce qui le fait reconnaître comme proche. Est à l'œuvre une proximité

---

11 J. Semprún, *op. cit.*, p. 51.
12 J. Semprún, *op. cit.*, p. 51.

qui libère, qui rend possible la relation. La relation qui s'ouvre n'est pas une relation d'aide ni de commisération. La proximité éprouvée fait entrer dans une attitude de camaraderie : Semprún s'assied à côté d'un semblable, parle à un égal, et si la parole ne vient pas en retour, il persiste pourtant à maintenir régulièrement la rencontre.

> Je me suis assis à côté de cet inconnu de mon âge. Je lui ai parlé, il semblait écouter. Je lui ai raconté la nuit lointaine de l'arrivée à Buchenwald, la nuit de notre arrivée, ensemble. Je voulais, même si sa capacité d'attention, d'écoute, était amoindrie, émoussée par la déréliction, je voulais raviver en lui l'étincelle du souci de soi, de la mémoire personnelle. Il ne pourrait s'intéresser de nouveau au monde que s'il parvenait à s'intéresser à lui-même, à sa propre histoire. (...) Mais il n'a rien dit, ce jour-là, ce premier jour, pas un mot[13].

Le narrateur de Semprún semble énoncer un plan d'humanisation, ou de ré-humanisation, de son double. La posture de proximité, à sa hauteur, la parole adressée, le récit qui inclut l'autre comme acteur de l'histoire racontée, le partage d'un monde ont pour visée de restaurer une sollicitude envers soi-même. Celle-ci ne passe pas directement par l'image de soi, mais par le récit et l'inscription dans une histoire ; une mémoire personnelle qui peut advenir dans l'espace d'une mémoire partagée (l'arrivée au camp). Le récit permet au sujet de se ressaisir soi-même, et de se ressaisir comme partie prenante d'une aventure collective, de s'inscrire dans un « nous ». C'est le monde commun qui est visé, la possibilité d'habiter ce monde avec d'autres. Au cours de l'hiver qui suit ces premières rencontres, un autre événement ouvre, par surprise, ce monde commun possible. Le narrateur retrouve « son » musulman dans les fameuses latrines collectives du Petit Camp, et commence à déclamer un poème de Rimbaud. Un soudain trou de mémoire ouvre la voie à une autre voix : celle du jeune musulman, qui complète la tirade : « D'une traite, d'un seul trait, d'un seul souffle, comme s'il avait retrouvé à la fois sa voix et sa mémoire, son être soi-même, il avait récité la suite. [...] Il riait aux larmes : la conversation devenait possible[14]. » Et la conversation se poursuivra.

Dans cette situation extrême, nous trouvons une voie de sortie hors de l'incertitude portant sur la commune humanité. Croiser un regard

13 J. Semprún, *op. cit.*, p. 52.
14 J. Semprún, *op. cit.*, p. 56.

donne un visage et une humanité à « l'amoncellement de hardes », donne une vie singulière au « masque mortuaire ». Cette expérience de proximité reçoit, sous la plume de Semprún, le beau nom de « prochaineté », désignant une proximité possible malgré la défiguration, malgré la mort à l'œuvre : une proximité de l'un à l'autre, comme la certitude déroutante d'une sollicitude toujours possible, malgré soi et malgré tout.

## L'ULTIME DU VISAGE

À travers ces deux exemples, nous voyons se manifester l'ultime du visage[15] : vulnérabilité telle qu'elle nous mène aux confins de l'humain[16]. L'ultime du visage, c'est lorsque je suis saisi, jusqu'à en être sidéré, par l'inquiétante étrangeté de l'autre. Étrangeté qui vient inquiéter la possibilité même de retrouver une ressemblance entre lui et moi. Et paradoxalement, l'ultime du visage, c'est une altérité qui devient épouvante ou effroi, car elle révèle une proximité que l'on se refuse à admettre, entre soi et celui dont l'existence inquiète les limites de l'humain, et jusqu'aux limites de l'humain en soi. Lorsque le corps d'autrui est difforme, mourant, ou « perdant la tête », lorsqu'une réciprocité dans la communication n'est pas avérée, alors son « inquiétante étrangeté » révèle mon angoisse de lui ressembler, l'angoisse d'être entraîné par lui vers la mort, la solitude ou la défiguration de l'humain. Cette inévidence de l'humain convoque à tenir la commune humanité là où elle s'estompe, là où son évidence ne s'impose plus. Comment résister à cette tentation d'exclure de l'humanité celui qui n'a plus figure humaine, celui en qui ne se manifestent plus les attestations habituelles du semblable ? La tentation même de la fuite ou de la suppression d'autrui me révèle que « le prochain ne saurait me laisser indifférent[17] ».

C'est à ce point qu'une lecture de Lévinas peut nous aider à penser l'absence de réciprocité et l'incertitude de la ressemblance. L'alternative à la réciprocité est la proximité[18]. Quelles sont les modalités d'une relation sans réciprocité ? La simple présence : « une présence en face d'un

15 « Dénudation au-delà de la peau, jusqu'à la blessure à en mourir, dénudation jusqu'à la mort, être comme vulnérabilité » (*AE*, p. 84).

16 La défiguration serait l'ultime du visage car elle donne l'autre au-delà de la figure et de la forme, fait échapper autrui à la saisie par la vision ou le toucher, échappe à la représentation. « Le visage est présent dans son refus d'être contenu » (*TI*, p. 168).

17 *AE*, p. 140.

18 *AE*, p. 157.

visage[19] ». Une présence que Lévinas appelle le « s'offrir » à l'autre – un « s'offrir » qui, à ses yeux, peut être en même temps « souffrir[20] » ; et l'on comprend que l'impuissance face à l'absence de réciprocité soit vécue comme souffrance[21]. Pourtant, l'épreuve de mon impuissance peut être « une bonté malgré elle-même[22] ». Cette bonté est une attitude en-deçà de ma volonté, en-deçà de mes prétentions à savoir et à vouloir le bien d'autrui – une bonté peut-être malgré moi, au sens où je serais ignorant même de ma bonté : une présence nue, qui ne sait pas ce qu'elle apporte.

La proximité de la présence, c'est persévérer à me laisser exposer à l'autre, à demeurer là, alors que sa présence m'inquiète, et que ma présence semble être sans effet pour lui. L'inquiétude révèle la tentation de mesurer les choses en termes d'utilité : « Ça ne sert à rien ». Lorsque Lévinas parle de « dés-intéressement », nous pouvons entendre la capacité à demeurer sans mesurer, à être là autrement que pour répondre à un besoin tangible, repérable, que l'on viendra satisfaire ou soulager. Être là, sans la satisfaction d'avoir bien fait, privé de la gratification d'avoir fait ce qu'il fallait faire – car on ne sait pas ce qu'il faut faire. Offrir une proximité sans attente de réponse. Accueillir ce que l'on ne peut « ni comprendre ni connaître[23] ».

Sans réciprocité, sinon que je suis peut-être amené à accepter que l'autre, dans sa dissemblance, soit pourtant proche de moi. La présence silencieuse de l'autre me précède. J'entre en présence d'une présence. Et même si l'autre échappe à toute compréhension, à toute saisie, et à toute parole, cette proximité de côte à côte n'est pas sans effet de l'un sur l'autre. Si l'absence de réciprocité est, aux yeux de Lévinas, une garantie de la dimension éthique de la relation[24] (la non-emprise de moi sur autrui), la proximité nous montre une autre modalité de la relation : la simple présence – présence de moi à l'autre, et de l'autre à moi.

---

19 *TI*, p. 21.

20 *AE*, p. 92.

21 *Cf.* Paul Ricœur, *Autrement. Lecture d'Autrement qu'être d'Emmanuel Levinas*, Puf, 1997, p. 17 : Répondre, s'offrir, souffrir.

22 *AE*, p. 92.

23 *Cf.* Monique Schneider, in *Cahier de l'Herne : Emmanuel Lévinas*, dir. Miguel Abensour et Catherine Chalier, Biblio Poche, 1993, p. 519.

24 « Dans cette non-réciprocité [...] s'annonce [...] l'un pour l'autre, relation à sens unique, ne revenant, sous aucune forme, à son point de départ, l'immédiateté de l'autre, plus immédiate que l'immédiate identité dans sa quiétude de nature, l'immédiateté de la proximité » (*AE*, p. 134).

## LA CHAIR, UNE PRÉSENCE

Y a-t-il présence en chair ? Qu'en est-il de la chair de celui qui n'a plus figure humaine ? Comment ne pas le réduire au seul corps, puisqu'à la chair comme expérience vécue il n'y a guère accès ? De la personne en déshérence de la conscience de son identité, on peut dire qu'elle est en interaction avec le monde, elle manifeste plaisir et douleur : son corps est une sensibilité exposée au monde. Même si les ressorts de l'intentionnalité nous restent obscurs, sa vie reste réactive au monde, et sa déambulation erratique est encore une façon d'habiter le monde. Mais la personne dans le coma, sous sédation, ou en état végétatif chronique présente à la fois une absence de conscience de soi et du monde. Est-elle autre chose qu'un corps qui se tient dans une respiration ? Qu'est-ce qui distingue ce corps d'une chose inerte, ou du « légume » auquel le langage cru et accablant aura vite fait de le réduire ? – Ce corps offre ce que j'appellerai une présence réelle, c'est-à-dire une présence qui m'affecte et affecte mon monde, transforme mon rapport au monde. Je suis affectée par la vie de ce corps, présence qui ne me laisse pas indifférente. S'il n'y a pas de communication, pas de réciprocité avérée, s'il n'y a pas de manifestation d'une visée de monde, il y a pourtant une présence de l'un à l'autre, une réversibilité qui signe la commune incarnation. Quelles sont les caractéristiques de cette présence en chair ? Il y a les effets sur moi de cette présence. Il y a l'historicité primordiale à laquelle elle me renvoie. Nous suivrons ici Merleau-Ponty à travers les notions de « situation commune » et d'« imprésentable originaire ».

### LA SITUATION COMMUNE OU : LA PRÉSENCE DE L'AUTRE N'EST PAS SANS EFFET SUR MOI

La notion de « situation commune » utilisée par Merleau-Ponty notamment dans *La Prose du monde* et les cours de la Sorbonne sur la psychologie de l'enfant (1949-1952) offre les prémices de la réversibilité de la chair telle qu'elle apparaît dans les derniers textes. Cette notion permet de faire un pas de côté par rapport aux raisonnements cherchant à établir et valider une ressemblance entre l'humain sans qualités et le sujet pensant. Il s'agit ici de penser autrement que sur le mode de l'analogie (qui anime encore la cinquième *Méditation cartésienne* de Husserl). Autrement que selon l'analogie, par une voie passive, celle des effets que la présence d'autrui produit sur moi. L'incarnation ouvre la perspective d'un monde commun : l'autre en « situation extrême » et moi habitons toujours ensemble un monde, un monde qui se constitue en partie de notre co-présence.

Avant même les développements sur la chair, Merleau-Ponty interroge la possibilité de penser un monde commun. Au-delà du problème de l'accès au monde de l'autre (qui travaille encore la *Phénoménologie de la perception*), c'est davantage la constitution du monde commun qui l'occupe (ainsi de l'exemple fameux du dormeur au soleil dans *La Prose du monde*[25]). Parmi les prémisses de la chair comme « milieu » de la réversibilité du sensible, la notion de « situation commune » nous paraît stimulante pour les situations « extrêmes » que nous évoquons. Elle permet en effet de penser la reconnaissance d'autrui sur le mode de l'affection, plutôt que de chercher à établir les modalités de la ressemblance.

Dans *Psychologie et pédagogie de l'enfant, Cours de Sorbonne 1949-1952*[26], Merleau-Ponty pose le problème de l'existence d'autrui (de l'accès à autrui et de son individuation) et expose les solutions de Husserl et de Scheler, qu'il juge toutes deux insatisfaisantes. L'alternative qu'il propose est celle de la « situation commune » (45), qu'il caractérise comme « relation vivante » (39), « rencontre », « expérience vécue ». Nous sommes embarqués dans une situation qui n'existe que de ce que nous y sommes tous les deux, situation surgie de notre co-existence dans un présent qui nous rassemble. Cette situation « m'oblige », au sens où elle appelle une réponse à l'altération qui me vient par l'autre.

Dans *La Prose du monde*, la situation commune est d'abord exposition au monde – qui est une des modalités de la chair. « Notre sensibilité

25 Maurice Merleau-Ponty, *La Prose du monde* (PM), Paris, Gallimard, coll. « Tel », 1992, p. 189-190 : « Je regarde cet homme immobile au soleil et qui soudain s'éveille. Il ouvre les yeux, il fait un geste vers son chapeau tombé à côté de lui et le prend pour se garantir du soleil. [...] Au moment où l'homme s'éveille dans le soleil et tend la main vers son chapeau, entre ce soleil qui me brûle et fait cligner mes yeux, et le geste qui là-bas de loin porte remède à ma fatigue, entre ce front consumé là-bas et le geste de protection qu'il appelle de ma part, un lien est noué sans que j'aie besoin de rien décider, et si je suis à jamais incapable de vivre effectivement la brûlure que l'autre subit, la morsure du monde telle que je la sens sur mon corps est blessure pour tout ce qui y est exposé comme moi, et particulièrement pour ce corps qui commence à se défendre contre elle. »

26 M. Merleau-Ponty, *Psychologie et pédagogie de l'enfant, Cours de Sorbonne 1949-1952*, Verdier, 2001.

au monde… fait de la “corporéité” une signification transférable, rend possible une “situation commune[27]” ». Je reconnais qu'autrui est affecté par le monde d'une façon semblable à la mienne. Néanmoins, Merleau-Ponty ne se satisfait pas de cette ébauche de ressemblance qui procéderait par identification entre autrui et moi, et pousse la description dans le sens d'un décalage ou d'un écart rendu possible par autrui. « Mais […] si autrui est vraiment un autre, il faut qu'à un moment je sois surpris, désorienté, et que nous nous rencontrions, non pas dans ce que nous avons de semblable, mais dans ce que nous avons de différent[28]. » Le pouvoir d'autrui est un pouvoir de différence, son existence peut « nous ouvrir à un autre sens », au-delà de ma seule perception et compréhension du monde.

Ainsi, ce que Merleau-Ponty écrit au sujet de la parole d'autrui, on peut l'entendre au sujet du corps d'autrui en présence : « La parole d'autrui non seulement réveille en moi des pensées déjà formées, mais encore m'entraîne dans un mouvement de pensée dont je n'aurais pas été capable à moi seul, et m'ouvre finalement à des significations étrangères[29]. » La présence de ce corps muet dans son dénuement produit en moi des pensées, des affects, des associations, des questions – qui sans lui n'auraient pas existé. L'incertitude même dans laquelle sa présence me plonge est une ouverture, un écart ou décalage par rapport à moi-même qui ne peut se produire que par son existence. En ce sens, la présence vivante de l'autre est événement, elle est action qui introduit du neuf dans mon monde, m'amenant à modifier mon attitude dans l'« intermonde » qu'est la situation commune. Je suis d'abord réceptivité pour cet événement, mon comportement sera une forme de réponse à cette présence.

La notion de « situation commune » annonce la chair : elle est déjà comme l'empiètement réciproque de l'existence d'autrui sur la mienne. Nos existences interfèrent. En entrant dans la chambre, en me tenant là, en présence d'un autre, je suis à la fois impliquée et transformée par la réalité de l'existence de l'autre.

Il ne s'agit plus de chercher la ressemblance, mais de reconnaître les effets sur moi de l'apparition d'autrui. L'autre est alors une *modification*

27 *PM*, p. 194.
28 *PM*, p. 199.
29 *PM*, p. 165.

*de mon moi*, non au sens husserlien de la variation, mais comme une affection qui ne me laisse pas indemne, qui m'altère. Il y a chair d'autrui, et non pas seulement corps, par la manière dont mon existence en est affectée. La chair, en ce sens, est présence réelle d'autrui.

## L'IMPRÉSENTABLE ORIGINAIRE ET L'INQUIÉTANTE ÉTRANGETÉ

Le motif de l'imprésentable originaire (*non-Urpräsentierbar*) revient souvent dans les notes de travail du *Visible et l'Invisible*[30] pour désigner ce qui est « donné originairement comme absent » (comme l'écart entre autrui et son corps[31], entre autrui et moi). Or ce motif de l'écart peut être une clé pour une phénoménologie de « l'homme en qui l'humain s'absente ». En effet, l'écart dit à la fois la proximité et l'étrangeté, ce qui échappe et ce qui est nôtre, l'insaisissable et ce qui nous saisit. L'origine qui s'absente en appelle aussi à la « foi perceptive » qui nous fait reconnaître là un humain.

Une occurrence de ce thème, dans les notes de travail, est particulièrement frappante :

> Ressaisir l'enfant, l'alter ego irréfléchi en moi par une participation latérale, préanalytique, qui est la perception, par définition *ueberschreiten*[32], transgression intentionnelle. Quand je perçois l'enfant, il se donne précisément dans un certain écart (présentation originaire de l'imprésentable) et de même mon vécu perceptif pour moi, et de même mon alter ego, et de même la chose préanalytique. Il y a là le tissu commun dont nous sommes faits. L'Être sauvage[33].

L'enfant est présenté comme une variation de moi-même, une « modulation de mon être au monde[34] », dont l'écart me renvoie la proximité, dont la proximité me renvoie l'écart. D'une façon semblable, la personne en situation extrême suscite cette tension entre l'écart et la proximité : elle présente la « possibilité d'être autre » selon la formule de Semprún.

L'exemple de l'enfant n'est pas anodin, qui renvoie aussi à l'écart de l'archaïque en moi-même, à l'enfance en moi, trace d'un passé lui-même imprésentable, sinon dans les manifestations du refoulé. L'enfant

30 M. Merleau-Ponty, *Le Visible et l'invisible* (VI), Paris, Gallimard, coll. « Tel », 1990.

31 « ...non-Urpräsentierbar, comme autrui est dans son corps donné originairement comme absent, – comme écart, comme transcendance » (*VI*, p. 234).

32 Excéder, dépasser, transcender.

33 *VI*, p. 257.

34 *VI*, p. 247.

que je fus est en moi, mais sur le mode de l'écart. L'*in-fans* reste en moi l'expérience d'être sans parole, l'expérience initiale de l'incommunicable ou de l'incommunication : détresse originaire d'être sans assurance de compréhension, expression à vide. Or, en ce corps vivant, en cette présence dont la conscience s'absente, est présente la vie d'avant la parole, la vie sans parole de l'humain.

La pensée de l'écart poussée à son extrême nous entraîne jusqu'à cette présence de l'imprésentable que sont les traces de l'*in-fans* en moi. Ce corps étendu, respirant, qui ne manifeste aucun signe de communication ni de conscience, est pour moi comme une « présentation originaire de l'imprésentable[35] ». Devant lui, je peux être saisi d'un sentiment d'« inquiétante étrangeté » : voici ce que je voudrais ne pas voir, ce que je voudrais ne pas savoir de moi, ne pas compter au nombre de mes possibles. Cet autre est une variation de mon être, celle dont je voudrais qu'elle ne se présentât jamais – l'imprésentable en tant qu'insupportable.

Nous faisons ainsi l'hypothèse d'un éclairage de Merleau-Ponty par Freud : ce qui se révèle commun, ce n'est plus uniquement l'empiètement de la chair, ce n'est plus simplement la situation qui se crée de notre co-présence, c'est une « historicité primordiale » qui serait celle de la *Hilflosigkeit*[36], de la détresse initiale. L'inquiétante étrangeté que je peux éprouver à la vue de l'autre en situation extrême me renvoie à cette expérience imprésentable qui fut mienne : « détresse originaire », dépendance radicale à autrui et sentiment d'abandon, d'être sans aide.

## S'APPROCHER, OU LA CHAIR DE LA SOLLICITUDE

Nous faisons l'hypothèse que la détresse initiale est inscrite dans la chair. Plus : que la chair est non seulement le corps vivant, le corps expressif et relationnel, non seulement notre être au monde (intentionnel et affecté) et notre style, mais aussi l'inscription d'un passé qui ne passe pas, mémoire à la fois vive et inconsciente de la détresse et de la

35 *VI*, p. 257.
36 Sigmund Freud, « L'Esquisse d'une psychologie scientifique », in *La Naissance de la psychanalyse*, Puf, 2009.

dépendance initiales, ainsi que des premiers soins (ou de leur absence). Nous faisons encore l'hypothèse que cette historicité primordiale de la chair peut connaître une résurgence – une actualisation – dans la rencontre avec les situations limites ou les situations extrêmes. Mais cette chair de la vulnérabilité primordiale peut aussi devenir la chair de la sollicitude.

## LA DÉTRESSE INITIALE COMME FONDS COMMUN D'HUMANITÉ

Accepter l'impuissance, la vulnérabilité dans laquelle je me trouve face à l'autre en « situation extrême », invite finalement à ne pas opposer la détresse (ou la fragilité, ou la déréliction) que j'attribue à l'autre et ma propre détresse. La détresse que j'attribue à l'autre et ma propre détresse face à lui proviennent toutes deux d'une expérience immémoriale commune : la détresse de la dépendance initiale (*Hilflosigkeit*).

La situation extrême de l'autre révèle l'expérience qui a laissé en nous des traces ambivalentes : trace du soin, de la proximité et de la tendresse qui nous auront permis de subsister ; trace de l'absolue dépendance, et par revers, de l'absolu pouvoir (l'emprise) de l'autre sur nous. Face à l'ultime du visage, je suis forcé de « quitter mon abri[37] » insulaire, ma protection de revendication d'autonomie, pour reconnaître que ce qu'il est, cela est aussi en moi. L'autre, mon prochain, me révèle quelque chose sur moi-même, quelque chose que je ne veux pas savoir : que le fin mot de l'histoire, du sujet, n'est pas l'autonomie – l'exercice d'un absolu pouvoir de soi-même sur soi-même – mais la dépendance. Plus exactement, l'ultime du visage révèle une vulnérabilité fondamentale, qui requiert la relation. L'ultime du visage renvoie à une dépendance qui est depuis toujours une interdépendance. Celui que je pourrais avoir tendance à exclure de l'humanité me révèle un fonds commun d'humanité, un fonds commun vulnérable et relationnel. Plutôt que d'en faire l'objet d'épouvante que nous redoutons, nous pouvons retrouver, dans cette expérience humaine initiale, ce qui nous tient ensemble : ce qui permet de dire « nous » – quand bien même un seul de nous deux est capable de le dire. En ce sens, l'inquiétante étrangeté révèle un fonds commun d'humanité. Avec l'autre en situation extrême, avec celui qui n'a plus figure humaine, nous sommes l'un et l'autre, l'un par l'autre, ensemble traversés par cette détresse initiale que la situation d'autrui manifeste.

37 *AE*, p. 83.

S'APPROCHER

Si « l'inquiétante familiarité » de l'autre en situation de vulnérabilité extrême semble d'abord ébranler le pacte d'humanité, nous faisant éprouver la tentation de rejeter l'autre hors de l'humanité, elle est pourtant, dans un second temps, révélatrice de cette proximité malgré nous qu'est la détresse initiale. La sollicitude passera par l'accueil de la détresse de l'autre et de la détresse en soi. Cela est rendu possible par une autre expérience initiale : celle d'avoir été secouru, d'avoir reçu une proximité aidante – que Freud désigne par la figure du *« Nebenmensch »*, terme traduit par « l'être proche ». J'aime à parler de celui – ou celle – qui s'approche : l'être qui s'approche. La sollicitude est un mouvement qui s'incarne dans une proximité. S'approcher, offrir une proximité, c'est ne pas permettre qu'un seul se retrouve dans cet état d'être ou de se sentir sans lien. Ne pas permettre qu'un seul se retrouve privé de lien, ou dans l'inanité du lien. La chair de la sollicitude est ce mouvement d'incarnation de la proximité.

Sur fond de la détresse archaïque et actuelle, la chair de la sollicitude apparaît comme une chair affective et attentive, une chair passive et une chair en mouvement, dont la vertu d'attention est d'abord perception, puis soin. La chair de la sollicitude incarne la proximité de l'attention et du soin. Il s'agit d'offrir, de manifester un visage humain à celui qui n'a plus figure humaine, d'approcher un visage humain de celui qui n'a plus figure humaine.

En réponse à la figure du serviteur souffrant d'Isaïe, la figure du bon samaritain nous paraît celle d'une telle proximité, incarnant l'être proche, l'être qui s'approche, et manifestant quelque chose de la chair de la sollicitude. Le mouvement de la proximité, l'engagement de la « prochaineté » selon le terme de Semprún, est une dynamique, avec sa part de passivité et d'intentionnalité : il y faut la perception et la sensibilité. Le corps est sollicité. Il faut voir. Mais voir ne suffit pas : l'homme blessé entre dans le champ de vision du prêtre et du lévite, il n'entre pas pour autant dans le champ de leur affectivité ni de leur attention – au sens du soin. S'approcher, c'est d'abord ne pas se détourner. Le samaritain voit, mais sa perception est immédiatement un affect. Il est dit « saisi de compassion », littéralement saisi dans sa chair et ses entrailles[38]. L'affect est de chair. La vision suscite l'affect qui suscite

38 Le terme grec (*esplangchnisthè* ou *splagchnizomai*) renvoie aux viscères : c'est être physiquement saisi aux entrailles qu'entrer dans la compassion.

l'action, mettant le samaritain en mouvement de relation. S'approcher est un mouvement de tout l'être qui fait entrer en relation. L'affect fait passer de la perception à l'action, donnant chair à la sollicitude.

Le samaritain – celui qui s'approche, qui incarne la proximité ou la « prochaineté » – est celui qui refuse qu'un seul tombe hors du monde, et que le monde ne soit plus commun. Le geste de s'approcher, de recréer de la proximité là où d'autres s'éloignent, atteste d'un monde commun et le constitue à nouveau là où il semblait se perdre. S'approcher, c'est reconnaître un semblable dans la chair défigurée. C'est offrir les gestes ou les paroles qui attestent que la commune humanité n'est pas perdue. La sollicitude passe par les gestes du soin, les mots, mais d'abord par l'attestation de l'humanité commune.

La sollicitude de la chair commence dans la manière de voir. S'approcher et demeurer consiste à redonner une dignité à ce qui nous aura rendu muets de sidération, ou plus encore, ce qui aura éveillé en nous l'épouvante de la ressemblance à travers l'inquiétante étrangeté. Georges Didi-Huberman, à propos de la libération des camps nazis, pose cette question : « Comment se comporte-t-on face à l'inimaginable[39] ? » En réponse, il évoque un « moment éthique du regard », qui consiste en l'acte de donner une dignité à « ce qui nous a laissés muets d'indignation[40] ». L'acte de donner une dignité par le regard : n'est-ce pas ce qui se passe dans l'acte de voir du samaritain, dont l'indignation ou la compassion se font approche et action secourable ? N'est-ce pas ce qui se passe dans le regard de Semprún sur le jeune français « musulman » ? Son regard, d'abord « angoissé, dévasté » par ce qu'il voit, se trouve saisi par le « visage » de « cet être [qui] n'avait pas seulement un matricule ». En s'adressant à lui, en cherchant à nouer une conversation qui deviendra une amitié – une « fraternité » –, son regard donne humanité à celui qu'il va dès lors appeler son « frère ».

La reconnaissance d'un semblable en celui qui n'a plus figure humaine vaut comme « expérience limite de la reconnaissance du méconnaissable[41] », pour reprendre une expression de Ricœur. Le parcours de la

39 Georges Didi-Huberman, « Ouvrir les camps, fermer les yeux », *Annales. Histoire, Sciences Sociales*, vol. 61e année, n° 5, 2006, p. 1028.

40 G. Didi-Huberman, « Ouvrir les camps, fermer les yeux », *op. cit.*, p. 1036.

41 P. Ricœur, *Parcours de la reconnaissance*, Paris, Stock, 2004, p. 105.

reconnaissance peut se construire à partir d'un « commun » immémorial, et en direction d'un « commun », sinon d'une réciprocité, par la proximité. Qui se fera le prochain de celui qui n'a plus figure humaine ? Celui ou celle qui s'approche, qui offre une présence, qui se tient dans la proximité. Celui ou celle qui tient l'humain dans le défiguré, qui « approche du plus inapprochable[42] ». Celui ou celle qui maintien l'humain en offrant le soin et le lien ou la socialité. S'approcher, offrir une présence, se tenir en présence, maintenir : ainsi se manifeste la chair de la sollicitude.

Agata ZIELINSKI
Université de Rennes I

42 *Cf.* Frédéric Worms, « Approcher du plus inapprochable », *Esprit*, 2009/12, p. 168-172.

TROISIÈME PARTIE

# APPROCHES ANTHROPOLOGIQUES

# L'INCARNATION : ANTHROPOLOGIE DU GESTE ET DE LA VOIX

## Entre l'effort biranien et l'affect ricœurien

Qu'est-ce que l'homme ? C'est la question commune à Ricœur et à Maine de Biran. Qui suis-je, moi qui agis et qui souffre ? demande Ricœur. Qui suis-je, moi qui fais effort et qui rencontre des résistances ? s'interroge Maine de Biran. Pour l'un comme pour l'autre, nous allons le voir, ces questions mettent directement en jeu l'incarnation.

L'incarnation est au cœur des réflexions de Ricœur à deux moments de son œuvre : dans *Le Volontaire et l'Involontaire*, et dans la 10e étude de *Soi-même comme un autre*. Et ce sont les moments où il entre en dialogue avec Maine de Biran[1]. C'est que, pour eux, l'Ego n'est jamais sans corps. La corporéité précède la conscience et résiste à sa complète description : elle participe de *« mon incarnation comme mystère*[2] », dit Ricœur.

Le mystère ne peut pas être complètement révélé : il peut cependant être approché, et ce sera, au plus proche, par la parole. La parole apparaît comme le commencement de l'incarnation, l'acte de naissance du moi au monde. Nous exposerons, dans une première partie, cette position commune à Ricœur et Maine de Biran. Pour autant, un abîme les sépare : pour Ricœur, le moi n'a pas d'accès immédiat à soi. Le long détour par la parole et son incarnation extérieure, le texte, lui est nécessaire. Chez Biran[3] en revanche, il a un accès immédiat à soi : il a l'aperception de soi comme force. La deuxième partie retracera la

---

1 François Azouvi, *Maine de Biran, La science de l'homme*, Paris, Vrin, 1995. Cet ouvrage cartographie l'œuvre foisonnante de Maine de Biran. Il nous a permis de nous y mieux repérer et de choisir l'ouvrage de référence concernant notre question : *Le Mémoire de Berlin*.

2 Paul Ricœur, *Philosophie de la volonté, 1. Le Volontaire et l'Involontaire*, Paris, Points, 2009 (VI), p. 33.

3 Maine de Biran, *De l'aperception immédiate, Œuvres, tome IV*, Édité par Ives Radrizzani, Paris, Vrin, 1995 (mémoire de Berlin, 1807).

manière dont Biran se révèle plus proche de Ricœur qu'il n'y paraît au premier abord, montrant comment la voix est l'expression la plus intime du moi-force. Dans la troisième partie, nous examinerons comment, dans ce passage, une dimension de soi est perdue : le geste. Il nous reviendra de la retrouver.

## INCARNATION
## Moi, de la parole au silence

### INCARNATION : FORCE VS PAROLE ?

Qu'est-ce que l'incarnation pour Ricœur ? Dans *La Symbolique du mal*, il en évoque son « sens aigu[4] », qui est l'incarnation du Christ. Mais dans tous les autres cas, il s'agit de l'incarnation en son sens large, celle de tout être humain. Elle est, pour Ricœur, l'unité du moi et de la vie dans le vécu corporel.

Ricœur[5] reprend à Husserl la distinction entre deux unions du moi au monde de la vie, l'incarnation et la perception : la suspension de l'incarnation permet de décrire la perception. Dans la *Phénoménologie de la volonté*, Ricœur lève l'*épochè* et entreprend la description de l'incarnation elle-même, distinguant en elle une part d'indescriptible.

Pour cela, il passe par la description phénoménologique de la volonté, le lieu, pour lui, d'une l'incarnation plus originelle, le moment où l'homme apparaît dans le monde, un monde qui, pour lui, est d'abord celui de l'action. Il distingue deux dimensions à la volonté : théorique avec le projet, et pratique avec le mouvement corporel qu'elle implique. La question de l'incarnation se pose d'une manière de plus en plus vive à mesure que la description s'attache à la dimension corporelle de la volonté, jusqu'aux limites du descriptible : là où la volonté se reçoit en se posant comme consentement à la vie, cette paradoxale condition nécessaire de son être libre.

---

4 P. Ricœur, *Philosophie de la volonté, 2. Finitude et Culpabilité*, Paris, Points, 2009 (FC), p. 310.

5 P. Ricœur, *À l'école de la phénoménologie*, Paris, Vrin, 2004, p. 121-123.

Les sciences vont permettre à la conscience d'accéder à des zones de son incarnation inaccessibles directement : la part irréductible de son caractère, les profondeurs de son inconscient, les dimensions de son organisme, grâce notamment à l'étiologie, la psychanalyse et la biologie. Mais les objets que les sciences élaborent ne sont appropriés par la conscience que comme des « index » de son incarnation : ils désignent ce qu'elle est, mais qu'elle ne connaît que par le détour des sciences. De plus, cette connaissance n'est, à chaque fois, que partielle, lui donnant un regard diffracté sur ce qu'elle est, impossible à unifier. Sans compter que tout n'est pas accessible, pas même à la science.

L'épreuve la plus grande concerne la volonté : ce que la science lui montre est cette part de soi sur laquelle elle n'a qu'un contrôle minime, voire nul. La liberté voit se constituer en elle un involontaire absolu, la nécessité devant laquelle elle se tient, sans laquelle elle n'existe pas, mais au contact de laquelle elle devient impossible. C'est alors que Ricœur met en scène un choix philosophique qu'il nomme métaphysique : l'homme est face à une alternative, il est sommé de dire oui ou non à cette réalité. Et Ricœur, s'appuyant sur les poètes stoïques et orphiques, invite au oui. Puis il s'attache à montrer que le « oui » posé rend la liberté à elle-même, justifiant par après la justesse de ce choix, invitant par là même le lecteur à faire de même.

À la pointe de l'expérience, tout l'homme est rassemblé en un « oui », une parole d'acquiescement à la finitude, premier acte humainement libre. L'incarnation première est ainsi une volonté faite parole, et parole d'acquiescement à la vie. Et ce premier moment est vécu comme un affect mêlé : « la Joie du Oui, dans la tristesse du fini[6] ».

Le contraste avec Biran ne peut être plus grand. Pour lui, la question de l'incarnation s'impose d'emblée lorsqu'il affirme que l'accès fondamental au moi est le corps, par l'aperception de soi comme force. Au commencement, l'incarnation est force. Pour Ricœur au contraire, l'incarnation s'accomplit au moment où la volonté se retrouve sans force face à ce qui lui résiste absolument : l'absolue contingence de sa vie. À bout de force, la volonté est pure affect : elle est comme la main qui a rencontré sa limite externe, qu'elle touche sans pouvoir aller plus loin. C'est le moment du choix, de la volonté qui se fait consentement. Le

6 *FC*, p. 192.

« oui » incarne l'ego réduit à son essentiel, un oui sans force. Mais par ce oui, il retrouve force, le corps vivant qu'il est dans un monde vivant : sa volonté est limitée, certes, mais elle est réelle, et elle peut s'exercer.

Ce passage au travers du néant du moi comme force est explicité par Ricœur comme une faille au cœur de soi, une faille qui rend faillible, certes, mais aussi et d'abord une faille par laquelle peut se manifester un soutien : il s'est déjà manifesté pour porter secours au moi au moment où il hésitait à acquiescer à une telle négation du soi libre qu'est la nécessité absolue de la vie. Il s'est manifesté sous la figure de poèmes orphiques et stoïques, porteur d'admiration pour la vie, malgré la souffrance et la mort, malgré la finitude ; et il s'est encore manifesté sous la figure du *Cantique des créatures*, le poème de saint François d'Assise, porteur d'une espérance en une vie où le mal n'a pas le dernier mot, une vie où la bonté originelle n'est pas retenue par le mal, mais traverse jusqu'à soi.

Cette bonté demeure cependant hors d'atteinte. Et pourtant, elle trouve à s'incarner, et elle s'incarne en l'homme, et en l'homme dans le langage, et dans sa forme plus fondamentale : la promesse échangée. Le langage reflète le jeu entre distanciation et appartenance que l'homme vit dans un monde où la bonté originelle, alternativement s'approche et s'éloigne, dans la double épreuve de la finitude et du mal. Ce jeu est reflété dans le langage, grâce à sa structure à deux pôles, le théorique et le poétique[7], et à la circulation vivante entre eux.

Au commencement, l'incarnation est parole : l'homme est corps parlant, il est chair.

Sur la scène de notre réflexion, Ricœur et Biran s'avancent avec deux figures d'incarnation : parole contre force ; parole s'élevant d'un passage d'extrême faiblesse, capable seulement d'un « oui » – un oui qui s'ébauche comme un cri, un appel à l'aide, qui ne se forme qu'à partir des voix qui l'ont suscité[8] –, contre un moi-force s'affirmant tel jusqu'au bout. Faut-il les opposer ? Non, car le « oui » de Ricœur est faible précisément parce qu'il est incarné, qu'il vit l'épreuve de l'incarnation

7 Tel est le langage poétique de l'orphisme et du stoïcisme – dans *Le Volontaire et l'Involontaire* –, le langage symbolique de l'aveu religieux – dans *La Symbolique du mal* –, le langage métaphorique et narratif – dans les ouvrages jumeaux que sont *La Métaphore vive* et *Temps et récit* –, le langage vivant de la rencontre avec autrui, face à face – dans *Soi-même comme un autre*, et dans toute l'œuvre de Ricœur.

8 Nous pensons à ces scènes terribles où des migrants, sur leurs embarcations à la dérive, lorsqu'ils aperçoivent un navire, se mettent à crier et agiter les bras.

jusqu'à ses profondeurs, et cela, il le doit à Biran, qu'il reconnaît comme l'inventeur du corps propre. Maine de Biran, quant à lui, va donner droit à la parole, où il reconnaîtra la fine pointe de l'incarnation, se retrouvant d'autant plus proche de Ricœur. Nous le montrerons dans un instant. Mais là n'est pas tout : car cette belle perspective d'accord ne doit pas cacher les tensions qui traversent la chair, au risque, parfois, de déchirures mortelles.

## LA CHAIR BLESSÉE, RÉDUITE AU SILENCE : L'INCARNATION COMME PARDON

Chez Ricœur, la blessure est là, dès l'introduction de la *Philosophie de la volonté*, avec la question du mal. La parole s'enfonce dans un monde où le bien et le mal sont si intriqués que, dans un premier temps, l'on se demande si un sens est encore possible, si une parole peut encore être sauvée, si dans ce monde, la chair existe toujours.

Une parole pourtant émerge de ce mélange obscur et insensé : elle prend, chez Ricœur, la forme de l'aveu. Le mal y est mis à distance, à partir d'une bonté plus originaire d'où émerge une parole qui fait sens. La parole première se révèle capable de traverser l'épaisseur du mal, un mal dont la manifestation la plus fondamentale est la trahison de la promesse, trahison qui instille la méfiance et la volonté de maîtriser, menant à toutes sortes de violences. Cette parole forte comme le mal, c'est le pardon : il soutient l'homme dans sa traversée d'incarnation, il est chair blessée à mort et pourtant vivante, et plus que vivante, vivifiante par sa blessure même.

Là encore, la conscience est devant un choix : ce qui se présente à elle est impossible, ce fait d'être aliéné de soi, plongé dans un abîme de silence et de non-sens. Là encore, des voix se sont élevées et ont invité au « oui », avec la promesse d'une parole nouvelle. Mais elles retentissaient comme d'un autre monde, un monde transfiguré : Ricœur a évoqué le *Cantique des créatures* de François d'Assise, il évoquera plus tard[9] *l'hymne à l'amour*, repris par saint Paul dans la première épître aux Corinthiens.

La chair, dans le pardon, se fait silence : corps profond d'avant la parole, corps par lequel, de plus loin que lui, émerge une parole nouvelle, qui est vie, et vie où le non-sens ne l'emporte pas sur le sens.

9 P. Ricœur, *La mémoire, l'histoire, l'oubli*, Paris, Seuil, 2000, p. 605.

Pour Ricœur, l'incarnation est d'abord cette parole à chaque fois nouvelle, vivante et vivifiante, une parole tenue, au double sens, passif et actif du terme. Active, cette parole vient d'un moi solidement fondé en soi-même, aux habitudes et ses valeurs vivifiées par la lecture des grands textes. Passive, elle est portée par la présence d'un autre qui, par son appel confiant, fonde et refonde sa capacité à répondre, malgré sa fragilité et sa versatilité.

Métaphore vive et parole vive : le moi se comprend en se racontant, conjuguant les deux dimensions de son être, active et passive, que Ricœur appelle caractère et promesse. Le moi est chair traversée d'une faille, espace pour la parole d'autrui, parole portant à l'admiration pour le don de la vie et à l'espérance du pardon. Cette parole est l'origine et la possibilité de l'incarnation, à même la finitude et malgré le mal.

Pour Ricœur, la parole est la médiation d'un moi traversé d'une faille, un moment réduit au silence. Le moi est dual, et il ne s'unifie jamais vraiment que par la grâce de la voix d'un autre et en réponse à son appel. Pour Biran, en revanche, le moi est un, comme force, et il s'aperçoit immédiatement dans cette unité. Dualité contre unité : si nous n'avons pas opposé la force et la voix, ne nous faudra-t-il pas opposer la voix médiation à la voix manifestation ? Pour répondre à cette question, nous devrons faire le détour par l'élaboration, par Biran, du passage de la force à la voix.

## INCARNATION
## Moi, de la force à la voix

### L'INCARNATION COMME FORCE : EFFORT, RÉSISTANCE ET AFFECT

Pour Maine de Biran, le moi est force, c'est-à-dire couplage d'effort et de résistance. Je fais effort dans un corps qui résiste. La résistance n'a pas d'abord le sens d'une opposition, contrairement à la critique que Ricœur a pu adresser à Biran. Elle est un milieu qui tient, se tient, demeure, soit qu'elle porte l'effort, soit qu'elle lui fasse obstacle. Lorsqu'elle porte l'effort, le moi est geste qui se déploie, et lorsqu'elle est obstacle, le moi est affect, expression d'un sujet percevant un objet extérieur.

Geste et affect peuvent se combiner. Dans la caresse, le moi-geste se déploie en jouant à la frontière de l'intérieur et de l'extérieur, en un continuel contournement d'obstacle.

Pour prendre un exemple plus lointain, la peinture chinoise explore cette frontière. Elle porte le nom de *peinture de paysage*, qui traduit le chinois *shan shui* (山水) : *shan* pour la montagne, *shui* pour l'eau. Le moi-geste joue à la frontière du pinceau et de la feuille : lorsqu'il touche, l'encre passe, ici léger, là fort, ici lent, là rapide, traçant des traits d'abord noirs puis gris, ménageant des vides blancs, comme circule l'eau entre les pentes abruptes.

Dans ces expériences, c'est au monde vivant que le moi s'ajuste. Le moi-force se décline ainsi en ce que Biran appelle la « sensation », entre deux pôles extrêmes, le geste et l'affect : l'effort du geste se déployant, l'affect du geste se limitant lorsqu'il rencontre un autre corps, massif et, à la limite, inamovible.

## *HOMO DUPLEX IN HUMANITATE, SIMPLEX IN VITALITATE*[10]

Lorsque la sensation est geste, le moi s'incarne comme deux efforts coopérant, renvoyant à l'image du cavalier et du cheval que Ricœur reprend à Rilke au début de *Le Volontaire et l'Involontaire*, ou à celle du navire sur la mer, que donne Henry Bauchau dans *Le régiment noir*. Évoquant la jument de son héros, il écrit : « Carabine est comme la mer, l'océan où nous serons bientôt, elle vous porte, elle fléchit, elle vous soulève, à vous de trouver votre voie[11]. »

*Homo duplex in humanitate.* L'homme est dual en son incarnation, mais cette dualité n'est pas une juxtaposition de substances, c'est une coopération d'efforts.

Lorsque la sensation est affect, en revanche, elle est simple, passive, *homo simplex in vitalitate.* L'affect est lié au toucher : toucher oculaire lorsqu'une lumière vive nous fait plisser les yeux, toucher auditif lorsque

10 M. de Biran reprend cette expression de H. Boerhaave, *Praelectiones academicae de morbis nervorum, Lugduni Batavorum*, 1761, t. II, p. 497. La citation intégrale est donnée dans les *Rapports du physique et du moral de l'homme, Œuvres VI*, Paris, Vrin, 1984, p. 191, note 74.

11 Henry Bauchau, *Le régiment noir*, Paris, Actes Sud, 2000, p. 40.

c'est un son trop fort, toucher sur la peau, voire dans la chair et jusqu'aux os, lorsqu'on prend un coup violent. L'affect révèle ou réveille une géographie de l'incarnation : le corps y est plus habité qu'agi.

Le moi s'incarne entre ces deux pôles, le geste et l'affect. Mais le moi n'est jamais ni geste pur, ni affect pur : le moi est force, conjugaison d'effort et de résistance. Pour devenir geste pur, le moi devrait être sans corps, désincarné en pur esprit. À l'inverse, le moi n'est jamais affect pur. Le plaisir ou la douleur rayonne de quelque part, et le moi demeure moi tant qu'il s'aperçoit comme moi dans cet affect. Il est vrai que le moi peut être submergé dans un affect trop violent. Mais alors il n'y a plus d'affect, car il n'y a plus de moi pour s'apercevoir comme affecté. La douleur trop grande le désincarne. Et le moi incarné réapparaît lorsque la vague se retire.

L'homme s'incarne entre ces deux pôles : la vie affective simple où le moi s'abîme et la vie effective duale, où le moi et le corps s'unissent en une coopération d'efforts. Le moi s'aperçoit comme force, force qui est toujours une dualité sur un horizon d'unité – unité de l'affect d'où le moi émerge, unité de l'effort vers laquelle le moi se projette en agissant : chez Biran comme chez Ricœur, le moi est traversé d'une faille, qui passe entre la passivité et l'activité, à l'intérieur même de l'activité, entre la sienne et une autre. Comment la voix sera-t-elle alors l'expression la plus authentique du moi-force ?

## LES SYSTÈMES SENSITIFS ET INTELLECTUELS

Biran précise la manière dont le moi s'incarne, via les cinq sens, sur le fond d'une vie affective pure et l'horizon d'une vie active. Il distingue ce qu'il appelle les trois systèmes sensibles : sensitif, perceptif et aperceptif.

Le système sensitif est celui de notre organisme constitué en réactions et actions, avant la conscience et à sa limite, selon des jeux d'affinité. Il se manifeste au moi comme des « degrés variables de force ou de faiblesse[12] ». Biran prend l'exemple d'un son qui, bien qu'inaudible, apaise celui qui l'entend. L'odorat et le goût appartiennent en propre à ce système réactif, tout comme des zones où les sens ne sont pas présents, comme les régulations internes du corps, de l'oxygène, de la chaleur, de la digestion, etc.

12 M. de Biran, *De l'aperception immédiate*, *op. cit.*, p. 140.

Ce premier système est le fond sur lequel s'élève le système perceptif ou intuitif : ce sont les sensations localisées dans telle partie du corps que la volonté perceptive est susceptible de mobiliser. Le geste prend ici sa forme première, l'attention. Les sens concernés sont la vue, l'ouïe et le toucher passif.

Dans l'attention perceptive cependant, le geste n'est pas directement manifeste, il est caché sous un affect : une image, un objet auditif, une perception tactile. Le geste est perçu par la médiation de cet affect, et par réflexion sur lui. C'est le cas lorsque quelqu'un nous touche le bras par surprise : c'est d'abord un affect dans le corps, qui recouvre notre attention. Et c'est dans un second temps que nous découvrons l'attention comme sujet percevant constituant l'affect en un objet tactile : c'est une main qui appuie sur mon bras.

Sur ces deux systèmes s'élève le système aperceptif. Ce dernier se sépare en deux systèmes, externe et interne. Dans le système aperceptif externe, le moi est actif dans un corps propre actif, un corps venant au contact, dans ce premier cas, de ce qui lui est extérieur : c'est le toucher actif. Le corps devient une « résistance vivante organique » qui vient s'appliquer à un objet, « une résistance étrangère morte[13] ». Le cas paradigmatique de ce système est la main que nous avançons vers un objet afin de nous en saisir.

Et c'est dans le système aperceptif interne que nous touchons à la part la plus propre du moi : le moi est actif dans un corps actif, non plus en s'appliquant à ce qui lui est extérieur[14], mais à partir de soi. C'est la perception auditive, où le moi répète par la voix ce qu'il entend par l'oreille. Le moi est alors la combinaison d'une aperception double : le geste vocal et le son produit. Le geste vocal est lui-même combinaison de l'effort poussant l'air, et du mouvement des cordes vocales, avant que le son produit ne puisse être sculpté par la langue et la bouche.

La voix est l'incarnation d'un moi, et d'un moi traversé d'une faille qui passe entre l'effort et l'affect : lorsqu'il se met à parler, l'homme

13 *Ibid.*, p. 153.

14 Condillac avait déjà compris l'impossibilité d'assurer l'unité du Moi via le tact, où une étendue (la main) entre en contact avec une autre étendue (l'objet). En effet, pour Condillac, une étendue est un composé de monades. Pour résoudre la difficulté, il en vient à élaborer une métaphysique où le Moi, monade psychique, assure l'unité de la perception. Voir Étienne Bonnot de Condillac, *Les Monades*, édité avec une introduction et des notes par Laurence L. Bongie, Oxford, Voltaire Foundation, 1980 (1748).

est là, un. Et cette unité demeure, même lorsqu'il ne parle pas, c'est le moi-force qu'il est, attentif, à l'écoute, prêt à prendre la parole et à agir.

C'est à partir de ce point d'unité que Biran élabore le système intellectuel, commençant par le système aperceptif intellectuel, et procédant à rebours du système sensible, allant de l'aperceptif à l'intuitif, puis au sensible[15]. C'est ainsi que l'homme comprend et décide de ses actes.

## DE LA VOIX AU GESTE

Le détour nous a permis de comprendre d'où vient le fait que le moi-force s'incarne en premier dans la voix. Pourtant, cette proposition a ouvert, un temps, une autre possibilité : l'incarnation par un geste du corps plus large que le seul geste vocal. Cette possibilité vient avec le toucher actif – mais elle est refermée lorsqu'on passe au système aperceptif interne, dont le paradigme est la voix.

Le toucher actif, en effet, est un geste par lequel le moi commence à s'incarner : le moi est geste s'avançant par exemple vers un stylo pour s'en saisir et écrire. Mais étant externe, cette incarnation vient comme butter sur l'objet qu'elle rencontre : le geste s'est suspendu au-dessus de la feuille. Le moi est inachevé dans le geste dans lequel il venait à la chair. C'est le moi-sujet, qui perçoit l'objet : la feuille, le stylo, sa main, et la question de ce qui les unit.

Et c'est avec justesse que Biran passe au système aperceptif interne, pour laisser le moi s'incarner plus avant. Mais étonnamment, il abandonne la question du geste du bras et de la main – que nous

15 L'effort vocal et le son sont mémorisés, dans leur rapport aux perceptions et aperceptions qui ont été l'occasion de leur production : un lien s'établit entre entendre, comprendre et se comprendre, ce que Biran appelle l'entendement. La mise en rapport des mots (qui sont des gestes sensibles aperceptifs internes) et des idées (qui sont des gestes intellectuels réflexifs) se fait dans le langage, forme institutionnalisée du geste vocal sonore. S'y adjoint le système intuitif intellectuel, où l'imagination combine des images sensibles pour en créer de nouvelles. Enfin, le système sensible intellectuel établit le rapport des idées et perceptions aux sentiments du beau et du bon d'une part (selon la perception d'harmonies sensibles), du beau, du sublime, du vrai et du bon d'autre part (selon les harmonies entre idées). L'incarnation est au final ce corps multiple qui manifeste le moi, charnel et langagier, vivant, intelligent, juste et cultivé, au cœur duquel est sa voix.

désignerons désormais par « geste » – pour ne plus s'intéresser qu'à la voix. Il réduit le geste au contact entre l'objet et le sujet : en retour, le moi du geste est réduit au sujet face à l'objet. Les objets, et jusqu'aux textes, ne seront jamais que la trace externe d'un geste limité à l'objet rencontré. Et l'interprétation des textes devra franchir l'abîme entre la trace et la présence, comme à tâtons, et en s'exerçant, avec de plus en plus de confiance, mais jamais de certitude : seule la voix vive sera susceptible de signer la présence réelle, que le geste n'a fait qu'esquisser.

Pourquoi la voix est-elle, pour Biran, susceptible d'une incarnation accomplie, à la différence du geste ? Il nous semble que c'est parce qu'il considère que la tessiture de la voix, ce rapport de vibration fine à la matière, est susceptible d'incarner le moi-force au plus proche, tandis que le corps, aussi souple soit-il, offre bien trop de résistances, de préformations inamovibles. Cela signifie qu'il a du moi la vision d'un jeu le plus libre possible, comme un souffle qui cherche à s'incarner dans ce qui lui offre une plus grande malléabilité, la voix.

Or, et nous suivons Ricœur sur ce point, le moi n'est pas libre à la manière dont Sartre le voulait : il est d'une liberté autant portée que limitée par son corps et sa culture. Et nous renversons la critique que Ricœur faisait à Biran : non pas d'avoir réduit le corps à une opposition au moi, mais d'avoir élevé le moi à un jeu libre à la limite supérieure du corps, à ses oreilles et à sa bouche, à la voix et au langage. Pour Ricœur, le moi garde une épaisseur : et si la rencontre vive rapproche de l'autre comme de soi, c'est par la longue traversée du monde des textes que l'on peut s'approcher davantage. Les textes sont comme le corps posé devant soi, afin d'être, par leur lecteur, accueilli en lui, au prix d'un long et éprouvant travail d'interprétation[16].

Chez Biran, cet écart était pressenti avec le geste. Nous le mettons à jour et proposons de concevoir le moi comme s'incarnant dans la voix *et* le geste, comme il s'exprime par des rites, des œuvres et des textes. Le geste du peintre ou celui du pianiste incarnent tout autant sinon mieux leur moi que ne le fait leur voix. La tradition de la peinture

16 Paul Beauchamp, *L'un et l'autre testament, I, Essai de lecture*, Paris, Seuil, 1976, p. 263. L'exégète développe cette conception du texte-corps devant le corps-texte qui, par leur dialogue, ouvrent un chemin jusqu'au noyau de l'humain pour en fendre la gangue, épaisse peau morte et durcie au contact du mal.

chinoise l'a compris, elle qui ne sépare jamais la peinture de paysage de la calligraphie.

Dans la calligraphie, le moi-geste ne s'ajuste pas d'abord au monde vivant comme tel, mais au geste du calligraphe dont il a l'œuvre devant lui : le travail du moi-geste est de s'ajuster peu à peu au geste du maître par la médiation des deux calligraphies qui entrent en résonnance, celle du maître et celle du disciple. Ce n'est pas une relation de copie, mais d'incarnation nouvelle ainsi que l'exprime le vocabulaire usité pour désigner une calligraphie :

> Quel que soit le style dans lequel on écrit, il faut absolument perfectionner le nerf (*jin*), l'os (*gu*), le sang (*xue*) et la chair (*rou*). Le nerf est donné par la pointe. L'os est rendu par le poil. Le sang est représenté par l'eau. La chair, c'est l'encre[17].

Dans ce ballet de gestes s'ajustant naissent des œuvres sœurs. Dans le même temps, le geste du maître est intériorisé et devient geste intérieur : c'est ainsi que le moi-geste est lui-même traversé d'une faille, qui passe entre le geste du moi et le geste du maître intérieur.

Par cette faille vient le troisième acteur du jeu calligraphique : le maître présent[18], celui devant qui le disciple est en train de calligraphier. Le maître présent est le médiateur du maître passé qui, peu à peu devient intérieur, et du futur maître qu'est le disciple. Jamais le maître présent ne doit mettre la main sur le disciple. Dans cette condition de respect, le moi se forme et forme, s'incarne dans son geste autant que dans ses œuvres, un geste qui est déjà chorégraphie intérieure, ouverte à l'autre présent, passé et à venir. Et ce que nous venons d'exposer avec cet exemple un peu lointain vaut dans le plus quotidien : lorsque nous nous saluons, nous engageons déjà cette hospitalité par nos gestes.

On retrouve cela dans les rites où les gestes, autant que la voix, incarnent l'homme. Pensons au rite du baptême, où les gestes de l'eau accomplissent le premier moment d'incarnation, l'enfantement au monde autant physique que symbolique.

---

17 Yolaine Escande, *L'Art en Chine*, Paris, Hermann, 2001, p. 88. Cet extrait est tiré d'un commentaire par Bao Shichen (1775-1855) du *Recueil de la jonque des arts, de la calligraphie et de la littérature*.

18 Je tiens à rendre ici un hommage à mon maître calligraphe, Claire Kito qui, depuis des années, m'ouvre à cette gestuelle.

Ce rite nous oriente dès lors sur l'autre motif qui pousse à donner sa pleine place au geste : le mal, et ce qui rend l'homme fort comme le mal, le pardon. Nous nous souvenons que Ricœur avait évoqué cela d'emblée : le *cogito*, élargi au corps, se révèle traversé d'une faille d'où provient la parole du pardon. Face au mal, Ricœur s'est centré sur l'expérience de parole du coupable, laissant de côté la victime et ceux qui l'aident à se relever[19]. Passant vers la victime, nous découvrons que, pour elle, le pardon prend la figure non plus d'une voix qui l'appelle au repentir, mais d'un geste qui relève et d'une parole qui encourage, de l'extérieur comme de l'intérieur, jusqu'à ce que, se tenant debout au milieu de l'assemblée, elle parle et, en confiance et sans vengeance, demande la justice.

## CONCLUSION

À ce point, concluons, sans rien prétendre achever. Pour Ricœur, l'incarnation se manifeste dans l'écoute intérieure d'une parole, écoute vive de cet autre qui m'appelle à être moi, à être au monde et à autrui, une écoute longuement médiatisée par la lecture des grands textes, jusqu'à pouvoir répondre « Me voici ! ». L'incarnation est une histoire d'alliance et de conversation, de génération en génération, suite des lecteurs et des témoins, jusqu'à nous. Elle nous appelle à la rencontre les uns des autres, dans la différence féconde des langues et des cultures. Elle s'élève contre une première force de désincarnation : la xénophobie.

Pour Maine Biran, qui a inspiré profondément Ricœur, l'incarnation est celle d'un moi qui se connaît d'abord comme force. Et si Biran en conclut que ce moi s'incarne d'abord comme voix, sa pensée ouvre à une incarnation qui soit aussi geste. Voilà de quoi penser les questions que posent le transhumanisme et l'homme augmenté, distinguant entre ce qui prolonge le moi-geste et l'incarne davantage et ce qui le défigure vers un moi désincarné, dangereusement détaché du corps et de son environnement, prêt à se tourner contre lui pour le soumettre.

19 Voir *Le geste du pardon, Parcours en débat avec Paul Ricœur*, Paris, Kimé, 2014 et *Le pardon ou la victime relevée*, Paris, Salvator, 2019.

En ce point, Ricœur et Maine Biran se tiennent côte à côte : voix et texte d'un côté, voix et geste de l'autre. De l'un à l'autre, nous proposons de penser l'incarnation comme dans un carré – image de l'humain commune à l'Europe et à la Chine – dont les côtés sont la voix et le geste, les textes et les rites. Au centre se joue l'incarnation en son origine et en sa dynamique vivante, émergeant d'une faille commune à la voix et au geste, faille où l'autre est accueilli et espéré. C'est à ce point que se situe la double expérience du pardon, qui rend possible l'incarnation malgré le mensonge et la blessure, et de l'enfantement, mais c'est une autre histoire, pour laquelle je suis heureux de laisser place à Clarisse Picard, que je remercie encore pour l'organisation, avec Élodie Boublil, de ce beau colloque.

Guilhem Causse
Centre Sèvres –
Facultés jésuites de Paris

# INCARNATION ET INDIVIDUATION À L'ÉPREUVE DE L'ENFANTEMENT

« Husserl, dans un texte de juillet 1935[1] tout à fait remarquable, reprend la question de la naissance transcendantale, afin de décrire le champ de l'éveil originaire[2]. » Il y décrit comment l'enfant originaire, dans l'accouplement de sa chair avec celle de sa mère, passe de la pure réceptivité à une vie dans le monde. Ces analyses décisives nous ont permis de mieux percevoir comment l'enfant s'incarne et s'individue au sein de la relation originaire de chair à chair avec sa mère. Cependant, il semble que nous n'ayons pas encore pensé le fait que, corrélativement, une femme qui donne naissance[3] s'incarne et s'individue aussi dans la relation charnelle avec son enfant, quoique de façon asymétrique.

Cherchant les moyens de cet éclaircissement, ma thèse de doctorat[4] (Centre Sèvres, 2018) inaugure une phénoménologie de l'enfantement : j'y fais apparaître que l'enfantement prend essentiellement, pour une femme qui donne naissance, le sens d'une expérience d'individuation de soi. Je le montre en mettant en pratique l'attitude propre à la phénoménologie

---

1 Edmund Husserl, « L'enfant. La première *Einfühlung* (juillet 1935) », *Hua. T. XV*, appendice XLV, p. 604-606, trad. N. Depraz, dans *Naître et mourir*, revue *Alter* n° 1/1993, p. 265-269.

2 *Cf.* note 2, p. 144 : « XV, appendice XLV intitulé "L'enfant. La première intropathie" » dans Emmanuel Housset, *Personne et sujet selon Husserl*, Paris, Puf, coll. « Épiméthée », 1997, p. 144.

3 *Cf.* Nathalie Depraz, « Naître à soi-même », dans *Naître et mourir*, revue *Alter*, n° 1/1993, p. 81-105. Cet article a eu pour ma propre recherche une valeur programmatique. En effet, N. Depraz y décrit « ce qui pourrait valoir à titre de prolégomènes à une philosophie de la naissance » en indiquant la possibilité de penser le sens de la naissance du point de vue de la femme qui donne naissance, sans pour autant en développer les spécificités et le sens. C'est ici précisément que s'engage ma propre recherche pour une phénoménologie de l'enfantement, qui se donne pour tâche d'expliciter le sens de l'acte de donner naissance à un enfant du point de vue de la femme qui enfante.

4 *Cf.* Clarisse Picard, *Individuation de la femme à l'épreuve de l'enfantement. Quatre méditations sur la mère*, thèse de doctorat, préparée sous la direction d'A. Cugno, soutenue le 28 septembre 2018 au Centre Sèvres – Facultés jésuites de Paris, à paraître.

dite statique[5], approfondie par la phénoménologie génétique[6]. Or la phénoménologie génétique permet justement de porter plus loin l'analyse et de donner à voir en quoi l'enfantement prend, pour une femme, certes le sens d'une expérience d'individuation, mais aussi intrinsèquement d'incarnation. C'est ce travail de reprise et d'approfondissement que je propose de présenter à l'occasion de notre présent colloque « Incarnation ».

À ce titre, il est intéressant de remarquer que, pour Husserl lui-même, au tournant des années 1920, le problème de l'individuation s'approfondit comme problème de l'incarnation, dans ce passage de la phénoménologie statique à la phénoménologie génétique. L'un des enjeux de cet approfondissement est de montrer l'intrication originaire de l'individuation et de l'incarnation dans le processus de notre devenir humain, défini par Husserl comme *l'unité d'un développement, une genèse au sens précis*[7]. À cette fin, Husserl infléchit sa méthode : la phénoménologie statique avait pour tâche de décrire la structure de l'apparaître et le type d'intentionnalité qui est à l'œuvre dans la corrélation du sujet connaissant et de l'objet connu, dont le phénomène ainsi apparaissant est l'objectivité de l'objet qui prend sens pour le sujet, tandis que la phénoménologie génétique a pour tâche de décrire la structure de l'apparaître et le type d'intentionnalité qui est à l'œuvre dans la corrélation du sujet et de ses actes de conscience appréhendés en leur genèse, dont le phénomène ainsi apparaissant est, non plus seulement l'objectivité de l'objet ou du monde ainsi constituée, mais le sujet lui-même tel qu'il s'apparaît à lui-même dans ses actes. Husserl parle alors de *donation à soi*, de *devenir soi-même* ou encore d'*individuation.*

Or le phénomène de la *donation à soi* permet de montrer que le problème de l'individuation se précise comme problème de l'incarnation au moins de deux manières. D'une part, parce que la réduction phénoménologique (*épochè*) qui reconduit le sujet à la genèse de ses actes de

5 *Cf.* (*Hua III*, 1) *Idées directrices pour une phénoménologie et une philosophie phénoménologique pures*, Tome I : *Introduction générale à la phénoménologie pure* [1913], trad. P. Ricœur, Paris, Gallimard, coll. « Tel », 1950.

6 *Cf.* (*Hua XIII, XIV, XV*) *Sur l'intersubjectivité* II [1905-1935, publ. 1973], trad. N. Depraz, Paris, Puf, coll. « Épiméthée », 2001 ; (*Hua VIII*) *Philosophie première*, Tome II : *Théorie de la réduction phénoménologique* [1923-1924, publ. 1959], trad. A. L. Kelkel, Paris, Puf, coll. « Épiméthée », 1972, rééd. 1990 ; (*Hua XI*) *De la synthèse passive : logique transcendantale et constitutions originaires* [1918-1926, publ. 1966], trad. B. Bégout et J. Kessler ; avec la collab. de N. Depraz et M. Richir, Grenoble, J. Millon, 1998.

7 *Cf.* E. Husserl, (*Hua XIII, XIV, XV*) *Sur l'intersubjectivité* II, *op. cit.*, p. 458.

conscience fait apparaître que « *dans tout [ce] processus de donation de sens en progrès, ce sont les* data *hylétiques qui fonctionnent comme noyau originaire*[8] », si bien que le problème de l'individuation s'approfondit comme celui de l'intrication originaire de la conscience constituante ou individuante et de la chair primordiale (*hylé*) qui, en tant que matière affective, affecte la conscience de manière originellement passive. D'autre part, parce que la réduction qui reconduit le sujet à la genèse de sa pure subjectivité fait aussi apparaître l'intrication primordiale du « *devenir soi-même* » et du « *devenir en relation*[9] », au point que le problème de l'individuation s'approfondit comme celui du rapport vivant de la subjectivité transcendantale incarnée à l'expérience incarnée de la présence d'autrui et interroge, par là même, la place et le rôle de la corporéité, de l'affectivité et de la passivité dans la donation à soi. À partir de ces définitions et problèmes, la phénoménologie génétique se donne ainsi pour tâche de décrire la structure de l'apparaître, le type d'intentionnalité qui est à l'œuvre et le rôle de l'intersubjectivité dans la *donation à soi* unifiée et incarnée. Ce faisant, nous rencontrons, au fondement de ces processus, la question du désir, de la pulsion, voire de l'inconscient, mais aussi de la *hylé* définie comme matière affective, chair primordiale kinesthésique, « point source[10] » de toute individuation et de toute incarnation, dont Husserl forme « *l'hypothèse* selon laquelle la *hylé* aurait son fond en Dieu[11] ».

Ces problèmes spécifiques à la phénoménologie génétique ne peuvent cependant trouver d'éclaircissement possible *in abstracto*, en dehors de l'un de ses cheminements concrets[12]. C'est pourquoi, afin d'éclaircir ces problèmes, nous prendrons, au titre de l'un de ses cheminements concrets, la ressaisie phénoménologique de l'expérience de l'enfantement, du point de vue de la subjectivité maternelle donnée en sa genèse. Expérience de l'enfantement que je définis comme le fait, pour une femme, de donner naissance à un enfant, dont l'accouchement est le moment

8 *Ibid.*, p. 506.

9 *Ibid.*, p. 561.

10 E. Husserl, (*Hua X*) *Leçons pour une phénoménologie de la conscience intime du temps* [1904-1905, pub. 1928], trad. H. Dussort, Paris, Puf, coll. « Épiméthée », 1964, rééd. 1992, § 20, p. 42.

11 N. Depraz, « L'incarnation phénoménologique, un problème non théologique ? », *Tijdschrift Voor Filosofie*, vol. 55, n° 3, 1993, p. 496-518. *JSTOR*, « www.jstor.org/stable/40886883 (consulté le 30 août 2019) », p. 507.

12 *Cf.* N. Depraz, *Husserl*, Paris, Armand Colin, coll. « Synthèse. Philosophie », 1999, p. 37.

paroxysmique, expérience cependant anticipée dès le désir d'enfant, qui se concrétise par la conception, prend forme durant la gestation et se prolonge après la naissance, au cours des premières semaines et premiers mois d'acquisition par l'enfant des repères spatiaux, puis temporels et enfin langagiers[13]. Si je choisis expressément de définir l'enfantement suivant cette temporalité, c'est parce que je forme l'hypothèse que l'enfantement ressaisi phénoménologiquement ne constitue pas seulement l'un des cheminements concrets de la phénoménologie génétique, mais, plus fondamentalement encore, que l'enfantement serait le *paradigme* de la phénoménologie transcendantale développée par Husserl. Hypothèse qui permet, d'une part, de voir en quoi le projet de la phénoménologie transcendantale se trouve précisé et approfondi par la redécouverte de l'expérience concrète qui l'inspire et, d'autre part, de s'emparer de la question du sens philosophique de l'enfantement qui reste, jusqu'à ce jour, un impensé de la tradition philosophique. Ma recherche vise ainsi une relance des problèmes spécifiques à la phénoménologie génétique, une meilleure connaissance du sens philosophique de l'enfantement du point de vue des femmes, ainsi qu'une mise en lumière des enjeux anthropologiques, éthiques et métaphysiques de la naissance dont nous n'avons peut-être pas encore pris toute la mesure pour penser le développement de notre humanité.

Afin de contribuer à ces éclaircissements, je ressaisirai donc le sens de l'enfantement du point de vue de la subjectivité maternelle à l'épreuve de l'enfantement, en suivant la méthode génétique, plus spécialement selon la voie de la psychologie[14]. À cette fin, je mettrai à profit les analyses empiriques de la psychiatrie et de la psychanalyse principalement développées dans le champ de la pédiatrie par Donald W. Winnicott[15]

13 *Cf.* N. Depraz, « Naître à soi-même », *op. cit.*, p. 96-97. La pertinence de cette définition de l'enfantement trouve un écho dans l'attention aux « 1 000 premiers jours » de la vie de l'enfant, qui ont fait l'objet d'une commission d'experts, lancée par le président de la République et présidée par le neuropsychiatre Boris Cyrulnik, afin de mieux connaître et prendre en charge le soin des bébés, des mères et des parents, pendant cette période décisive. Voir *Les 1 000 premiers jours. Là où tout commence*, Rapport de la commission des 1 000 premiers jours, septembre 2020 : « https://solidarites-sante.gouv.fr/IMG/pdf/rapport-1000-premiers-jours.pdf (consulté le 30 septembre 2020) ».

14 *Cf.* E. Husserl, (*Hua VIII*) Quatrième section « *Psychologie phénoménologique, phénoménologie transcendantale et philosophie phénoménologique* », dans *Philosophie première*, Tome II, *op. cit.*, p. 197-198.

15 Donald W. Winnicott (1896-1971), pédiatre, psychiatre et psychanalyste britannique.

et dans celui de la médecine périnatale par Monique Bydlowski[16]. À partir de ces descriptions cliniques, je ressaisirai leur sens dans une appréhension de la vie transcendantale pure, du point de vue de la subjectivité maternelle en sa genèse. Ce dialogue de la phénoménologie avec la psychiatrie et la psychanalyse en milieu périnatal et pédiatrique vise à affiner notre capacité descriptive, d'une part, et à voir en quoi les concepts d'individuation et d'incarnation s'en trouvent ainsi précisés, d'autre part. Pour cela, nous décrirons l'enfantement suivant sa temporalité mise en lumière par la psychiatrie et la psychanalyse, puis ressaisie dans l'attitude phénoménologique, soit dans l'unité d'un mouvement de désir et d'attente, de naissance et de re-naissance qui est une co-naissance.

## 1er MOMENT
## Désirer et attendre un enfant

### DÉSIRER UN ENFANT

Désirer un enfant, pour une femme et pour chacun des membres du couple engendrant, c'est être mû par une impulsion profonde dont les motifs sont complexes et ambivalents, « au carrefour de trois facteurs déterminants, au point de rencontre de l'impulsion psychique individuelle – le désir d'enfant plongeant ses racines dans l'inconscient de chacun –, de la physiologie de l'espèce et, enfin, du contexte historique et social[17] ». Désirer un enfant, c'est aussi être confronté aux mystères de la fécondité et de l'infécondité qui, aujourd'hui, trouvent dans la technique procréative une possible réponse. De ce point de vue, la particularité contemporaine du désir d'enfant est, sans doute, d'être pris dans les affres de la technique – procréative, gynécologique et obstétricale. Or le développement du discours technique dans l'espace collectif, relayé par des problématiques économiques et juridiques, contraste avec

---

16 Monique Bydlowski est psychiatre, psychanalyste, directeur honoraire de recherche à l'INSERM.

17 Monique Bydlowski, *Les enfants du désir. Destins de la fertilité*, Paris, Odile Jacob, 2008, p. 7.

l'absence de discours relatif à l'expérience subjective de l'enfantement, celle-là même du désir, de l'attente et de la naissance, du point de vue des femmes qui enfantent, ce que cherche à penser une compréhension philosophique de l'enfantement.

## ATTENDRE UN ENFANT

La gestation, en résonnance avec la nature, est un travail silencieux qui se déroule dans l'intimité du corps maternel. Il est vaguement perceptible par des sensations venues de l'intérieur et il est difficilement communicable. Il se traduit chez la femme enceinte par un état de détente, d'attente, voire d'ennui qui contraste avec le rythme de la vie active dans notre monde moderne : « À côté du temps biologique de l'embryogenèse qui se déroule jusqu'à maturité prend place le temps psychique du rêve, des rêveries diurnes et des réminiscences[18]. » Bydlowski s'est intéressée à ces contenus psychiques maternels pendant la grossesse, au cours d'une longue recherche et pratique en tant que psychanalyste dans une maternité hospitalière. L'originalité de sa recherche « consiste à étudier, pendant la grossesse de femmes psychiquement saines, cet espace qui est à la limite de l'intrapsychique et de l'intersubjectif[19]. Dans ce champ de recherche, l'enfant, en sa double présence et absence, est à la fois actuel et représentable uniquement par les éléments du passé[20] ». Éléments du passé qui se manifestent à la conscience chez la femme enceinte ou récemment accouchée en raison d'« un état psychique particulier, un état de susceptibilité ou de transparence psychique où des fragments de l'inconscient viennent à la conscience[21] ». Phénomène que Bydlowski décrit en créant le concept de « la transparence psychique de la grossesse[22] », qui paraît s'expliquer par « un double phénomène : d'une part, l'abaissement des résistances habituelles face au refoulé

18 M. Bydlowski, *Je rêve un enfant. L'expérience intérieure de la maternité*, Paris, Odile Jacob, coll. « Psychologie », p. 77.

19 *Cf.* M. Bydlowski, « La situation anthropologique de Jean Laplanche et le concept d'intersubjectivité dans le développement néonatal », dans *La séduction à l'origine, l'œuvre de Jean Laplanche*, Paris, Puf, 2016, p. 407-419.

20 M. Bydlowski, *La dette de vie. Itinéraire psychanalytique de la maternité*, Paris, Puf, coll. « Le fil rouge », 1997, p. 94.

21 *Ibid.*, p. 92.

22 M. Bydlowski, « La transparence psychique de la grossesse », *Études freudiennes*, 32, 1991, p. 2-9.

inconscient ; d'autre part, l'hyperinvestissement dont le nouvel objet psychique – l'enfant – est l'enjeu[23] ».

Cette saisie aperceptive de la vie psychique de la femme enceinte et l'analyse purement psychologique menée par Bydlowski m'intéressent particulièrement, car elles conduisent à une possible appréhension de la vie transcendantale pure et aux fonctions de l'analyse transcendantale[24]. Autrement dit, elles constituent le « tremplin[25] » pertinent pour une reprise phénoménologique des actes de conscience de la subjectivité maternelle à l'épreuve de l'enfantement et leur analyse transcendantale. Dès lors, quelle description phénoménologique nous est-il possible d'en faire ? Dans l'attitude naturelle, la femme[26] gravide vit un certain désinvestissement du monde et un attrait pour l'expérience intérieure de la maternité. Attitude qui se manifeste notamment dans le regard maternel, dont les peintres de la Renaissance[27] ont su capter la spécificité chez leurs jeunes modèles qui ont inspiré le regard prêté à Marie. Ce regard n'est pas dirigé vers l'enfant, mais vers l'intérieur d'elle-même, il est dirigé vers l'âme. Il est, selon Bydlowski, « le regard de la passion

23 M. Bydlowski, *La dette de vie…*, *op. cit.*, p. 97.

24 *Cf.* E. Husserl, (*Hua VIII*) *Philosophie première*, Tome II, *op. cit.*, p. 197-198.

25 Sur le « tremplin du mondain comme voie d'accès au transcendantal », voir N. Depraz, « Naître à soi-même », *op. cit.*, p. 89.

26 L'écriture phénoménologique à la troisième personne du singulier, ici du point de vue d'« une femme » ou de « la femme » ou d'« une mère » ou de « la mère », ne doit pas être entendue dans le sens d'une essentialisation de la femme ou de la mère. En effet, les descriptions phénoménologiques ne se donnent pas pour tâche de définir une essence de la femme ou de la mère, mais de décrire les structures invariantes des expériences vécues et, en premier lieu, celles des actes de conscience, ainsi que leur fondement et leur mouvement, qui, de ce fait, acquièrent une dimension potentielle d'universalité ; dimension potentielle d'universalité de l'expérience vécue que chaque lectrice/lecteur pourra mettre à l'épreuve de ses expériences singulières et ainsi en personnaliser le contenu, autrement dit le récit. Voir N. Depraz, *Écrire en phénoménologue, « une autre époque de l'écriture »*, Paris, Encre marine, 1999.

27 « Le regard maternel par excellence, celui qui est le plus fréquemment prêté aux Madones à l'époque de la Renaissance, est un regard oblique. Les yeux sont tournés à la fois vers le bas et en dehors, dans un mouvement qui dirige l'axe du regard vers le cœur. On observe ce regard sur les visages des Madones de Hans Memling (Fig. 2), de Jean Fouquet (Fig. 1), de Piero della Francesca, d'Antonio Vivarini, de Dierick Bouts et de bien d'autres. » M. Bydlowski, *Je rêve un enfant…*, *op. cit.*, p. 98. C'est aussi le regard que Léonard de Vinci prête au visage de la Vierge de *Étude pour la Sainte Anne : le visage de la Vierge* (1507-1510), choisie pour affiche de notre colloque « Incarnation », dessin conservé au Metropolitan Museum of Art de New York, qui se trouve à l'exposition *Léonard de Vinci (1452-1517)*, au Musée du Louvre, jusqu'au 24 février 2020.

intérieure[28] ». Détournant son regard du monde extérieur et le tournant vers elle-même, la parturiente se rend ainsi attentive à l'expérience singulière dont elle est le sujet : dans le *présent vivant* de sa conscience, les sensations du corps-de-chair interne, du fait de la gestation d'un enfant et de la transparence du psychisme, éveillent des fantasmes, des souvenirs et des réminiscences. Par une attention à ce qui se manifeste à la conscience, la femme enceinte est reconduite à la genèse de sa pure subjectivité, là où, dans la passivité originelle de sa conscience, l'affection[29] sensorielle et l'association[30] des souvenirs éveillent originairement un attrait croissant, une attention graduelle aux manifestations de la mémoire originaire. Ces souvenirs, d'abord simplement latents, puis de plus en plus conscients[31], ont le plus souvent à voir avec l'image intériorisée des soins maternels primaires reçus par le nourrisson que la jeune femme actuelle était dans le passé. Pour désigner l'image intériorisée des soins maternels précoces, Bydlowski emploie la formule métaphorique d'*objet interne*[32]. L'unité graduelle ainsi formée est d'une nature tout à fait unique et particulière, car il ne s'agit ni d'un objet du monde, ni de l'enfant réel dans le ventre de la mère, mais de l'enfant à naître uniquement représentable par des éléments de la genèse maternelle. En ce sens, ce phénomène indique que s'il y a bien une intersubjectivité à l'œuvre dans la psyché maternelle dès le temps du désir et de l'attente, celle-ci est d'une nature tout à fait paradoxale, puisque l'autre en moi (*ego*) n'est pas un autre moi (*alter ego*), mais un moi autre (l'*infans* [lat. sans parole]) que la femme était autrefois, antérieurement à l'acquisition du langage, recevant les premiers soins secourables et sécurisants.

Cette première description du temps du désir et de l'attente fait apparaître toute l'ambivalence de la passion maternelle, qui réside, sans doute, dans la nature paradoxale de l'*objet* psychique investi par la mère. Ambivalence de l'*objet* investi qu'il s'agira progressivement de dénouer afin que la mère reconnaisse l'enfant en tant que sujet existant pour lui-même, différencié de celui qu'elle était autrefois.

Ce temps du désir et de l'attente d'un enfant, vécu par la mère sur le mode d'un rehaussement de l'attention pour l'expérience intérieure de

28 M. Bydlowski, *Je rêve un enfant…*, *op. cit.*, p. 101-102.

29 *Ibid.*, p. 217-236.

30 E. Husserl, (*Hua XI*) *De la synthèse passive…*, *op. cit.*, p. 191-251.

31 *Ibid.*, p. 228-229.

32 M. Bydlowski, *La dette de vie…*, *op. cit.*, p. 99-100.

la maternité, est ressaisi dans une appréhension de la vie transcendantale pure comme *attention* phénoménologique. Cette attention naturelle, puis phénoménologique, pour la vie intérieure trouve sa genèse dans l'expérience affective, sensorielle et émotionnelle de la grossesse. Elle prend pour la femme enceinte le sens de la *passion intérieure*.

## 2e MOMENT
## Donner naissance

### DONNER NAISSANCE

Vient le moment où la femme doit enfanter. L'accouchement est vécu par nombre de femmes comme un véritable ébranlement somatique et psychique : somatique d'abord, car « toute femme est ébranlée par l'effraction et la dilatation, créées par le chemin que doit parcourir l'enfant qui naît. Cette commotion physique à elle seule est souvent prise pour le traumatisme essentiel, surtout s'il y a une manœuvre instrumentale[33] » ; psychique ensuite, parce que « chez la femme en train d'accoucher, l'angoisse l'emporte sur la douleur elle-même. L'angoisse est provoquée par l'afflux à la conscience de représentations habituellement maintenues inconscientes[34] ». Enfin vient le moment de l'expulsion :

> L'expulsion est certainement le moment suprême. Au terme d'une douleur inconnue, une sensation sexuelle fugace survient au passage vaginal d'un corps lisse et humide. Et le moment du passage donne une réalité au nouveau-né dont, malgré les discours de la raison, sa mère doutait encore. En quelques instants s'opère une transmutation radicale et magique : un ventre habité d'un mystère, des impressions sexuelles intermittentes se transforment en corps et visage uniques, un enfant[35].

Dans l'après-coup de cet ébranlement somatique et psychique, la femme se souvient de l'accouchement comme d'un moment d'une radicale *suspension* de soi, imagée par la métaphore d'une partie de son

33 M. Bydlowski, *Je rêve un enfant…*, *op. cit.*, p. 106.
34 *Ibid.*, p. 107.
35 *Ibid.*, p. 108-109.

propre corps qui « lève l'ancre comme un navire[36] ». L'état de sensibilité dû à la grossesse, exacerbé par l'effraction et la dilatation du corps qui accouche, suivi par l'expulsion du corps de l'autre de son propre corps, provoque chez la femme une impression de perte des limites temporelles et charnelles. La représentation intime du temps se fige comme en une suspension infinie. Le corps-de-chair interne est comme retourné en corps-de-chair externe, le dedans (*Innenleib*) est au-dehors, le dehors (*Aussenleib*) n'a plus de limite[37]. S'agit-il là de l'une « *des transformations qui abolissent notre "individualité", celle du moi*[38] » ? Il est raisonnable de le penser, car l'accouchement est vécu par la parturiente comme un moment de désincarnation au sens d'une perte des limites du corps propre et d'involution[39] de l'individuation au sens d'une *perte de soi* (*ipséité*). En ce sens, la femme qui donne naissance ne se perd-elle pas pour une part, voire irréductiblement[40] ?

L'accouchement, ainsi vécu par la mère sur le mode d'une radicale *suspension* de soi, est ressaisi dans une appréhension de la vie transcendantale pure comme *épochè* phénoménologique. L'accouchement, tout comme l'*épochè* phénoménologique, correspond à un moment de « déshumanisation dé-corporante[41] » et prend pour la femme le sens d'une *dé-naissance*.

36 M. Bydlowski, *Je rêve un enfant…*, *op. cit.*, p. 108.

37 *Cf.* Marc Richir, « Le problème de l'incarnation en phénoménologie », dans *L'Âme et le Corps – Philosophie et Psychiatrie*, M.-P. Haroche (dir.), Paris, Plon, 1990, p. 178-179.

38 E. Husserl, (Hua XIII, XIV, XV) *Sur l'intersubjectivité* II, *op. cit.*, p. 479.

39 J'emploie le terme « involution » dans le sens d'une régression, d'un retour à un état antérieur du développement.

40 *Cf.* N. Depraz, « Naître à soi-même », *op. cit.*, p. 97.

41 Dans le temps de la réflexion phénoménologique, l'accouchement, vécu sur le mode d'une radicale *suspension* de soi, prend, pour la femme, le sens d'une expérience de « déshumanisation dé-corporante », correspondance que nous reprenons à Eugène Fink, commenté par Nathalie Depraz : « La lecture finkéene est aussi phénoménologique à un second titre : comprenant en effet la réduction [l'acte de suspension ou *épochè* phénoménologique] comme dés-humanisation dé-corporante et la constitution comme ré-humanisation, c'est-à-dire comme ré-incorporation, Fink re-pose à sa manière le problème de l'incarnation phénoménologique, et lui apporte de surcroît une forme de réponse. » « Il n'y a donc incarnation phénoménologique que s'il y a prise en compte de ces deux mouvements de réduction et de constitution, soit de décorporation et de réincorporation. » Voir E. Fink, *Sixième méditation cartésienne*, trad. par N. Depraz, Paris, Vrin, 1994, cité et commenté par N. Depraz, « L'incarnation phénoménologique, un problème non théologique ? », *op. cit.*, p. 514 et 515.

## DÉPENDANCE TOTALE RÉCIPROQUE

Après l'acmé de la naissance, la femme pose son premier regard sur son enfant, c'est le moment d'une nouvelle rencontre. Le traumatisme de l'accouchement et la dimension sexuelle de la naissance sont activement refoulés et permettent à la mère d'accueillir son enfant. Cependant, malgré l'amnésie de la naissance, cette période postnatale est le moment d'« une particulière vulnérabilité pour la jeune mère[42] », moment du « blues de l'accouchée », voire d'une possible « dépression postnatale[43] ». Phénomènes qui sont mieux connus aujourd'hui et qui font l'objet d'une particulière vigilance de la part du personnel médical et de l'entourage de la jeune mère.

Or cet état de vulnérabilité dû à la naissance et à la transparence du psychisme, lorsqu'il ne devient pas signe de pathologie, est paradoxalement la condition de possibilité de « la préoccupation maternelle primaire[44] », définie par Winnicott comme la capacité de la mère à répondre le plus adéquatement possible aux besoins de son enfant, à savoir satisfaire ses besoins primaires, mais aussi lui donner « ce sentiment continu d'exister[45] ». Le premier langage entre la mère et l'enfant est celui du soin du corps, en deçà de toute verbalisation : « Le nourrisson et le soin maternel forment une unité. [...] au stade le plus primitif le nourrisson et les soins maternels dépendent l'un de l'autre et ne peuvent être démêlés[46]. » Au point que la relation maternelle primaire se caractérise par un état de *dépendance totale réciproque* de la mère et de l'enfant, quoique de façon asymétrique. L'enfant dépend des soins maternels, tandis que la mère s'identifie aux besoins de son enfant. Du point de vue de la mère, cette capacité d'identification aux besoins de son enfant relève d'une *« élaboration extrême[47] »* qui est au fondement de la sollicitude maternelle.

42 M. Bydlowski, *Je rêve un enfant...*, *op. cit.*, p. 135.

43 *Ibid.*, p. 136-137.

44 D. W. Winnicott, « La préoccupation maternelle primaire (1956) », dans *De la pédiatrie à la psychanalyse*, trad. Jeannine Kalmanovitch, Paris, Payot, 1969, p. 285-291 ; voir aussi, M. Bydlowski et B. Golse, « De la transparence psychique à la préoccupation maternelle primaire, une voie de l'objectivation », *Le carnet-psy*, 63, 2001, p. 30-33.

45 D. W. Winnicott, « La préoccupation maternelle primaire (1956) », dans *De la pédiatrie à la psychanalyse*, *op. cit.*, p. 289.

46 *Cf.* Le concept d'« *unité fonctionnelle bébé-soins maternels* » dans D. W. Winnicott, « La théorie de la relation parent-nourrisson (1960) », dans *De la pédiatrie à la psychanalyse*, *op. cit.*, p. 361.

47 *Ibid.*, p. 290.

Ressaisi dans une appréhension de la vie transcendantale pure, cet état de *dépendance totale réciproque* a la forme limite d'une *fusion des chairs*, qui rend la mère capable d'être sensible au *langage* de la chair encore indifférenciée. En ce sens, la mère est plus que jamais réceptive aux *data* hylétiques de la chair primordiale qui appartiennent à la sphère de la subjectivité de façon originellement passive[48], « point source » de toute perception sensorielle et émotionnelle, mais aussi « noyau originaire[49] » de toute donation de sens en progrès. Au point que la perception de ses données sensorielles qui appartiennent à la conscience de manière originellement passive sont, pour la mère, aussi bien la condition de sa sollicitude que, plus tard, la possibilité de son rétablissement.

En effet, dans ce temps de dépendance réciproque, si l'enfant a besoin des soins maternels, la mère perçoit qu'elle a tout autant besoin de lui pour se remettre de l'épreuve de la grossesse et de l'accouchement, vécus sur le mode d'une perte des limites du corps propre, voire d'une perte de soi. En effet, si la phénoménologie a montré « l'impossibilité eidétique pour la chair de l'enfant de se saisir sans la chair de la mère[50] », il y a, corrélativement, une impossibilité eidétique pour la chair de la mère de se ressaisir sans la chair de l'enfant. Parce que l'enfant appelle et n'attend pas, il l'oblige à se ressaisir comme corps-de-chair unifié et différencié, autrement dit à se ré-incorporer (ré-incorporation de la chair).

Cela dit, la seule relation charnelle à l'enfant ne suffit pas, car, pour se remettre de l'indifférenciation charnelle avec l'enfant, il faut aussi pour la femme un *alter ego*, soit le père, véritable partenaire de la mère, qui, par la manifestation charnelle et langagière de sa tendresse et de sa reconnaissance, la soutient et la contient dans ce temps de convalescence. La femme elle-même saisit intuitivement la nécessité de se remettre de cet état de dépendance totale avec son enfant, car si la chair maternelle ne venait limiter la chair enfantine et réciproquement, quoique de façon asymétrique, mère et enfant vivraient la vie de l'autre. Or, « sans cette proximité, coextensive de la distance de l'autre, "je", comme le pense

48 *Cf.* E. Husserl, (*Hua XIII, XIV, XV*) *Sur l'intersubjectivité* II, *op. cit.*, p. 472.

49 *Ibid.*, p. 506.

50 Emmanuel Housset, « Historicité de la chair et monde de la vie selon Husserl », *Kairos*, Revue de philosophie, Presses Universitaires du Mirail, n° 27, 2006, p. 25.

Husserl, serait fou[51] », d'où la nécessité vitale, pour l'enfant et pour la mère, de se différencier progressivement l'un de l'autre.

Ainsi, retenons que, dans les jours qui suivent l'accouchement, expérience limite de « déshumanisation dé-corporante », la mère s'apparaît à elle-même dans un état de grande vulnérabilité et sensibilité, au point qu'elle éprouve originairement dans sa chair les besoins de la chair enfantine. Cette disposition d'attention relève d'une « élaboration extrême », elle est la condition de la sollicitude maternelle pour son nourrisson. Cependant, la mère pressent aussi qu'elle devra « s'en remettre ensuite[52] », car si la chair maternelle ne venait limiter la chair enfantine et réciproquement, mère et enfant vivraient la vie de l'autre, ce qui serait folie. Dès lors, comment décrire ce nécessaire processus de différenciation psychosomatique et sa reprise phénoménologique ?

## 3e MOMENT
## Re-naître

### DÉPENDANCE RELATIVE

Dans l'horizon de cette nécessaire différenciation charnelle, les semaines et mois qui suivent la naissance se caractérisent par un « passage de l'état de dépendance totale à celui de *dépendance relative*[53] sur le mode le plus graduel possible[54] ». « La mère suffisamment bonne, ainsi

51 « [...] interrogeons-nous sur le sens phénoménologique qu'il y a dans l'institution de l'ipséité comme proximité à soi d'une vie que je vis au lieu de vivre celle des autres ou de l'Autre. Sans cette proximité, coextensive de la distance de l'autre, "je", comme le pense Husserl, serait fou. Qu'est-ce à dire sinon que *mon* ipséité passerait immédiatement dans celle de l'autre, c'est-à-dire, tout aussi immédiatement, dans celle de Dieu ? Donc que l'ipséité, remontant dans son abîme, deviendrait *anonyme*, et que la mienne tout autant que celle de l'autre y trouveraient *la mort*, la dissolution ? » M. Richir, « Le problème de l'incarnation en phénoménologie », *op. cit.*, p. 180.

52 D. W. Winnicott, « La préoccupation maternelle primaire (1956) », dans *De la pédiatrie à la psychanalyse*, *op. cit.*, p. 287.

53 Nous soulignons.

54 D. W. Winnicott, Préface : « La mère suffisamment bonne et l'enfant nécessairement seul », par Gisèle Harrus-Révidi dans *La mère suffisamment bonne*, Paris, Payot, 2006 (2006), p. 23.

que je l'ai définie, précise Winnicott, commence par témoigner d'une adaptation presque totale aux besoins de son bébé puis, avec le temps, cette adaptation se fait de moins en moins sentir, cette diminution étant fonction de la capacité croissante qu'acquiert l'enfant de faire face à la défaillance maternelle[55]. » Le terme de « défaillance » maternelle signifie ici, selon Winnicott, quelque chose d'aussi banal que le sevrage, nécessaire au développement de l'enfant et au retour de la mère à sa propre vie, non plus seulement maternelle, mais aussi conjugale et sociale. « L'érotisation muette de cet enfant attendu, le bébé intérieur, se retire progressivement, précise Bydlowski, au profit d'une resexualisation de la vie conjugale et sociale. Les femmes s'en souviennent difficilement lorsqu'elles en sont remises[56]. »

Cette dynamique de différenciation se réalise, pourrions-nous dire, par la marche de la mère[57] : la mère, par ses allées et venues associées à des actes de parole, ouvre, entre elle-même et son enfant, un espace de séparation et d'attente, que Winnicott nomme « *espace potentiel* entre le bébé et sa mère[58] ». Il s'agit d'une « aire intermédiaire d'*expérience* (*experiencing*) où la réalité intérieure et la vie extérieure contribuent l'une à l'autre au vécu[59] ». Cette troisième aire est un espace de jeu qui se remplit d'objets symboliques qui assurent, pour l'enfant, la présence de la mère en son absence. Il s'agit d'« objets transitionnels[60] » dont le premier objet est le fameux doudou. Or la possibilité de cet espace de jeu est aussi la condition de ce qu'Husserl nomme « la première intropathie[61] », c'est-à-dire la capacité de l'enfant à intérioriser en soi l'expérience de l'autre, en premier lieu de sa mère, et à la reconnaître en dehors de soi, comme autre que soi. Autrement dit, la première intropathie préside à la distinction de ce qui est moi (ipséité) et de ce qui est non-moi (altérité), par quoi l'enfant acquiert « la capacité d'être seul[62] », mais aussi, dans le

55 D. W. Winnicott, *Jeu et réalité*, trad. Claude Monod et J.-B. Pontalis, Paris, Gallimard, 1975 (1971), p. 43.

56 M. Bydlowski, *La dette de vie…*, *op. cit.*, p. 137.

57 *Cf.* E. Housset, *Personne et sujet selon Husserl*, Paris, Puf, coll. « Épiméthée », 1997, p. 148.

58 D. W. Winnicott, *Jeu et réalité*, *op. cit.*, p. 90.

59 D. W. Winnicott, « Objets transitionnels et phénomènes transitionnels. Une étude de la première possession non-moi (1951) », dans *De la pédiatrie à la psychanalyse*, *op. cit.*, p. 170.

60 D. W. Winnicott, *Jeu et réalité*, *op. cit.*, p. 32.

61 *Cf.* E. Husserl, « L'enfant. La première *Einfühlung* (juillet 1935) », *op. cit.*, p. 265-269.

62 *Cf.* D. W. Winnicott, « La capacité d'être seul (1958) », dans *De la pédiatrie à la psychanalyse*, *op. cit.*, p. 325-333.

même temps, constitue son corps propre, sa spatialité et sa temporalité, enfin, la possibilité de dire « je ». En ce sens, la constitution de cette « aire intermédiaire d'*expérience* (*experiencing*) » est la condition de l'éveil de la capacité de l'enfant à penser et à symboliser, au fondement de l'émergence du langage, puis de toute expérience culturelle à venir. Ce point est décisif pour la phénoménologie, car il fait apparaître le lien entre le processus d'incarnation (in-corporation de la chair) et l'entrée dans le monde de la symbolisation : la chair s'incarne en recevant sa limite d'une autre chair, et de cette unification qui est une différenciation naît la pensée[63]. En cela, la mère soutient l'entrée de l'enfant dans le monde de la symbolisation, domaine du langage et de la communication.

## LA CONVALESCENCE COMME RENAISSANCE

En soutenant l'enfant vers sa propre autonomie, la mère se déprend ainsi graduellement de lui par un retour à ses propres aspirations, autrement dit par une relance de sa vie intime et sociale. Ressaisi dans une appréhension de la vie transcendantale pure, c'est le moment d'une *redirection* de son attention vers la genèse de ses propres désirs, qui s'opère, comme Husserl permet de le penser, dans l'unité d'un double mouvement : « un *retrait* dans l'intérieur », vécu sur le mode d'un rassemblement temporel et spatial en soi-même, et « une *avancée* vers l'extérieur[64] », vécue sur le mode d'un réinvestissement de la vie conjugale et sociale.

> Tout se passe comme si l'incarnation était coextensive d'une "décrue" du fleuve du temps par laquelle l'ipséité se protège *d'elle-même et des autres* en s'enfouissant dans le lit d'un *Innenleib* (corps-de-chair interne) entouré d'un *Aussenleib* (corps-de-chair externe) lui-même ouvert au monde et entouré par lui. Il faut comprendre que, dans cette "décrue" du fleuve du temps, ce

---

63 *Cf.* note 17, p. 137 : « Traduisons ici le fragment 16 de Parménide placé en exergue : "Tel chaque fois se compose le mélange de la chair qui erre de tous côtés, ainsi la pensée apparaît en l'homme. Car c'est cela même qui pense chez les hommes, épanouissement de la chair, en tous et en chacun. Ce qui l'emporte constitue le pensé." », cité et trad. D. Franck, *Chair et corps. Sur la phénoménologie de Husserl*, Paris, Les Éditions de Minuit, coll. « Arguments », 1981, p. 137.

64 « Ce que Husserl pense comme l'objectivation du *Leib* est tout autant un *retrait* dans l'intérieur qu'une *avancée* vers l'extérieur, et c'est ce qui fait de l'*Aussenleib* leur moyen de communication, leur *médium intentionnel* en vertu duquel le monde lui-même est *sensé.* » M. Richir, « Le problème de l'incarnation en phénoménologie », *op. cit.*, p. 179.

> qui survient comme dehors qui lui est extérieur n'est pas un dehors brut et purement spatial [...], mais un dehors *sensé*[65].

Dans l'unité de ce double mouvement, la subjectivité maternelle s'incarne de nouveau (ré-incorporation de la chair), c'est-à-dire qu'elle s'unifie en soi-même tout en se différenciant du monde qui est un dehors *sensé* parce que tissé de relations intersubjectives.

Le temps de la convalescence, ainsi vécu par la mère dans l'unité d'un double mouvement de *retrait* dans l'intérieur (retour en soi-même) et d'*avancée* vers l'extérieur (relance de la vie conjugale et sociale), est ressaisi dans une appréhension de la vie transcendantale pure comme l'unité du double mouvement de *redirection* et de *constitution* phénoménologique. Il correspond à un moment de ré-humanisation, c'est-à-dire de ré-incorporation[66], qui prend pour la femme le sens d'une expérience de *re-naissance.*

## 4e MOMENT
## Co-naître

### TRANSFORMATION DU REGARD MATERNEL

Or, par cette différenciation charnelle, *le regard maternel se transforme*[67] : du point de vue maternel, l'investissement de l'*objet interne* s'efface au profit d'un retrait en soi-même et d'une avancée vers le monde ; la mère intériorise en soi (ipséité) la présence de l'enfant (altérité) et, ce faisant, elle est à même de différencier l'enfant qu'elle était autrefois de celui à qui elle a donné naissance et, désormais, de le reconnaître comme un sujet existant pour lui-même. En cela, l'expérience initiale d'un moi autre (*l'objet interne*) en soi-même était, pour la mère, la condition paradoxale d'une identification première à son enfant, puis de la possibilité

65 *Ibid.*, p. 178-179.

66 *Cf.* E. Fink, *Sixième méditation cartésienne*, trad. par N. Depraz, Vrin, 1994, cité et commenté par N. Depraz, « L'incarnation phénoménologique, un problème non théologique ? », *op. cit.*, p. 514 et 515.

67 *Cf.* D. W. Winnicott, *Jeu et réalité*, *op. cit.*, p. 203-214.

seconde de s'en différencier et de le reconnaître en tant qu'autre moi, sujet vivant et existant pour lui-même[68] (empathie). Et corrélativement, devons-nous aussi préciser, condition nécessaire de différenciation pour que la mère vive sa propre vie et non pas celle de son enfant.

L'expérience d'autrui à l'épreuve de l'enfantement confirme ainsi trois des affirmations fondamentales de la cinquième méditation des *Méditations cartésiennes* de Husserl, à savoir, d'une part, que *« l'autre, premier en soi* (le premier "non-moi[69]"), *c'est l'autre moi*[70] », ce que la psychologie de l'enfantement nomme l'*objet interne*, dont nous avons montré qu'il est la condition paradoxale de l'expérience de la présence incarnée d'autrui et, d'autre part, que si la chair reçoit bien sa limite d'une autre chair, « cette limite n'est pas extrinsèque à ma chair, au contraire, elle en procède[71] », ce que la psychologie décrit par le processus d'intériorisation et de différenciation de la présence de l'autre en soi (intropathie), qui est la condition également paradoxale de l'empathie. Enfin, l'expérience de la présence incarnée d'autrui ainsi explicitée est aussi la condition, pour Husserl, d'un passage capital de l'expérience transcendantale du moi (subjectivité) à la constitution de l'humanité en tant que communauté d'hommes et de femmes[72] et donc, pour la mère, de la possibilité d'une relance de sa vie conjugale et sociale.

La passion maternelle trouve ainsi sa possible résolution dans la transformation du *regard maternel*, initiée par le mouvement du désir, puis d'involution, enfin d'évolution du double processus d'incarnation et d'individuation, à l'épreuve de l'autre, dans cet espace qui est à la limite de l'intrapsychique et de l'intersubjectivité.

Nos descriptions ont montré que le mouvement de dés-humanisation décorporante, puis de ré-humanisation, c'est-à-dire de ré-incorporation de la subjectivité maternelle est, pour la mère, la condition première

68 « Tout comme j'existe pour moi-même, que je ne suis pas simplement un événement intentionnel dans la vie de connaissance d'autrui, à l'inverse, naturellement, l'Autre existe pour soi-même et n'est pas un simple événement dans ma vie de connaissance », dans E. Husserl, (*Hua VIII*) *Philosophie première*, Tome II, *op. cit.*, p. 255.

69 *Cf.* N. Depraz, *Transcendance et incarnation. Le statut de l'intersubjectivité comme altérité à soi chez Husserl*, Paris, Vrin, 1995, p. 239-295.

70 E. Husserl, § 49, dans (*Hua I*), *Méditations cartésiennes. Introduction à la phénoménologie* [1929, pub. 1931], trad. G. Peiffer et E. Lévinas, Paris, Vrin, 1947 (*MC*), p. 175, cité par D. Franck, *Chair et corps…*, *op. cit.*, p. 113.

71 *Ibid.*, p. 167.

72 *Cf.* E. Husserl, (*Hua I*), *Méditations cartésiennes…*, *op. cit.*, p. 175.

de l'identification à son enfant, puis seconde de la reconnaissance de son enfant existant pour lui-même. C'est ainsi que se dépassionne la passion maternelle[73].

## IDENTITÉ, ALTÉRITÉ ET ALTÉRATION

La traversée de l'enfantement s'achève ainsi pour la femme dans le retour à une vie intersubjective incarnée en vertu de laquelle le monde lui-même est *sensé* en tant que monde intersubjectif. Si l'on reprend les termes de Marc Richir, le moment de la renaissance sera, pour la femme, celui où l'individuation du corps propre ne fait qu'un avec son ipséité, ce qui la détermine dans son identité[74]. Autrement dit, il s'agit d'une unification de soi qui est une différenciation d'autrui et du monde, en tant que monde *sensé*, parce qu'intersubjectif. C'est le moment assumé de l'unité d'un double mouvement d'*accueil des données* et de *donation de sens*, donation de sens qui est *donation à soi* et *donation d'autrui* dans l'horizon d'un *monde sensé*. Moment, donc, pour la femme, du retour à la vie partagée dans un monde commun au sein de relations véritablement égologiques entre elle-même et l'enfant, le père, les autres membres de la famille, de la vie sociale, etc. Cependant, il ne s'agit pas d'un retour au même d'avant l'enfantement, car au terme de cette traversée, la mère se perçoit elle-même comme *le même moi qui s'est fait autre dans des altérités qui sont des altérations*[75].

Au terme de cette traversée, l'enfantement, vécu sur le mode d'une différenciation de soi et de l'enfant, est ressaisi dans une appréhension de la vie transcendantale pure comme *donation* phénoménologique. Il prend, pour la femme, le sens d'une *donation à soi et, corrélativement, de l'enfant*, sur fond d'une *donation du monde* comme monde *sensé* parce que tissé de relations intersubjectives.

73 Sur la passion maternelle, voir aussi : Julia Kristeva, « Être mère aujourd'hui », Colloque « Rêves de femmes », avec R. Frydman et M. Flis-Trèves, 21 et 22 octobre 2005 ; « La passion maternelle et le maternel séculier », Colloque « Avancées de la psychanalyse (1856-2006), Société Psychanalytique de Paris, le 18-19 novembre 2006.

74 « Dans nos termes, cela signifie que l'individuation du corps propre ici et maintenant ne fait qu'un avec son institution symbolique, c'est-à-dire tout autant avec celle de mon ipséité, de ce qui le détermine comme sujet ayant son identité, ce qui ne veut pas dire, ici, son concept – les déterminités symboliques ne "définissant" mon ipséité que très approximativement et très imparfaitement. » M. Richir, « Le problème de l'incarnation en phénoménologie », *op. cit.*, p. 169.

75 *Cf.* E. Husserl, *Sur l'intersubjectivité* II, *op. cit.*, p. 561.

Ce mouvement de dé-naissance et de re-naissance est le mouvement même de la *réduction* phénoménologique par lequel la mère donnant naissance *se perd* pour une part et, pourtant, naît à elle-même. Naître à soi-même, c'est toujours co-naître, autrement dit il s'agit d'une re-naissance qui est une reconnaissance de soi et de l'enfant.

## 5e MOMENT
## Le sens philosophique de l'enfantement

### L'ÉVIDENCE INTUITIVE

Dans une ultime ressaisie intuitive, la phénoménologie de l'enfantement fait clairement apparaître une correspondance troublante entre chaque moment vécu de l'enfantement et ceux de la méditation phénoménologique développée par Husserl. Tout d'abord, entre le temps du désir et de l'attente, et celui de l'*attention* phénoménologique ; puis, entre l'accouchement et la *réduction* (*épochè*), vécus tous deux sur le mode d'une dés-humanisation dé-corporante ; ensuite, entre la convalescence et l'unité du double mouvement de *redirection-constitution*, vécus sur le mode d'une ré-humanisation, c'est-à-dire d'une ré-incorporation ; enfin, entre la donation à soi et de l'enfant, sur fond de donation d'un monde sensé, et la *donation* phénoménologique. Cette suite de correspondances saisissantes, articulée autour du moment paroxysmique de l'accouchement, ressaisi comme *réduction* (*épochè*) phénoménologique, confirme notre hypothèse initiale : l'enfantement, ressaisi dans une appréhension de la vie transcendantale pure, n'est plus seulement l'un des cheminements concrets de la phénoménologie génétique ; il devient désormais légitime de penser que l'enfantement soit le *paradigme* de la phénoménologie transcendantale développée par Husserl. La phénoménologie reconnaît ainsi, dans l'enfantement, l'expérience concrète qui l'inspire, au moment même où l'enfantement accède à la rationalité philosophique et trouve son sens proprement phénoménologique.

Par cette suite de réflexions, l'enfantement prend, pour la femme, le sens d'une *donation à soi* et de l'enfant, dont j'ai essayé de décrire la genèse de l'apparaître dans le *présent vivant* de la subjectivité maternelle. En retour, la phénoménologie génétique husserlienne se trouve précisée et approfondie en tant qu'explicitation du devenir humain comme *l'unité d'un développement, d'une genèse au sens précis* où sont intrinsèquement et originairement unifiés les processus d'incarnation et d'individuation à l'épreuve de l'autre, dans cet espace qui est à la limite de l'intrapsychique et de l'intersubjectivité. Autrement dit, la phénoménologie génétique en tant que phénoménologie de l'enfantement explicite le processus de notre humanisation comme *l'unité d'un développement, d'une genèse* qui est *donation à soi* et d'autrui, dans l'horizon d'un monde *sensé*, selon un mouvement de naissance, de dé-naissance et de re-naissance qui est toujours une co-naissance.

## L'ORIGINAIRE

Plus précisément, si nous tournons notre regard vers la genèse des processus à l'œuvre dans la donation à soi, la corrélation du sujet et de ses actes saisis en leur genèse (ontologie) donne à voir la double structure de l'intentionnalité (dimension phénoménologique) : « l'intentionnalité objectivante de la perception interne[76] » (genèse active) et « une intentionnalité plus originaire[77] » (genèse passive), laquelle se nourrit de l'intensité affective des vécus. De ce point de vue, cette double intentionnalité fait apparaître une fondation plus originaire encore que la seule conscience constituante, à savoir une « archi-fondation », *hylé* ou matière affective (dimension métaphysique), chair primordiale qui, selon Husserl, fonctionne *comme noyau originaire de toute donation de sens en progrès*[78]. Plus encore, l'attention à la subjectivité maternelle en sa genèse révèle que lui appartiennent en propre et de manière originellement passive non seulement la chair primordiale (la *hylé*, qui aurait son fond en Dieu ?), mais aussi un *« soubassement obscur*[79] » composé de traits de caractère, d'*habitus*, voire de résurgences de l'inconscient, lesquels se manifestent dans « la machinerie des vécus[80] ». S'il en est ainsi, l'attention à la genèse des processus à l'œuvre nous reconduit à l'*originaire* de l'enfantement,

76 Élodie Boublil, *Individuation et vision du monde. Enquête sur l'héritage ontologique de la phénoménologie*, Bucarest, Zeta Books, 2014, p. 59.

77 *Ibid.*

78 *Cf.* E. Husserl, (*Hua XIII, XIV, XV*) *Sur l'intersubjectivité* II, *op. cit.*, p. 506.

79 E. Husserl, (*Hua IV*) *Idées directrices pour une phénoménologie et une philosophie phénoménologique pures*, Tome II : *Recherches phénoménologiques pour la constitution* [1912-1918, publ. 1952], trad. E. Escoubas, Paris, Puf, coll. « Épiméthée », 1982, p. 372.

80 *Ibid.*, p. 377.

tout comme des actes de conscience, où sont intrinsèquement liés la *hylé* (Dieu ?), les traits de caractère, les *habitus*, voire l'inconscient, et indique explicitement le sens métaphysique de la naissance.

## LA MÈRE PHILOSOPHE

Si nous tournons maintenant notre regard vers le constitué, soit vers la donation à soi de la femme à l'épreuve de l'enfantement, que voyons-nous ? La femme qui opère, ou pour qui nous avons opéré cette succession de réductions et de donations ainsi que leur ressaisie intuitive, acquiert son identité de *mère philosophe*, sujet de notre philosophie, nouvelle figure de la tradition philosophique. En effet, celle qui a ressaisi ou pour qui nous avons ressaisi phénoménologiquement l'unité de sens de l'enfantement constitue, dans le même temps, l'unité d'un développement, une genèse au sens précis. Si bien qu'au terme de la traversée, la femme devenue mère s'apparaît à elle-même profondément transformée : l'enfantement prend pour elle le sens d'une naissance à soi-même[81] (individuation) qui s'approfondit dans le sens d'une co-naissance de soi et de l'enfant (incarnation), co-naissance dont nous avons montré qu'il s'agit essentiellement d'une re-connaissance de soi et de l'enfant comme sujet existant pour eux-mêmes. Expérience qui se précise comme unification de soi et différenciation d'autrui, dans l'unité d'un double mouvement de *retrait* dans l'intérieur et d'*avancée* vers l'extérieur, lieu des relations intersubjectives. Ce qui confirme la proposition husserlienne de l'intrication primordiale du *« devenir soi-même »* et du *« devenir en relation »*. La *mère philosophe* est ainsi celle qui naît à elle-même en donnant naissance à un autre que soi, par différenciation de soi à partir d'un état premier d'indifférenciation, et qui, au terme de la traversée, en est profondément transformée.

## L'*A PRIORI* CORRÉLATIONNEL

L'expérience de l'intersubjectivité acquiert dès lors un rôle majeur dans la donation à soi et donne l'occasion d'un approfondissement du sens de la subjectivité selon la phénoménologie husserlienne. En effet, nous avons montré que l'unité du double mouvement d'involution et d'évolution de l'incarnation et de l'individuation initie une *transformation*

81 *Cf.* N. Depraz, « Naître à soi-même », *op. cit.*, p. 90.

*du regard maternel* qui soutient la co-naissance des sujets. Or la description de cette transformation permet de redéfinir la subjectivité en tant qu'espace qui est à la limite de l'intrapsychique et de l'intersubjectivité, où le dedans et le dehors participent l'un à l'autre. Cette définition met en lumière le rôle fondamental de l'expérience de l'altérité en soi-même (moi autre) au fondement de l'expérience de l'altérité à soi (autre moi), autrement dit de la possibilité d'une reconnaissance réciproque entre mère et enfant, quoique de façon asymétrique, en tant que sujets à la fois reliés et pourtant différenciés. C'est ainsi qu'à l'épreuve de l'altérité, l'auto-aperception passe par des auto-altérations[82], et la femme peut ainsi affirmer : je suis *le même moi qui s'est fait autre dans des altérités qui sont des altérations*[83]. La donation à soi à l'épreuve de l'enfantement donne ainsi à repenser le principe de l'*a priori* corrélationnel en phénoménologie, non plus entre le sujet et le monde, mais entre le sujet et autrui dans cet espace qui est à la limite de l'intrapsychique et de l'intersubjectivité, au fondement de la co-donation à soi et d'autrui. La phénoménologie de l'enfantement décrit ainsi la manière dont les êtres humains naissent à eux-mêmes, non pas du monde (*physis*), mais d'un corps-de-chair humain de sexe féminin, dont ils sont d'abord totalement dépendants avant de s'en différencier, puis de s'en séparer.

## CONCLUSION

Pour conclure, retenons que l'enfantement prend, pour la femme, le sens d'une expérience philosophique d'individuation et d'incarnation de soi à l'épreuve de l'autre, dans cet espace qui est à la limite de l'intrapsychique et de l'intersubjectivité, dans l'unité d'un double mouvement d'involution et d'évolution, vécu successivement sur le mode du désir et de l'attente, de la naissance et de la re-naissance qui est une co-naissance de soi et de l'enfant. Ce faisant, l'enfantement devient non seulement un *thème* pour la philosophie, mais il est désormais reconnu comme le *paradigme* de la phénoménologie transcendantale, dont la

82 E. Husserl, (*Hua XIII, XIV, XV*) *Sur l'intersubjectivité* II, *op. cit.*, p. 564.

83 *Ibid.*, p. 561.

femme est le sujet en tant que mère. Par ces réflexions, nous avons créé un nouveau personnage[84] de la tradition philosophique : *la mère philosophe*. Elle est le sujet pour qui nous avons opéré la réduction et par qui la ressaisie intuitive du sens de ses vécus a fait apparaître la structure invariante de l'expérience de l'enfantement ainsi que son mouvement, autrement dit son essence. Structure et sens à partir desquels chaque femme pourra interroger et penser ses propres vécus d'enfantement. Car si la naissance est une expérience universelle, elle n'en demeure pas moins, à chaque fois, une épreuve singulière. Plus encore, ayant fait apparaître la structure proprement phénoménologique et les enjeux existentiels de l'enfantement, notamment dans leurs dimensions charnelle et intersubjective, nous espérons contribuer à approfondir les réflexions au sein des débats contemporains relatifs à la naissance et, plus largement, à renouveler une anthropologie de la personne comme *genèse* : en quoi et jusqu'où l'enfantement ainsi défini serait-il à même de donner à penser les conditions d'une *éthique de la natalité* comprise comme capacité des sujets à naître à soi-même en donnant naissance au sein de relations incarnées et différenciées ?

Clarisse PICARD
Centre Sèvres –
Facultés jésuites de Paris

84 *Cf.* Gilles Deleuze et Félix Guattari, « 3. Les personnages conceptuels », dans *Qu'est-ce que la philosophie*, Paris, Les Éditions de Minuit, 2005 (1991), p. 63-85.

# LA CHAIR INCOMPRÉHENSIBLE

## Actualité de Grégoire de Nysse

### QU'ENTENDRONS-NOUS PAR « ACTUALITÉ » ?

Le mot « actualité » possède, certes, de nombreuses nuances. Deux significations principales semblent pourtant inclure les autres. Selon la première de ces significations, « actualité » exprime ce qui concerne notre temps, selon la seconde (plus fréquente en philosophie), ce mot annonce ce qui est en acte *par opposition à* ce qui est en puissance. C'est en ce dernier sens que nous proposons d'entendre l'actualité de Grégoire de Nysse.

L'intérêt de la philosophie pour le Père cappadocien n'est pas récent. Il suffit de songer à Jean Daniélou, tout spécialement à *L'Être et le temps chez Grégoire de Nysse*[1] ou à l'ouvrage du théologien Hans Urs von Balthasar *Présence et pensée. Essai sur la philosophie religieuse de Grégoire de Nysse*[2] pour comprendre à quel point ce Père s'est retrouvé au centre des débats de la théologie, comme de la philosophie au XX^e^ siècle. Pourtant, sans ignorer ces ouvrages et d'autres qui ont été consacrés au Nysséen, rien ne nous empêche de relire une partie de son œuvre, non seulement à la lumière des questions doctrinales (dont Daniélou et von Balthasar se sont occupés), mais aussi en nous interrogeant sur le rôle du Nysséen dans le domaine de la *prote filosofia*, de la philosophie première. Si celle-ci, selon Aristote, est la théologie, à quoi correspondrait-elle dans le contexte platonicien, ou mieux encore néoplatonicien, de Grégoire de Nysse ?

C'est en répondant à cette question que nous souhaitons montrer l'actualité de Grégoire de Nysse. Ce dernier a, en effet, centré sa réflexion

1 Jean Daniélou, *L'Être et le temps chez Grégoire de Nysse*, Leyden, Brill, 1970.
2 Hans Urs von Balthasar, *Présence et pensée. Essai sur la philosophie religieuse de Grégoire de Nysse*, Paris, Beauchesne, 1942.

sur l'actualité vivante de ce qui est « premier », et donc dernier, pour tout homme, en tout temps. Pour ce faire, nous questionnerons la façon dont le Père cappadocien amorce un questionnement portant sur une « philosophie première » qui ne *coïncide* pas avec la « science de l'être » ou la « science de la substance divine » telle qu'Aristote l'avait développée. Cette non-coïncidence ne résulte pas d'un désaveu de Grégoire de Nysse à l'égard de l'œuvre du Stagirite, mais elle résulte du chemin que le Père cappadocien parcourt, notamment comme nous le montrerons en ces pages, en ce qui concerne son analyse de la notion d'« actualité ». Notre hypothèse est la suivante : cette actualité vient de la « source » à partir de laquelle le Nysséen développe son œuvre, c'est-à-dire l'incarnation du Christ. Or qu'est-ce que l'incarnation apporte à la philosophie, et comment l'euristique qu'elle inaugure s'exerce et se déploie à partir de l'œuvre du Nysséen ?

## IN-COMPRÉHENSIBLE, IN-CONNAISSABLE
### Les voies in-explorées de la pensée

La question que nous venons de poser, avant d'être adressée à Grégoire de Nysse pourrait l'être à Denys l'Aréopagite qui, bien avant le Nysséen, a réfléchi à partir de l'incarnation.

Dans le premier chapitre du recueil *Les noms divins*, Denys écrit qu'à propos de Dieu, on ne peut pas se rallier aux « discours persuasifs que la sagesse humaine élabore ». En effet, c'est plutôt la *dynamis* elle-même de l'Esprit qui rend cette connaissance *possible*, car lorsqu'il s'agit de la divinité supra-substantielle, toute connaissance ou activité rationnelle est suspendue. Seules les Écritures nous donnent la connaissance la plus haute au sujet de la divinité. Si, d'une part, « les choses divines se révèlent et se montrent selon la mesure de l'intelligence de chacun[3] », d'autre part, « la bonté du principe divin, par sa justice qui sauve, sépare, suivant une modalité et une façon qui conviennent à la Divinité, l'incommensurabilité, en tant que phénomène qu'on ne

3 Denys l'Aréopagite, *Noms divins*, I, 1. 6588 A.

peut pas comprendre, des choses qui possèdent une mesure[4] ». Seules les Écritures nous apprennent cette incommensurabilité. En grec, les Écritures se disent *theologhia*. Quelques lignes après, Denys remarque que « les choses intelligibles demeurent incompréhensibles[5] », car ce qui est intelligible dépasse toutes les possibilités de l'entendement.

Ce qu'on vient de dire à propos des choses intelligibles vaut aussi pour le Bien, qui est au-delà de toute parole et pensée sans pourtant être incommunicable, car « le rayon suprasubstantiel brille en lui, le faisant reluire par la bonté grâce à des illuminations convenables à chacun des êtres et excitant les intelligences sacrées vers sa contemplation[6] ». Le Bien suscite le discours qui le concerne et, tout spécialement, qui concerne Dieu, dont il est un des noms. Pourtant, le Bien ainsi que les autres noms en même temps conviennent et ne conviennent pas à Dieu, car « aucun nom ne convient à la Cause de toute chose (parce que) cette Cause les dépasse toutes ; et pourtant, à cette Cause conviennent tous les noms afin qu'elle soit la reine de tout ce qui est et afin que toute chose gravite tout autour d'elle et que dépend d'elle en tant qu'elle en est la cause, le principe et la fin[7] ». Ainsi, Dieu se dit et se dédit en même temps par les différents noms que lui-même suscite. Par ce « dire et dédire » que les voies différentes de la nomination découvrent, chaque nom divin révèle ce qui se garde en lui, à savoir cette surabondance de la suprasubstance divine demeurant en chaque nom de Dieu – en vertu de laquelle chaque nom prononcé n'est jamais le dernier. Or cette nomination nous met en présence d'un « double mouvement » d'oscillation entre « dire et dédire » dont la surabondance de la suprasubstance est la condition de possibilité. Même si la pensée ne peut qu'échouer quand elle cherche à comprendre cette suprasubstance, à chaque fois qu'un nom divin se prononce, un trait de cette surabondance se donne.

Par conséquent, cet échec n'implique pas qu'on ne puisse rien comprendre de la suprasubstance divine, car la surabondance de celle-ci est bel et bien ce que la pensée explore à chaque fois qu'elle est mise en condition de le faire. C'est en ce sens que nous proposons d'analyser l'incompréhensibilité ainsi que l'inconnaissabilité de cette surabondance :

---

4 *Idem.*
5 Denys l'Aréopagite, *Noms divins*, *op. cit.* I, 1. 7 588 B.
6 *Ibid.*, I, 2. 10 588 C-D.
7 *Ibid.*, I, 7. 26 596 C.

le préfixe « in » n'annonce pas ce qui condamne toute pensée à l'échec, mais il signale l'écart positif que la *surabondance* trace dans le nom pour se laisser prononcer et, pour ainsi dire, « trouver ». C'est cet incompréhensible qu'Augustin d'Hippone visait dans le *De Trinitate* (XV, 2) :

> Or, si en le cherchant, on le trouve, pourquoi nous dit-on : "Cherchez sans cesse sa présence ?" Serait-ce qu'il faut encore le chercher quand on l'a trouvé ? En effet, c'est ainsi qu'il faut chercher les choses incompréhensibles, et ne pas s'imaginer qu'on n'a rien trouvé, quand on a pu découvrir combien ce qu'on cherchait est incompréhensible. Pourquoi cherche-t-on ce que l'on sait être incompréhensible, sinon parce qu'il ne faut jamais cesser la recherche des choses incompréhensibles tant qu'elle est profitable, et qu'on devient toujours meilleur en cherchant un bien si grand, qui est toujours à trouver quand on le cherche, et toujours à chercher quand on le trouve ? car on le cherche pour goûter plus de joie à le trouver, et on le trouve pour avoir plus d'ardeur à le chercher.

Ces lignes nous annoncent qu'il y a un incompréhensible, un inconnaissable, un inexploré censé inaugurer une voie de la connaissance autre que celle que l'entendement occasionne : à chaque fois que notre recherche s'oriente vers ce qui dépasse l'esprit, nous n'avons pas à nous taire parce que « les mots nous manquent », mais nous avons à accueillir la surabondance qui en ces cas se donne en nous contraignant à « dire et dédire » ce qui dépasse la pensée. Cependant, qu'est-ce que cette surabondance incompréhensible, caractérisant d'abord et foncièrement l'incarnation, donne à la philosophie ? Et quelle est l'euristique que l'incarnation inaugure ?

## L'INCOMPRÉHENSIBLE QUI FAIT COMPRENDRE

Grâce à Augustin et d'abord à Denys, nous avons abouti à un premier point décisif dans notre parcours : l'incompréhensible n'est pas ce qui fait échouer la compréhension, mais plutôt ce qui l'ouvre à sa possibilité la plus authentique, à savoir sa possibilité de comprendre « plus et autrement », amorçant ainsi une nouvelle euristique. Et pourtant, de quelle euristique s'agit-il ? Il s'agira d'une « euristique de la chair », car la chair est bel et bien le noyau vivant de l'incarnation. D'ailleurs, les auteurs jusqu'ici mentionnés ont philosophé à partir de l'incarnation du Christ. D'une part, le mot « incarnation » renvoie au *Logos egeneito* johannique, d'autre part, il vise aussi chaque chair finie et donc cette chair qui est la nôtre et à partir de laquelle nous nous interrogeons au sujet de l'incompréhensible. Cependant, au moment où nous assumons la chair en tant que clé de lecture, se montre aussi la différence entre la nomination de Dieu que Denys propose et la voie théologico-philosophique que Grégoire de Nysse a parcourue, ainsi que le montre l'interprétation spirituelle de la vie de Moïse que les deux auteurs ont proposée.

Dans le *Traité sur la Théologie mystique*, que Denys compose dans le but de monter vers « la trinité très divine et très bonne », ce dernier s'inspire, au cours de sa description, de Moïse lorsqu'il se sépare du peuple et se purifie afin d'être digne d'apparaître en face de Dieu. À propos de l'épreuve dont le Patriarche fait l'expérience, Denys écrit : « (Moïse) s'arrache du monde sensible afin d'avancer dans le brouillard de l'ignorance, où toute perception de la connaissance se tait et où (il) adhère totalement à Celui qui n'est qu'impalpable et invisible[8]. » En décrivant cette libération et cette montée vers Dieu, Denys ne mentionne jamais l'incarnation, contrairement à ce que Grégoire de Nysse fait dans sa *Vie de Moïse*.

Au sujet de l'ascension que Moïse accomplit en se dirigeant vers le sommet du Sinaï, le Père cappadocien remarque que, pendant cette montée, le Patriarche se trouve entouré par les ténèbres qui ne sont rien d'autre que le Dieu inconnaissable. Dieu lui-même lui dira comment bâtir sa demeure, à savoir la tente où le « Saint des Saints » demeurera. Or cette tente est une « demeure éternelle qui n'a pas été faite de main d'homme[9] » et qui, selon Grégoire, symbolise le Christ, « le Dieu unique rassemblant en soi l'univers[10] ». Si, selon Denys, le chemin de Moïse vers Dieu ne demande pas de médiateurs, selon l'interprétation de Grégoire de Nysse, l'union mystique de l'homme et de Dieu demande la médiation de la tente/demeure, qui se donne par l'Incarnation. L'Incarnation permet donc à l'incompréhensible de devenir compréhensible parce que,

8 Denys l'Aréopagite, *Théologie mystique*, I, 3 1001 A.
9 *Cf.* saint Paul 2 Corinthiens 5.
10 Grégoire de Nysse, *La Vie de Moïse*, 28. 175.

si Dieu n'avait pas pris chair, aucune médiation ne se serait donnée et donc aucune sortie des ténèbres n'aurait été possible.

Selon Grégoire de Nysse, c'est bel et bien la chair (élément de médiation entre le Christ et l'homme) qui rend possible une connaissance et une compréhension autres que celles dont la pensée est capable. Car tandis que la pensée discerne et com-prend (c'est-à-dire *in-clut*) en objectivant ce qu'elle connaît, la chair comprend en suivant d'autres chemins, ainsi que l'interprétation spirituelle des épisodes de la vie du Patriarche le montre. En effet, Moïse est celui qui refuse la fausse parentèle avec la Reine d'Égypte, il est celui qui assiste à la mort des Égyptiens, qui monte vers le sommet du Sinaï, qui apaise la colère de Dieu et qui l'implore de ne pas juger son peuple selon une mesure « humaine », mais à l'aune de la démesure divine que le Christ achèvera par sa chair. Cette interprétation spirituelle des événements de la vie de Moïse est ce que nous proposons d'entendre comme « euristique de l'incarnation » – car c'est bien l'incarnation qui déclenche cette compréhension incompréhensible de la vie de Moïse.

Le fait qu'il s'agisse d'une compréhension qui s'avère par l'incompréhensible est attesté par le fait que le Patriarche vit son expérience avec son peuple en étant à la fois lui-même (et donc le Moïse que les Juifs avaient connu en Égypte) et autre que lui-même, car son visage rayonne de la gloire de Dieu. Au peuple qui l'invective à cause de la dureté de l'Exode, il répond par la réponse qu'un Autre lui donne à prononcer. Un Autre qu'il suit non parce qu'il était à sa recherche, mais parce que, d'abord, il a été appelé par Lui et par sa Beauté libératrice à laquelle pourtant sa vie aspirait. Or le mot grec que Grégoire utilise pour parler de cette Beauté ou de ce Beau est *Kalon* qui, ainsi que Platon le dit dans son *Cratyle*, partage sa racine avec *kalein*, appeler. Par cette racine commune, le Beau est censé nous appeler (et donc nous attirer) en nous envoyant *ailleurs* que là où nous demeurons (dans le cas de Moïse, de l'Égypte à la terre promise), en nous révélant ainsi une « mesure » autre que la nôtre et à laquelle nous n'aurions même pas songé si elle ne nous avait appelés la première.

C'est par cet appel que, chez Moïse, un désir nouveau prend forme, à savoir ce désir « d'aboutir à ce qui est encore caché. C'est pourquoi lui qui est amoureux du beau accueille en soi ce qui à chaque fois ne se montre à lui que comme image de ce qu'il désire[11] », et ce que Moïse désire est de voir le visage de Dieu. Cette vision serait impossible à l'homme si

11 *Ibid.*, 37. 231.

Dieu lui-même ne l'octroyait, ce que Dieu fait d'abord en l'appelant depuis le buisson ardent, ensuite en lui demandant de monter sur le sommet du Sinaï où finalement la démesure de la vie divine entrecroise la limite humaine. Tantôt le buisson, tantôt la montagne sont deux « médiateurs » par lesquels le Dieu-Beau (*kalon*) appelle (*kalein*), afin que Moïse (et donc tout homme) entreprenne des chemins qui, avant cet appel, étaient inouïs et qui (le) conduiront au rocher que Dieu a choisi pour sa rencontre. Or c'est cette « fissure dans le rocher » (en grec *xorema en te petra*) où Dieu conduit Moïse que Grégoire de Nysse, dans son interprétation spirituelle, compare à la « demeure qui n'a pas été bâtie par des mains d'homme » (*scilicet* le Christ) et que l'incarnation rend compréhensible à chaque homme dans sa condition finie. C'est par cette demeure impossible à l'homme que l'incarnation transforme aussi la chair humaine, la revêtant ainsi d'une chair impossible à l'homme fini, de même que Dieu convoque Moïse en sa présence dans un espace où l'homme ne peut demeurer que grâce à sa Présence – un espace où Dieu rencontre l'homme tout en demeurant « totalement Autre ».

Il s'agit d'un espace qui ne préexiste pas à l'appel de Dieu et qui ne se manifeste que lorsque Dieu appelle Moïse à le suivre ; autrement dit, il s'agit d'un espace censé élargir les espaces normalement vus et vécus (par exemple le rocher, un lieu naturel et visible à chacun) en leur assignant la démesure venant du Beau qui nous y convoque afin que nous puissions le rencontrer. La tente que Dieu demande à Moïse afin qu'il puisse y demeurer est « simple », et pourtant Dieu transforme cette demeure par la démesure qui en fait un « lieu sacré ». Et ce lieu qui, dans l'Ancien Testament, est en dehors de l'homme, par l'incarnation se fait « demeure de chair ». De même que la tente ou le rocher sont des espaces que la démesure divine rend « capables de Dieu », de même l'Incarnation donne à comprendre la chair à l'aune de la démesure dont elle devient « capable ».

Tantôt à l'égard de la chair, tantôt à l'égard de la demeure, une nouvelle *compréhension* des deux éléments est inaugurée, car aussi bien l'une que l'autre deviennent capables d'« autre ». « Autre » qui fait déclencher cette même compréhension en décelant une autre dimension du comprendre, à savoir le fait qu'il s'agit d'une action qui, sous certains aspects, est « non agie », à savoir une action que nous accomplissons parce que nous *suivons* ce ou celui qui nous met en condition de l'accomplir.

C'est ce qu'un verbe marquant l'expérience de Moïse, le verbe *epomai*, « suivre », nous permet d'expliquer.

Ce verbe se caractérise par sa forme médiane, à savoir par la forme désignant les verbes tels que les *media tantum*. Il s'agit de verbes qui, puisqu'ils possèdent une *forme médiane*, n'ont une valeur ni exclusivement passive ni tout à fait active. En voici quelques exemples : en latin *nascor*, en grec *gignomai*, « naître » ; en latin *sequor*, en grec *hépomai*, « suivre ». Il s'agit de verbes événementiels qui expriment toujours un événement. Il s'agit de verbes qui expriment une condition du sujet ou une action dans laquelle il participe sans y exercer de contrôle direct. Grammaticalement, on les qualifie de « formes médianes » parce qu'elles expriment une action qui se trouve entre passivité et activité, accomplie par un sujet qui se trouve déjà dans le cours de son déroulement ; une action qu'un sujet accomplit parce qu'il est accompli par elle. Or Grégoire, dans son exégèse de la vie de Moïse, nous montre la même situation : Moïse suit Dieu parce qu'il est mis en condition de le suivre, de même que nous « comprenons » parce que nous sommes mis en condition de comprendre. Mais il y a davantage, car en faisant aboutir son exégèse dans l'incarnation, le Nysséen nous montre l'actualité (en tant qu'être en acte) de cette vie qui est la nôtre sans pourtant venir de nous, dans laquelle nous demeurons sans en être pourtant l'origine. L'Incarnation est donc l'accomplissement de toute vie faisant l'épreuve d'être vivante par la démesure incompréhensible qui nous advient en tant que vivants.

En interprétant la vie de Moïse à l'aune de l'Incarnation, Grégoire de Nysse rend donc compréhensible la vie même du Patriarche en montrant que l'épreuve dont celui-ci fait l'expérience dans sa chair ne se comprend qu'à l'aune de la chair que l'Autre donne à Moïse et à tout homme incarné. Réciproquement, l'Incarnation fait que toute chair devient compréhensible en lui révélant que ce par quoi elle vit n'est rien d'autre que la vie à laquelle elle est appelée, et c'est par cet appel que s'explique aussi l'euristique que l'incarnation donne à la philosophie. En effet, de même que Moïse *monte* infiniment vers Dieu en suivant le Beau qui l'appelle et que, par cette ascension, il comprend aussi son propre désir de « voir Dieu face à face » (ce désir dont Dieu est la démesure), de même, dans toute chair se vit une tension infinie qui l'élargit incessamment et qui la transperce par une démesure inouïe, poussant vers la recherche infinie des traits qui la caractérisent et la distinguent de tout corps objectif.

## ACTUALITÉ DE L'EURISTIQUE, OU CE QUE NOUS COMPRENONS INCOMPRÉHENSIBLEMENT

« Comprendre incompréhensiblement » signifie comprendre grâce à une mesure qui n'appartient pas à la pensée et qui nous vient « d'ailleurs » : c'est le sens de l'euristique que Grégoire de Nysse nous apprend par son exégèse centrée sur l'incarnation. Il faut maintenant s'interroger sur ce que cette euristique nous donne à découvrir ou redécouvrir lorsque notre compréhension s'élargit grâce à la démesure de l'incarnation. Or par cet élargissement que la démesure inouïe de l'Incarnation suscite, nous connaissons, sous des aspects différents et, pour ainsi dire, à nouveau, ce que pourtant nous connaissions déjà. Cette nouvelle connaissance – ou *redécouverte* – que l'incarnation par son euristique occasionne sera confirmée par la lecture de quelques motifs de l'œuvre de Grégoire de Nysse autour desquels sa « philosophie première » se compose.

### IMAGE

Un texte que le Nysséen a consacré à l'homme insiste tantôt sur la corporéité humaine, tantôt sur la création de l'homme à l'image de Dieu. C'est en s'interrogeant sur le sens de cette image que Grégoire pose la question : « Comment est-il possible que le corporel soit ressemblant à l'incorporel ? Comment est-il possible que ce qui vit dans le temps ressemble à l'éternel ? Comment est-il possible que ce qui ne change pas ressemble à ce qui change ? [...] Car il est grand l'intervalle entre ce qui est pensé à l'aune de l'archétype et ce qui est créé par l'image[12]. » Comme l'analogie et la proportion entre l'image humaine et l'image divine sont impossibles, le Nysséen fait appel à ce qui est « hors analogie », à savoir la *theologhia* et donc les Écritures, afin de comprendre le sens de l'« image ». Or celles-ci nous apprennent que le sens de cette image est authentiquement « humain » *parce que* le divin le transperce. Le Nysséen, en effet, écrit que Dieu :

12 G. de Nysse, *De hominis opificio*, 16 (ed. it. : 73).

> [...] a fait la nature humaine telle qu'elle participe de tout Bien et la Divinité est plénitude des Biens ; le fait que l'homme est à son image signifie que celle-ci est comble de tous les biens ainsi que l'est l'archétype. Elle est donc en nous la forme de tout bien ; toute vertu, toute sagesse et tout ce que de meilleur nous pouvons penser. Parmi ces biens sont la liberté et le fait de posséder une capacité de jugement indépendante[13].

Comme l'homme a été créé à l'image de Dieu, dans l'image humaine demeure tantôt la trace du Divin, tantôt la plénitude de ses Biens sans que pourtant ces deux images se superposent. Si toute confusion est évitée, cela se peut grâce à la différence indépassable qui ne cesse de demeurer entre elles, car tandis que la plénitude divine est increéée, l'homme est créé, et tandis que l'une est immuable, l'autre est soumis au changement. Pourtant, lorsque les Écritures parlent de l'humanité en tant qu'« image du premier homme créé », elles visent l'universalité hors temps et hors limite de tout homme – rendant cette différence indépassable. L'humanité (illimitée) qui fait que l'homme (limité) est « ce qu'il est » transperce donc la nature de celui-ci, engendrant en même temps « la limite » qui appartient à l'homme en tant que tel. Par conséquent, la limite ne préexiste pas à la création, mais elle est donnée à l'homme par la création elle-même. C'est ce que Grégoire explique dans ce passage :

> Ainsi que l'homme est délimité par le poids du corps et que pour lui la mesure est la surface de la substance qui coïncide avec la manifestation du corps, de même je pense que dans un seul corps est contenu l'ensemble de l'humanité par la force de préconnaissance que Dieu a de toute chose[14].

Quelques lignes après, le Nysséen remarque que l'enseignement des Écritures affirme que « l'homme créé par la première création et celui qui naîtra à la fin de toutes les choses[15] » sont destinés à se réunir, ce qui serait impossible si l'image illimitée ne demeurait dans l'homme en tant que *plénitude* à laquelle l'homme ne cesse jamais d'aspirer malgré le péché. Par conséquent, l'image illimitée correspond à la démesure qui fait que l'homme limité est ce qu'il est, à savoir « plénitude de biens », et parmi ces biens, il y a la liberté, la beauté, l'intelligence – à savoir ce qui « accomplit pleinement » l'humain.

---

13 *Ibid.*, 16 (ed. it : 77).
14 *Ibid.*, 16 (ed. it : 79).
15 *Ibid.*, 16 (ed. it : 79).

« Être image de Dieu » signifie donc que les possibilités d'un accomplissement qui soit *humain* s'ouvrent pour l'homme dans sa nature limitée et bornée parce que la limite lui est donnée par Dieu. En effet, selon ce que les Écritures nous apprennent, ce qui trace des limites n'est pas un être limité, mais un être illimité, et la limite humaine est paradoxale parce qu'elle est tracée par l'inconditionné ou par le non-limité. « Être image de Dieu » n'équivaut donc pas à « être une copie finie de l'infini ». Au contraire, l'expression signale que notre limite peut être sans cesse élargie par le non-limité qui lui a donné la limite (en faisant d'elle ce qu'elle est). L'illimité est donc la démesure de la limite, et c'est par cette démesure que l'inouïe comparaison entre Dieu et homme est possible – cette comparaison inouïe grâce à laquelle l'expression « homme image de Dieu » reçoit la plénitude de son sens.

## AGIR/PÂTIR

Selon Aristote, agir et pâtir sont deux catégories de l'être. Ce couple revient aussi dans le grand *Discours catéchétique* de Grégoire de Nysse, non à propos de l'être, mais lorsque notre auteur parle de l'*incarnation*, ce que change aussi la façon d'entendre le *pathos* et l'agir qui lui est associé. Un sens qui, cependant, sous certains aspects, était déjà aristotélicien.

Selon le Stagirite, le premier sens de *pathos*/pâtir est « passion », le second « activité » (*ergon*) en tant qu'engendrement, génération et croissance. Selon Grégoire de Nysse, Dieu, « en assumant la chair humaine par l'incarnation[16] », n'assume pas le premier sens parce que de même que le médecin ne tombe pas malade parce qu'il soigne la maladie, de même la passion n'atteint pas la chair que le Christ assume. Pourtant, par l'Incarnation, le Christ assume le second sens de *pathos* en tant que croissance et mutation. L'Incarnation, toutefois, ne se borne pas à cela – et donc au *pathos* de la naissance –, mais elle change aussi le sens du pâtir de la mort – à savoir le pâtir du mouvement opposé à celui de la naissance. Grégoire de Nysse écrit à propos de ce double mouvement que l'Incarnation inaugure :

> Dieu s'est trouvé dans l'un et l'autre mouvement de notre nature, c'est-à-dire dans celui pour lequel l'âme s'élance vers le corps et dans celui pour lequel le corps se sépare de l'âme. Et puisqu'il s'est joint à ces deux substances du

16 G. de Nysse, *Discours catéchétique*, 26 : *Le pathos*, 16. 2.

> composé humain, je veux dire le sensible et l'intelligible, Dieu a mis en œuvre son plan grâce à cette union ineffable et inexplicable des deux substances, je veux dire l'âme et le corps, et une fois unis, une telle union dure pour toujours[17].

Or cette union, remarque encore le Nysséen, est la résurrection, à savoir le retour des éléments séparés après la première chute et qui, grâce à l'Incarnation, aboutissent à leur union « réveillée par la grâce originelle[18] ». L'Incarnation élargit donc le sens du pâtir parce qu'elle trace, premièrement, un arc entre naissance-mort-résurrection et que, deuxièmement, par la résurrection, la chair pâtissant la mort devient aussi « capable » de vie éternelle.

Mais il y a davantage, car le Christ, en assumant la chair humaine et en la transperçant par le double mouvement de la naissance et de la mort par lequel le principe spirituel et le principe charnel s'unissent, par sa résurrection a rendu à nouveau possible l'union de ce qui avait été séparé, et donc aussi du pâtir et de l'agir, car l'Incarnation est *pathos*/ pâtir en tant que croissance de la vie qui, par le Christ, ne cesse jamais de vivre (agir). En assumant en soi le double moment de l'agir et du pâtir, l'Incarnation perce ce double mouvement dans la chair humaine en transperçant le *pathos* de la naissance et de la croissance par l'agir éternel de la vie. C'est par cet élargissement que la chair humaine finie se comprend à l'aune de la démesure incompréhensible par laquelle la vie commence dans la chair pour vivre à jamais.

## COMMENCEMENT ET FIN

Protologie et eschatologie sont deux discours que nous développons sans pourtant assister consciemment au « commencement », surtout pas au nôtre, ni à la fin eschatologique de toute chose. C'est donc même banal de constater que tout discours concernant le commencement et la fin, nous le déployons en demeurant « entre » ces deux limites, ainsi que le Nysséen le confirme lorsqu'il parle de la résurrection. Celle-ci, remarque Grégoire de Nysse, est la condition du salut de la vie qui est la nôtre, cette vie qui se déploie entre deux *peiras*, la limite de son commencement et de sa fin par lesquels « se fait la rencontre de la puissance corrigeant notre nature : elle se pousse jusqu'à la fin, en impliquant

17 *Ibid.*, 26 : *Le pathos*, 16. 6.

18 *Ibid.*, 27 : *La résurrection du Christ*, 16. 7.

toutes les parties intermédiaires[19] ». Pourtant, L'Incarnation est l'union de Dieu et de la nature humaine vivant dans le temps, par sa naissance dans la chair et donc par son commencement dans le temps. Autrement dit, l'incarnation renouvelle aussi le temps en donnant à comprendre différemment ses deux limites.

Ce renouvellement consiste dans le fait que le commencement et la fin sont placés conjointement à l'intérieur et non hors du temps. En effet, en assumant tout membre du corps, même les membres par lesquels l'engendrement des vies nouvelles est possible, le Dieu incarné a entremêlé le présent et l'avenir, à savoir les parties du corps qui sont utiles pour le temps présent (les yeux, le nez, les oreilles) et pour l'avenir (les organes reproducteurs). Or le Christ, par sa naissance, a assumé aussi la mort corporelle mais, ainsi que Grégoire de Nysse le souligne, sa mort n'a pas été la conséquence du fait d'être né car, au contraire, l'Incarnation est naissance « à cause de la mort » : « Le Christ ne s'est pas soumis à la naissance corporelle parce qu'il avait besoin de la vie, car il est depuis toujours; il s'est soumis à la naissance corporelle afin que nous soyons appelés de la mort à la vie[20]. » Et plus loin :

> Puisque l'homme qui était le réceptacle de Dieu n'est pas venu d'autres régions mais la nature de celui qui s'est élevé avec la divinité grâce à la résurrection était la même que la nôtre ; et comme dans notre corps, l'activité d'un seul sens produit la sensation conjointe de tout l'organisme uni à cette partie, de la même manière, comme si toute la nature humaine était un seul être animé, la résurrection d'une partie s'est élargie dans le tout cela grâce à la continuité et à l'unité de la nature elle-même répartie d'un côté à l'autre[21].

L'homme se trouve « entre » commencement et fin, on a dit, « entre » le commencement premier de toute chose et la fin dernière, mais encore entre son propre commencement et sa propre fin. Or l'Incarnation soude ces deux moments en élargissant le temps présent.

La résurrection élargit le temps présent parce qu'en étendant (par une continuité paradoxale) la chair dans le *temps*, elle inaugure une continuité entre des plans différents (humain et divin), en les entrelaçant l'un avec l'autre. C'est en ce sens que nous proposons d'entendre l'affirmation de Grégoire selon laquelle, par l'Incarnation, l'humanité devient « capable »

19 *Ibid.*, 37 : *L'incarnation*, 27. 2.
20 *Ibid.*, 41 : *Nécessité de la mort du Christ*, 32. 3.
21 *Ibid.*, 41 : *Nécessité de la mort du Christ*, 32. 4.

de Dieu. Cet « être capable de Dieu » fait que l'humanité assume ce qu'autrement elle ne saurait jamais assumer, à savoir le commencement et la fin. L'humanité ne saurait pas les assumer parce qu'aussi bien le commencement que la fin sont manqués par l'homme qui rate ce qui, en eux, est soumis au changement, à savoir le moment *fini* de la naissance et de la mort. Ce que pourtant l'homme ne manque pas est la vie et, grâce à la résurrection, la vie sauvée.

« Celui qui vit depuis toujours et à jamais ce n'est pas parce qu'il avait besoin de vie, écrit Grégoire, qu'il s'est soumis à la naissance corporelle, mais parce qu'il voulait nous appeler de la mort à la vie[22] », c'est-à-dire parce qu'il souhaitait percer le temps de l'éternel et par l'éternel. Par cette intersection, le Nysséen nous montre que le début et la fin ne sont pas les deux limites effectives mais, comme deux cercles ou spires d'une même spirale, elles ont lieu dans chaque existence parce qu'elles *coexistent* par l'Incarnation.

## IL EST PARCE QU'IL AGIT
### Actualité de l'Incarnation

D'autres motifs devraient être ajoutés à cette euristique, par exemple le sens qu'assument aussi bien la causalité que la cause, l'entrelacs entre la génération du Christ et la création de l'homme, l'intersubjectivité que la Trinité nous donne à penser. Pourtant, nous laisserons de côté ces motifs pour revenir à notre question initiale : qu'est-ce que l'Incarnation donne à la philosophie ? Elle lui donne la possibilité d'aller au-delà des juxtapositions que la pensée inaugure (agir/pâtir, commencement/fin, compréhensible/incompréhensible, auxquelles on ajouterait le couple fini/infini), sans pourtant la conduire dans les contrées de la mystique ou de la théologie. En outre, elle donne à la pensée l'inouïe possibilité que sa *forme* se manifeste, car l'Incarnation à partir de laquelle Grégoire de Nysse développe sa philosophie donne à la pensée la chair vivante tout autour de laquelle elle s'enveloppe, ainsi que le fait une spirale.

22 Grégoire de Nysse, *Discours catéchétique*, 41 : Nécessité de la mort du Christ, 32.3.

La forme de l'avènement de la pensée qui se manifeste par le parcours jusqu'ici déployé est donc celle de la *spirale*.

De même que la pensée n'est pas « quelque chose », mais un mouvement de connexion, d'hypothèse, etc., de même la spirale n'est pas « quelque chose », car elle est un mouvement qui *advient* sans que personne ne la voie *en tant que spirale*. En effet, elle se découvre par les trajectoires que certains oiseaux tracent par leurs vols, ou il s'agit d'un mouvement de force tel que celui que Descartes et Mersenne décrivaient dans leur correspondance[23]. La spirale ne se voit pas *comme telle*, mais elle se manifeste par le mouvement qu'elle trace, et donc par l'action qu'elle « agit ». Pourtant, une fois encore, il s'agit d'une action « non agie » qui ressort de l'enroulement tout autour d'un point *donné* et qui ne laisse rien à l'extérieur de soi, qui se transcende tout en demeurant en même temps immanent à lui-même.

Le parcours qu'on a proposé dans ces pages se résume par le mouvement à spirale dont le point d'enroulement est l'Incarnation grâce à laquelle la chair incompréhensible reçoit la démesure qui la rend compréhensible, en lui assignant cette « capacité d'infini » qu'avant elle ne possédait pas. L'Incarnation, encore, fait que la chair est saisie en deçà de toute opposition entre agir et pâtir. Elle fait que le commencement et la fin de toute chair ne se réduisent pas à ce que l'entendement en saisit. Enfin, en nous donnant à comprendre la chair, l'Incarnation la transperce par sa démesure. Elle la transperce en agissant en elle, en la transperçant à chaque fois comme si celle-ci n'était que la première fois et, le faisant, à chaque fois, elle la renouvelle. C'est ici que demeure, à notre avis, l'actualité de Grégoire de Nysse.

Selon le Père cappadocien, l'Incarnation est le point autour duquel la spirale se déroule et autour duquel la vie de la chair se charge d'un infini autrement impossible – le faisant pour tous ; de plus, l'Incarnation est le point autour duquel l'élargissement de la compréhensibilité de ce que la philosophie avait déjà pensé se donne dans le temps, car les motifs dont on a parlé étaient déjà des sujets de réflexion philosophique. Or l'Incarnation perce dans la chair humaine la possibilité d'une image infinie. Elle permet au langage humain de devenir capable d'un langage de louange autrement impossible ; elle fait que la compréhension se donne

23 René Descartes, *Lettre à Mersenne*, 12 septembre 1638.

par ce qu'on ne comprend pas et qu'on ne sait pas et qui pourtant, grâce à elle, advient en se donnant incompréhensiblement à comprendre. Tous ces motifs, finalement, grâce à l'Incarnation, reçoivent un déploiement nouveau. Et ce mouvement à spirale, forme que l'Incarnation manifeste à la pensée, est l'un des motifs centraux de l'ouvrage du Nysséen, l'*epectasis*.

Sans la nommer explicitement, nous avons déjà suivi le mouvement de l'*epectasis* dans la *Vie de Moïse*, car elle coïncide avec le déploiement de l'incessante montée de Moïse vers le Sinaï ; une montée qui n'est rien d'autre que le progrès infini de l'esprit. Or ce progrès n'est pas une ligne droite se prolongeant à l'infini mais, au contraire, il s'agit d'une spirale s'intensifiant, dont l'action est comparable à celle d'un ressort. Quand les spires de celui-ci sont pressées, il devient tout simplement une figure plane, quand on les relâche, elles s'allongent en dégageant de l'énergie. De même, le progrès de l'esprit est un procès de nouveauté et d'énergie, toujours exposé au risque de se réduire à une figure sans dimension et pourtant toujours « capable » de se relancer dans l'aventure de nouvelles connaissances.

« Il me semble, écrit le Nysséen, [...] que l'espérance entraîne l'âme (de Moïse, ndlr) de la beauté qu'il a déjà vue à ce qui est encore au-dessus, et par ce qu'il a apprécié de temps en temps, Moïse enflamme toujours le désir d'atteindre ce qui est encore caché[24]. » Cette expérience d'un désir que rien n'apaise, ce désir qui demeure inachevé même si à chaque fois Dieu lui répond, ce désir transpercé par la démesure d'une chair infinie, est le « lieu » anthropologique où la vie dans la chair finie comprend que la vérité de la vie humaine n'est compréhensible qu'à l'aune de l'incompréhensible. Autrement dit, il découvre au sujet de Dieu que celui-ci – vers lequel il est sans cesse attiré – n'a pas de limites ou de bornes et qu'il est illimité ainsi que l'est le désir de le contempler qu'il suscite dans toute chair finie en faisant que fini et infini s'entrecroisent.

En recourant au concept de limite qu'Aristote utilisait dans le livre D de *La Physique* (et en introduisant les mots de contenant et contenu)[25], Grégoire de Nysse écrit que si nous imaginons Dieu

24 G. de Nysse, *La Vie de Moïse*, *op. cit.*, 37. 231.

25 Le sens de limite est certes « tracer des confins ». Pourtant, ailleurs, le Nysséen introduit aussi un autre sens de limite, à savoir une limite s'élargissant sans cesse et rendant le fini « capable » de l'infini.

dans des bornes, nous aurions aussi à imaginer ce qui est au-delà de ces bornes et donc un Dieu renfermé dans une borne autre que lui. Pourtant, ce qui entoure, dit l'auteur, « est plus grand que ce qui est entouré, ainsi que la logique du raisonnement le montre[26] ». Par conséquent, la nature illimitée ne peut pas être contenue, car elle n'est pas « quelque chose ». Elle est un vivant agissant, n'advenant que parce qu'elle est vivante. Ce qui revient à dire que la nature illimitée vit et se vit, à savoir on l'éprouve en tant que désir de « voir plus » et « c'est en cela que consiste vraiment le fait de voir Dieu, et non dans le fait que le désir soit rassasié [...] (C'est) ainsi qu'aucune limite ne pourrait jamais tronquer le progrès de l'ascension vers Dieu, car il n'y a pas de limite à la beauté et à l'avancement du désir adressé au beau qui n'est tronqué par aucune satiété[27] ». Ce désir à jamais inachevé et qui pousse à monter vers l'infini se trace en tant que mouvement à spirale qui s'intensifie en ascendant vers l'en-haut. Ce faisant, il porte aussi à manifestation le fait que le fini (désir) est transpercé par l'infini qui, sans cesse, en trace l'ascension par des cercles infinis et à jamais nouveaux dont la chair fait l'épreuve.

Certes, notre lecture a ignoré le souci théologique et dogmatique qui, pourtant, était l'âme du parcours du Nysséen. Ce qui n'empêche pas que, au-delà des formules dogmatiques affirmées dès le Concile de Nicée, son œuvre représente un cas exemplaire pour tous ceux qui souhaitent philosopher en questionnant la racine d'une pensée qui se donne dans la chair et qui, par l'Incarnation, se fait événement. Événement de la chair infinie dans la chair finie qui fait qu'elles se développent ensemble, l'une avec l'autre ; événement que la philosophie reçoit de l'Incarnation et annonçant que la recherche humaine et finie est « capable » de se nourrir de la chair infinie :

> Ce que de temps en temps est compris est toujours plus grand, et pourtant il ne délimite pas l'objet qu'il cherche, mais la limite de ce qui a été trouvé est le début de la découverte de réalités encore plus élevées pour ceux qui montent. Et celui qui monte ne s'arrête jamais, car il change d'un commencement à l'autre, et le commencement des réalités qui deviennent de plus en plus grandes ne se termine pas en soi, car le désir de ceux qui montent ne s'arrête jamais aux réalités qui sont connues, mais l'âme s'élève, poussée par un désir

26 G. de Nysse, *La Vie de Moïse*, *op. cit.*, 37. 236.

27 *Ibid.*, 37. 239.

> plus grand, vers un désir encore plus grand, et continue continuellement vers l'infini à travers des réalités toujours plus élevées[28].

C'est ce « commencer » incessant que l'Incarnation rend possible pour tous en élargissant les deux *peiras* de l'existence, de commencement en commencement, selon des commencements qui conviennent à la chair finie parce qu'ils sont infinis – et non finis.

Carla CANULLO
Université de Macerata

28 G. de Nysse, *Homélie sur le Cantique des Cantiques*, Homélie VIII, 247.

QUATRIÈME PARTIE

# APPROCHES THÉOLOGIQUES DE L'INCARNATION

# L'INCARNATION DANS LA PENSÉE PATRISTIQUE

## Enjeux actuels des controverses anciennes

Replacée dans le contexte du monde ancien, la pensée des Pères de l'Église peut être, dans une large mesure, présentée comme une pensée de l'Incarnation. Certes, on pourrait aussi dire qu'elle est une pensée de la Croix et de la Résurrection – tant les Pères ont médité sur le mystère pascal –, mais celles-ci présupposent justement l'Incarnation ; je prendrai d'ailleurs ce dernier concept dans son sens le plus englobant, désignant par là non seulement la naissance du Verbe de Dieu parmi les hommes, mais, de manière beaucoup plus large, l'événement de son devenir-homme tel qu'il s'est manifesté à travers la totalité de son existence humaine.

Les débats christologiques de l'Église ancienne ont certes porté sur des sujets divers – depuis les premières controverses avec les courants docètes ou gnostiques du IIe siècle jusqu'à la querelle iconoclaste dans le courant du VIIIe siècle. Mais on peut reconnaître que, dans tous les cas, la question de l'Incarnation y tenait une place centrale. Je voudrais le montrer en m'arrêtant sur plusieurs de ces controverses. J'évoquerai d'abord l'opposition des Pères aux courants gnostiques, dans la période des IIe et IIIe siècles ; j'évoquerai ensuite la controverse avec l'arianisme au IVe siècle, puis j'en viendrai aux grands débats christologiques qui ont eu cours à partir de la seconde moitié du IVe siècle, et surtout au Ve siècle ; je montrerai enfin comment la question de l'Incarnation est demeurée centrale jusque dans les deux derniers siècles de l'époque patristique. Mon dessein ne sera pas d'abord de donner des informations historiques sur ces différentes controverses (l'ampleur de la période rendrait d'ailleurs cette tâche impossible[1]) ; il sera plutôt de manifester la

1 On se reportera avant tout aux études fondamentales d'A. Grillmeier : *Le Christ dans la tradition chrétienne. De l'âge apostolique à Chalcédoine (451)* (trad. de l'allemand), Paris,

résurgence permanente des questions concernant l'Incarnation tout au long de l'époque ici considérée, et de faire paraître les enjeux toujours actuels des controverses anciennes sur le sujet.

## LES CONTROVERSES AVEC LES COURANTS DOCÈTES ET GNOSTIQUES

Le christianisme ancien fut d'abord confronté aux courants qui relativisaient ou même niaient la véritable humanité du Christ. Il s'agissait, de façon générale, des courants dits « docètes », selon lesquels le Verbe de Dieu aurait seulement pris une apparence d'humanité. Ces courants étaient présents dès le premier siècle, comme en témoignent *a contrario* certains textes tardifs du Nouveau Testament qui leur opposent la réalité de l'Incarnation – en particulier la première épître de Jean : « Ce que nous avons entendu, ce que nous avons vu de nos yeux, ce que nous avons contemplé et que nos mains ont touché du Verbe de vie » (1 Jn 1, 1). Or l'opposition au docétisme s'accentue dans les toutes premières décennies du IIe siècle, comme on le voit chez Ignace d'Antioche :

> Soyez donc sourds quand on vous parle en étant séparé de Jésus-Christ, de la famille de David, né de Marie, qui a été enfanté, qui a mangé et bu véritablement, qui a été persécuté véritablement sous Ponce Pilate, qui a été crucifié et qui est mort véritablement, sous les yeux des habitants du ciel, de la terre et des lieux sous la terre ; qui est aussi ressuscité des morts véritablement[2].

Cerf, 1973 ; 2e éd. française revue par Th. Hainthaler, Paris, Cerf, 2003 ; II/1, *Le Concile de Chalcédoine (451). Réception et opposition (451-513)* (Paris, Cerf, 1990) ; II/2, *L'Église de Constantinople au Ve siècle*, Paris, Cerf, 1993 ; II/4, *L'Église d'Alexandrie, la Nubie et l'Éthiopie après 451*, Paris, Cerf, 1996. Voir aussi I. Ortiz de Urbina, *Nicée et Constantinople*, 1963 ; P.-Th. Camelot, *Éphèse et Chalcédoine*, 1962 ; F.-X. Murphy et P. Sherwood, *Constantinople II et Constantinople III*, 1974 ; G. Dumeige, *Nicée II*, 1978. Voir encore J. Liébaert, *L'Incarnation. 1. Des origines au Concile de Chalcédoine*, Paris, Cerf, 1966 ; B. Sesboüé et J. Wolinski, dans *Histoire des dogmes* (sous la direction de B. Sesboüé), t. I, *Le Dieu du salut*, Paris, Desclée, 1994 ; B. Sesboüé, *Jésus-Christ dans la tradition de l'Église. Pour une actualisation de la christologie de Chalcédoine*, édition revue, corrigée et mise à jour, Paris, Desclée, 2000. On pourra également se reporter à notre ouvrage *La voie du Christ*, 3 vols., Paris, Cerf, 2006, 2013 et 2016.

2 Ignace d'Antioche, *Lettre aux Tralliens*, IX, 1-2 ; trad. C. Schmezer, dans *Premiers écrits chrétiens*, Paris, Gallimard, 2016, p. 204. *Cf.* aussi *Lettre aux Smyrniotes*, I, 1-2 et IV, 2 (p. 213-214).

Par la suite, le docétisme prit une forme particulièrement radicale chez Marcion, ainsi que dans l'ensemble des courants ou systèmes « gnostiques ». Par réaction, les Pères de l'Église, qui combattirent ces courants, soulignèrent avec une impressionnante vigueur la réalité de la chair du Christ – en particulier Irénée de Lyon et Tertullien de Carthage. De très nombreux textes pourraient être cités, et je me contente simplement de rappeler ici quelques brèves formules. On lit d'abord chez Irénée :

> Ceux qui disent qu'il [= le Verbe de Dieu] ne s'est montré qu'en apparence, qu'il n'est pas né dans la chair et qu'il ne s'est pas vraiment fait homme, ceux-là sont encore sous le coup de l'antique condamnation [...] Si, sans s'être fait chair, il n'avait pris que l'apparence de la chair, son œuvre n'eût pas été vraie. Mais ce qu'il paraissait être, il l'était réellement[3].

À cette insistance sur l'Incarnation du Verbe de Dieu fait en outre écho, chez Irénée encore, une non moindre insistance sur la résurrection de la chair :

> La chair se trouvera capable de recevoir et de contenir la puissance de Dieu [...] Si donc Dieu est capable de donner la vie à l'ouvrage par lui modelé et si la chair est capable de recevoir cette vie, qu'est-ce qui empêche encore la chair d'avoir part à l'incorruptibilité, qui n'est autre chose qu'une vie longue, voire sans fin, octroyée par Dieu[4] ?

Tertullien, à son tour, écrit tout un traité intitulé *La chair du Christ* ; il insiste sur la réalité de la chair assumée par le Christ – réalité d'ailleurs confirmée, à ses yeux, par le fait même que Jésus se soit tant soucié de délivrer ou guérir la chair blessée de l'homme :

> [...] en même temps que l'homme, il a aimé sa naissance, il a aimé sa chair [...] il rétablit la chair de toute meurtrissure ; lépreuse, il la purifie ; aveugle, il lui rend la lumière ; paralytique, il lui rend toutes ses facultés ; possédée, il l'exorcise ; morte, il la ressuscite ; et tu veux qu'il rougisse d'y naître[5] !

Le même Tertullien écrit par ailleurs un traité sur la résurrection. Comme pour Irénée, il y a pour lui une totale cohérence entre

---

3 Irénée, *Contre les hérésies*, III, 18, 7 (trad. A. Rousseau ; Paris, Cerf, 1984, p. 366-367).

4 *Ibid.*, V, 3, 2 et 3 (p. 577-578).

5 Tertullien, *La chair du Christ*, IV, 3 et 4 (trad. J.-P. Mahé ; Sources Chrétiennes [= SC] 216, Paris, Cerf, 1975, p. 223-225).

l'affirmation de celle-ci et la doctrine de l'Incarnation ; dans un cas comme dans l'autre, la chair est cela même en quoi se manifeste la vie divine. Il faudrait assurément préciser que, pour Tertullien comme pour Irénée, l'insistance sur l'Incarnation est elle-même essentielle dans la perspective d'une réflexion sur le salut : c'est le sens des formules d'Irénée soulignant que le Verbe de Dieu s'est fait chair pour donner à l'homme d'être lui-même divinisé, ou encore de la célèbre formule de Tertullien sur la chair comme « charnière » du salut (*caro cardo salutis*[6]). Les Pères le rediront souvent par la suite : le Christ a sauvé ce qu'il a assumé, il fallait donc qu'il assumât la chair pour lui offrir le salut. Mais cette considération ne doit pas conduire à une vision simplement instrumentale de l'Incarnation, comme si celle-ci n'avait de sens qu'en vue du salut ; en réalité, l'Incarnation a sens en elle-même, dans la mesure où à travers elle se dit précisément la signification de la chair comme expression ou manifestation de la vie divine. Il est en tout cas significatif que Michel Henry, dans son ouvrage *Incarnation*, ait précisément consacré deux chapitres à Irénée et Tertullien. Je retiens de son développement ces quelques lignes dans lesquelles il exprime la portée essentielle de l'opposition patristique aux systèmes gnostiques :

> La gnose ne voulait pas pour le Christ d'une chair réelle comme la nôtre, d'une chair terrestre, matérielle, trop triviale à son goût. Elle la préférait moins opaque, plus légère, transparente au regard de l'esprit : intelligible [...] Le renversement de la gnose tient en deux propositions fondamentales que nous exprimerons comme suit : *loin que la vie soit incapable de prendre chair, elle est la condition de possibilité de celle-ci. Loin d'être incapable de recevoir la vie, la chair en est l'effectuation phénoménologique*[7].

Une vigoureuse affirmation de la chair du Christ et de la vocation de l'être humain à connaître un jour la résurrection de la chair : tel est l'enseignement central que nous lègue le christianisme ancien dans le cadre de sa confrontation avec les courants docètes et gnostiques. Certes, à la même époque, cet enseignement n'est pas aussi fortement marqué dans le milieu alexandrin, celui de Clément et d'Origène, où se fait davantage sentir l'influence des schèmes de pensée hérités de la

---

6 *La résurrection des morts*, VIII ; voir l'ensemble du traité, trad. M. Moreau, « Les Pères dans la foi » n° 15, Paris, Desclée de Brouwer, 1980.

7 Michel Henry, *Incarnation. Une philosophie de la chair*, Paris, Seuil, 2000, p. 190 et 191.

philosophie grecque avec leur tendance à privilégier l'esprit par rapport au corps. Mais il serait possible de montrer que, chez Clément et Origène eux-mêmes, cette influence philosophique se trouve, dans une large mesure, freinée par leur attachement à la tradition reçue des apôtres ; c'est ainsi qu'Origène, dans son *Traité des principes*, après avoir longuement médité sur la transcendance de Dieu, avoue être radicalement saisi par le mystère de l'incarnation de Dieu : comment un Dieu si grand a-t-il pu en venir à assumer la chair avec toutes les limites caractéristiques de la condition humaine ? Origène écrit en effet :

> Après tant de si grandes considérations sur la nature du Fils de Dieu, nous sommes saisis d'une stupéfaction extrême en voyant que ce Fils, supérieur à tous les autres êtres par une telle nature, s'est vidé de sa condition de majesté, s'est fait homme et a vécu parmi les hommes[8].

Origène rappelle certes que le Fils de Dieu a accompli toutes sortes de merveilles par les signes qu'il a accomplis, par ses miracles, et par l'envoi des saints apôtres après son ascension ; il ajoute cependant :

> Mais parmi toutes ces merveilles et magnificences, il en est une qui dépasse complètement la capacité d'étonnement de l'intelligence humaine ; et la fragilité d'un entendement mortel ne voit pas comment elle pourrait penser et comprendre que cette Puissance si grande de la majesté divine, cette Parole du Père lui-même, cette Sagesse de Dieu dans laquelle ont été créés tout le visible et tout l'invisible, ait pu, comme il faut le croire, exister dans les étroites limites d'un homme qui s'est montré en Judée [...] ; et ensuite qu'elle ait été troublée à l'heure de la mort [...] ; et enfin qu'elle ait été conduite à la mort que les hommes jugent la plus indigne, bien qu'elle soit ressuscitée le troisième jour[9].

Il est vrai que le christianisme ancien a été aussi confronté à une croyance inverse de celle des gnostiques : la croyance selon laquelle Jésus serait seulement un homme adopté par Dieu.

8 Origène, *Traité des principes*, II, 6, 2 ; trad. H. Crouzel, SC 252, Paris, Cerf, 1978, p. 311.
9 *Ibid.*, II, 6, 2 ; p. 311-313 (trad. légèrement modifiée).

## L'ENJEU DES CONTROVERSES AVEC L'ADOPTIANISME ET L'ARIANISME

Cette position était celle des courants « adoptianistes » qui avaient cours aux IIe et IIIe siècles, mais elle s'exprima surtout au IVe siècle à travers la doctrine d'Arius et de ses partisans : le Verbe serait seulement une créature, et non pas le Fils éternel de Dieu.

Il pourrait sembler superflu d'évoquer ici cette deuxième série de controverses : on pourrait en effet faire valoir que l'arianisme – pour s'en tenir à lui – ne met pas en cause la parfaite humanité de Jésus et qu'en ce sens il ne porte pas atteinte à la doctrine de l'Incarnation (sa difficulté, au contraire, porte sur l'affirmation de la divinité du Verbe). Mais la doctrine arienne revient en fait, par sa voie propre, à méconnaître l'Incarnation ; elle tient pleinement, certes, la véritable humanité du Christ, mais, comme celui-ci est à ses yeux une créature du Père, elle revient à nier que Dieu même se soit fait chair en Jésus.

La réponse des Pères à l'arianisme est souvent présentée comme étant, avant tout, l'affirmation de l'union substantielle de Jésus avec Dieu : selon les termes du concile de Nicée en 325, Jésus-Christ est « consubstantiel » au Père (*homoousios*), c'est-à-dire « de même substance que lui ». On a raison de souligner cela, mais il faut aussitôt ajouter que l'affirmation du « consubstantiel » implique par le fait même une réaffirmation de l'Incarnation : justement parce que Jésus-Christ est « de même substance que le Père », c'est Dieu même (et non pas une créature) qui s'est fait chair de la Vierge Marie. Aussi n'est-il pas étonnant de voir que les principaux opposants à l'arianisme – Athanase d'Alexandrie, Hilaire de Poitiers ou plus tard Cyrille d'Alexandrie – ne se contentent pas d'affirmer contre cette doctrine la parfaite divinité du Christ, mais développent aussi toute une réflexion sur le fameux verset johannique « Le Verbe s'est fait chair » (Jn 1, 14). Le défi de l'objection arienne va même conduire ces Pères de l'Église à comprendre l'Incarnation comme kénose, en interprétant ce verset johannique à la lumière de l'hymne de l'épître aux Philippiens (Ph 2, 7). En effet, si le Verbe de Dieu était seulement une créature, certes il connaîtrait déjà une forme d'anéantissement en partageant en tout point la condition humaine ;

mais dès lors qu'il n'est pas une créature, mais qu'il est Dieu même, son abaissement ou son anéantissement est de portée infiniment plus radicale. Ainsi Hilaire de Poitiers écrit-il :

> Ce qui a été propre à Dieu, c'est de devenir autre chose que ce qu'il continuait d'être sans cependant ne plus être ce qu'il avait toujours été, de naître homme, lui Dieu, sans pourtant cesser d'être Dieu, de se contracter jusqu'à la conception, la vie au berceau, la petite enfance, sans cependant se départir de sa puissance divine[10].
>
> Celui qui demeurait dans la forme de Dieu n'a pu prendre la forme de serviteur qu'en se vidant lui-même, le concours des deux formes étant incompatible. Néanmoins, celui qui s'est vidé n'est autre que celui qui a pris la forme de serviteur et n'en diffère point[11].

Ainsi, là où l'arianisme arguait de l'humanité du Fils pour affirmer que celui-ci n'est qu'une créature, Hilaire comprend bien plutôt que le Fils de Dieu est devenu homme sans cesser d'être Dieu, et il rend compte de ce mystère en invoquant la kénose de Celui qui « n'a pas retenu le rang qui l'égalait à Dieu », mais qui « s'est vidé lui-même » (Ph 2, 6-7).

De même Cyrille d'Alexandrie, dans son commentaire sur le Prologue de l'Évangile de Jean (un commentaire certes postérieur au IV^e^ siècle, mais qui reste principalement dirigé contre l'arianisme), présente l'Incarnation comme l'autodonation de Dieu qui s'est dépouillé de lui-même par amour de l'humanité :

> Ce qui est esclave est donc vraiment libéré dans le Christ en s'élevant jusqu'à l'unité mystérieuse avec celui qui a porté la forme d'esclave ; et il est libéré en nous par imitation d'un seul, à cause de la parenté selon la chair [...] N'est-il pas évident pour tout le monde qu'il est descendu vers ce qui est esclave sans se procurer par là quoi que ce soit à lui-même, mais en se donnant lui-même à nous, afin que nous soyons riches de son dénuement, nous qui nous élevons grâce à notre ressemblance avec lui jusqu'au bien privilégié qui lui est propre, et *afin que nous apparaissions dieux et enfants de Dieu par la foi*[12] ?

10 Hilaire de Poitiers, *La Trinité*, IX, 4 ; trad., notes et index par G. M. de Durand, G. Pelland, Ch. Morel, SC 462, Paris, Cerf, 2001, p. 21.

11 *Ibid.*, IX, 14 (p. 43). Pour Athanase, on pourra se reporter à son écrit *Sur l'incarnation du Verbe* (trad. Ch. Kannengiesser, SC 199, Paris, Cerf, 1973), et à ses *Traités contre les ariens* (trad. Ch. Kannengiesser avec la collaboration d'A. Bara, SC 598, Paris, Cerf, 2019).

12 *Commentaire sur Jean*, I, 9 (trad. B. Meunier ; SC 600, Paris, Cerf, 2018, p. 539) ; *cf.* Ph 2, 7 ; 2 Co 8, 9.

Cette réponse est fort importante : l'Incarnation est ici présentée comme expression de la kénose que le Verbe de Dieu a vécue en faveur de l'humanité. On voit ici comment la controverse avec l'arianisme donne l'occasion, non seulement d'affirmer l'union radicale du Verbe fait chair avec Dieu le Père, mais de souligner inséparablement que Dieu même est devenu homme, et d'interpréter ce devenir-homme comme la manifestation inouïe de l'humilité de Dieu, venu en ce monde pour que ceux qui croient en lui deviennent eux-mêmes « enfants de Dieu ». Il y a là un enseignement essentiel pour la théologie contemporaine, surtout en un temps où l'on est moins tenté par le docétisme que par de nouvelles formes d'adoptianisme – la difficulté majeure étant d'admettre que Jésus-Christ n'est pas simplement un homme devenu Dieu ou reconnu comme Dieu, mais bien le Dieu devenu homme.

Mais la controverse avec l'arianisme, qui a occasionné de tels développements, portait sur la relation du Verbe fait chair avec Dieu le Père. Or, à partir de la seconde moitié du IV^e^ siècle et surtout dans le courant du V^e^ siècle, on a vu surgir des controverses portant directement sur l'identité même du Christ. Tous étaient d'accord, certes, pour affirmer la divinité et l'humanité du Christ, mais la question était de savoir comment comprendre le lien de l'une et de l'autre. Il faut à présent s'arrêter sur ces controverses, en réfléchissant sur leur portée pour la question de l'Incarnation et sur les enjeux que nous pouvons aujourd'hui même leur reconnaître.

## DE LA CONTROVERSE APOLLINARISTE AU CONCILE DE CHALCÉDOINE

### LA CONTROVERSE APOLLINARISTE

Quelques mots s'imposent, tout d'abord, sur une première controverse qui éclata dans la seconde moitié du IV^e^ siècle. Apollinaire, évêque de Laodicée en Syrie, était très attaché à la doctrine nicéenne sur le Fils « consubstantiel » au Père, mais en induisait que le Fils de Dieu, tout en assumant un corps humain et une âme humaine (du moins la partie inférieure de celle-ci), n'avait pas eu d'esprit proprement humain, mais que le Logos s'était substitué à cet esprit (ou plus précisément à la partie supérieure de l'âme, c'est-à-dire à l'âme en tant qu'elle est en mesure de se déterminer par elle-même). Par cette voie, Apollinaire entendait certes maintenir l'unité du Christ ; à ses yeux, cependant, cette unité même impliquait que le Logos se soit lui-même substitué à une partie du composé humain.

Or plusieurs Pères de l'Église, en particulier Grégoire de Nazianze et Grégoire de Nysse, réfutèrent cette position qui leur apparut comme une nouvelle forme de docétisme. Ils montrèrent que la thèse d'Apollinaire ne respectait pas jusqu'au bout la doctrine de l'Incarnation. Ainsi s'exprime par exemple Grégoire de Nazianze :

> Si quelqu'un a mis son espérance dans un homme privé d'esprit, il a vraiment perdu l'esprit et n'est pas digne d'être sauvé entièrement, car ce qui n'a pas été assumé n'a pas été guéri, mais c'est ce qui a été uni à Dieu qui est sauvé [...]
>
> Mais, dit-il [= le partisan d'Apollinaire], la divinité suffisait et tenait lieu d'esprit. Qu'en résulte-t-il pour moi ? La divinité avec une chair seule n'est pas un homme, pas plus qu'avec une âme seule, ni non plus avec l'une et l'autre sans esprit, car c'est ce dernier surtout qui constitue l'homme. Garde donc l'homme tout entier et mêle-lui la divinité pour me faire du bien d'une façon complète[13] !

On retrouve, dans ces lignes, l'argument sotériologique que nous avons déjà rencontré : pour sauver l'être humain, il fallait que le Logos de Dieu assumât la totalité de sa nature. Mais il faut surtout retenir, pour notre propos, la volonté de penser jusqu'au bout l'Incarnation de Dieu. Cette volonté avait été d'abord mise en cause, aux tout premiers siècles, par les courants docètes pour lesquels le Verbe de Dieu n'avait pas vraiment pris chair et avait seulement revêtu une apparence d'humanité ; mais les Pères Cappadociens du IVe siècle comprirent à juste titre qu'elle était également mise en cause, de manière plus subtile, par la position d'Apollinaire. La formule « Le Verbe s'est fait chair » ne signifie pas simplement que le Verbe de Dieu a pris une corporéité humaine ; ou plus exactement, cette corporéité ne peut pas être considérée sans l'esprit ; bien au contraire, c'est surtout celui-ci qui, selon Grégoire, « constitue l'homme ». Penser l'Incarnation jusqu'au bout, c'est reconnaître que le Verbe de Dieu a assumé toutes les composantes de l'être humain – non

13 Grégoire de Nazianze, *Lettre 101*, 32 et 36 (trad. P. Gallay, SC 208, Paris, Cerf, 1974, p. 51 et 53).

pas l'esprit sans le corps, ni le corps sans l'esprit, mais, inséparablement, le corps et l'esprit[14].

La controverse apollinariste ouvrait en fait la voie aux deux controverses christologiques majeures de l'Église ancienne, la controverse avec Nestorius qui occasionna le concile d'Éphèse en 431, puis la controverse avec Eutychès qui occasionna le concile de Chalcédoine en 451. En quoi ces controverses engageaient-elles la théologie de l'Incarnation, et quelle en est la véritable portée ?

## LA CONTROVERSE AVEC EUTYCHÈS

La réponse à ces questions est aisée à propos de la seconde controverse, et c'est donc par elle que je commencerai. Rappelons brièvement de quoi il s'agissait. Le moine Eutychès professait qu'il y avait « une seule nature du Logos incarné » ; de soi, certes, la formule avait été employée dans un sens orthodoxe par Cyrille d'Alexandrie, mais Eutychès l'utilisait d'une manière qui laissait entendre une sorte de confusion entre la divinité et l'humanité du Christ. Sa position revenait à dire que l'humanité du Christ était comme absorbée par sa divinité – ce qui était, une fois encore, une nouvelle forme de docétisme. Cette position portait donc atteinte à une juste compréhension de l'Incarnation. C'est ce que perçut notamment l'évêque de Rome, Léon, qui souligna la nécessité de distinguer nettement l'humanité et la divinité du Christ :

> Celui qui est vrai Dieu est aussi, le même, vrai homme, et il n'y a aucun mensonge en cette unité, où se réunissent l'humilité de l'homme et la sublimité de la divinité [...] La naissance de la chair est la manifestation de la nature humaine, l'enfantement virginal est l'indice de la puissance divine. L'enfance du tout-petit se montre dans l'humilité du berceau, la grandeur du Très-Haut est proclamée par la voix des anges [...] Avoir faim, avoir soif, être fatigué et dormir, est évidemment de l'homme ; mais avec cinq pains nourrir cinq mille hommes, donner à la Samaritaine l'eau vive qui permet à

14 La doctrine d'Apollinaire fut rejetée lors d'un synode local à Alexandrie en 362, puis lors du concile de Constantinople en 381, et de nouveau lors d'un synode romain en 382 ; le « Tome de Damase », à la suite de ce dernier synode, condamna ceux pour qui le Verbe de Dieu avait « habité dans une chair humaine à la place d'une âme raisonnable spirituelle » ; en effet, « le Fils et Verbe de Dieu n'a pas été dans son corps à la place d'une âme raisonnable et spirituelle, mais c'est notre âme (raisonnable et spirituelle) que, sans péché, il a prise et sauvée » (*Tome de Damase* ; dans H. Denzinger, *Symboles et définitions de la foi catholique*, n° 159 ; édité par P. Hünermann pour l'édition originale et par J. Hoffmann pour l'édition française, Paris, Cerf, 1996, p. 59).

celui qui en boit de n'avoir plus jamais soif, marcher sur le dos de la mer sans que les pieds ne s'enfoncent, réprimander la tempête et rabattre l'orgueil de la mer, sans aucun doute, cela est de Dieu[15].

On peut certes s'étonner du langage de Léon dans la mesure où il semble juxtaposer les affirmations touchant l'humanité et celles qui sont relatives à la divinité ; mais, outre que Léon précise que la distinction n'implique aucune séparation (car c'est « le même » qui est vrai Dieu et vrai homme), il faut surtout retenir son souci de marquer la pleine humanité de Jésus – ce que reprendra le concile de Chalcédoine en affirmant que le Fils de Dieu est, non seulement consubstantiel à Dieu quant à la divinité, mais consubstantiel à l'homme quant à l'humanité. Ce même concile reprendra aussi une autre formulation fameuse de Léon : les propriétés des deux natures, humaine et divine, doivent être sauvegardées dans l'unité de la personne[16]. L'enjeu de la réponse à Eutychès est, fondamentalement, le même que celui que nous avons déjà reconnu aux thèses d'Irénée et de Tertullien contre les courants docètes. Cependant, la controverse du v^e^ siècle permet d'apporter une précision capitale : non seulement le Verbe de Dieu a assumé intégralement le composé humain, mais il ne faut pas interpréter le lien entre la divinité et l'humanité d'une manière qui ne respecterait pas la pleine consistance de celle-ci ou, comme on dirait aujourd'hui, son autonomie. Il n'est guère nécessaire d'insister sur la portée d'une telle remarque. L'enjeu est de tenir intégralement les incidences de l'Incarnation, au point de reconnaître que, tout Fils de Dieu qu'il fût, Jésus était pleinement homme – et donc, entre autres, doté de l'autonomie et de la capacité à se déterminer soi-même en toute liberté. Une telle affirmation éclaire, entre autres, le sens d'un épisode évangélique comme celui des tentations au désert. On pourrait être enclin à raisonner ainsi : ces tentations ne pouvaient pas vraiment affecter Jésus, puisque, de toute façon, il était Fils de Dieu… Mais l'ancienne réponse à Eutychès indique en réalité qu'il n'est pas juste de raisonner ainsi, car ce serait dénier au Fils de Dieu l'humanité qu'il a pleinement assumée au titre de son Incarnation, et ce serait, du même coup, méconnaître le chemin par lequel il a offert le salut au genre humain ; Léon l'avait particulièrement souligné dans un sermon :

15 Léon le Grand, Lettre 28, 4 ; trad. P.-Th. Camelot, *Éphèse et Chalcédoine*, Paris, éd. de l'Orante, 1962, p. 219-220.

16 Voir Heinrich Denzinger, n° 301-302 (*op. cit.*, p. 107-108).

> [...] celui qui est en nous est plus fort que celui qui est contre nous ; et c'est par lui que nous sommes affermis si nous nous confions en sa force : le Seigneur, en effet, en consentant à subir les sollicitations du tentateur, a voulu aussi nous instruire par son exemple, lui qui nous fortifie par son secours. Car il a vaincu l'ennemi, comme vous l'avez entendu lire, en faisant appel aux arguments de la Loi, non en usant de sa puissance ; ainsi honorait-il davantage l'homme et châtiait-il davantage l'adversaire, puisque l'ennemi du genre humain subissait la défaite qu'il lui infligeait non pas en tant que Dieu, mais en tant qu'homme. Lui donc a combattu alors pour que nous aussi puissions ensuite combattre ; lui a remporté la victoire pour que nous aussi remportions semblable victoire[17].

## VINGT ANS AUPARAVANT : LA CONTROVERSE AVEC NESTORIUS

Qu'en est-il à présent de l'autre controverse, antérieure d'une vingtaine d'années, celle qui opposa Cyrille d'Alexandrie à Nestorius ? Il semblerait, à première vue, qu'elle ne soit pas d'aussi grande importance pour notre sujet : Nestorius, en effet, reconnaissait pleinement l'humanité du Christ, et sa difficulté était plutôt d'admettre que le même Logos de Dieu ait pu à la fois être engendré de Dieu dans l'éternité et naître de Marie dans le temps ; pour cette raison même, il appelait seulement Marie « mère de Jésus » ou « mère du Christ » et lui refusait le titre de « mère de Dieu ». Certes, pour lui, il y avait bien un seul Christ, Dieu et homme, mais il considérait que la divinité et l'humanité étaient seulement « conjointes » l'une à l'autre. C'est justement cela que refusa son adversaire Cyrille d'Alexandrie ; il fit valoir qu'il n'y avait pas une simple « conjonction » entre la divinité et l'humanité du Christ, mais que celles-ci étaient radicalement unies : c'est le Logos de Dieu lui-même qui s'est fait chair, s'unissant « selon l'hypostase » la nature humaine qu'il a prise de Marie. Ainsi Cyrille écrit-il à Nestorius :

> Ce n'est pas un homme ordinaire qui a été d'abord engendré de la sainte Vierge, et sur lequel ensuite serait venu se reposer le Verbe, mais le Verbe s'étant uni [à l'humanité] dès le sein de Marie, est dit avoir accepté une naissance charnelle, ayant revendiqué pour lui la naissance de sa propre chair[18].

Telle est la doctrine que Cyrille fit approuver par le concile d'Éphèse en 431. Or le fait même qu'il ait insisté pareillement sur l'union radicale

17 Léon le Grand, *Premier sermon sur le carême*, 3 (= Sermon 26, SC 49 bis, Paris, Cerf, 1969, p. 69-71).

18 Cyrille d'Alexandrie, Seconde lettre à Nestorius ; trad. P.-Th. Camelot, *op. cit.*, p. 192-193.

du Logos et de la chair (en conformité au verset johannique « Le Logos s'est fait chair ») laisse bien entendre que, contrairement aux premières apparences, la doctrine de l'Incarnation était bel et bien menacée par la position de Nestorius. Non pas au sens où ce dernier aurait méconnu la pleine humanité de Jésus (sur ce point, redisons-le, sa position est sans ambiguïté : Nestorius était à l'opposé de toute forme de docétisme et il affirmait clairement que Jésus est un homme véritable). Le problème vient plutôt de ce que Nestorius tenait seulement une « conjonction » entre la divinité et l'humanité ; c'est en tout cas ce qu'a compris Cyrille, comme on le voit par ce passage d'un écrit plus tardif et qui est manifestement dirigé contre la thèse nestorienne :

> Dieu le Père n'a pas donné pour nous un homme ordinaire, qui aurait été pris pour remplir le rôle de médiateur, qui ne posséderait la gloire de fils que comme un maquillage, un honneur dû à sa relation de conjonction[19].

Quelle qu'ait été en tout cas l'exacte pensée de Nestorius, on comprendra par la suite que la doctrine dite « nestorienne » impliquait la représentation du Christ comme d'un « homme ordinaire » en qui Dieu serait venu habiter, et l'on objectera alors : parler ainsi ne permet pas de distinguer la manière dont Dieu est présent en Jésus et la manière dont Dieu habite dans les saints. C'est précisément par ce biais que la doctrine de l'Incarnation est en jeu. En effet, dire que la divinité est seulement « conjointe » à l'humanité et que Dieu ne fait qu'habiter pleinement en Jésus (au lieu qu'il s'agisse d'une union radicale), cela revient à dire qu'il ne s'est pas pleinement incarné ; il réside certes en cet homme, et de manière éminente, mais ce n'est pas le Logos lui-même qui s'est fait chair. Il y a manifestation de Dieu, mais non point Incarnation au sens strict. Dire au contraire que le Verbe lui-même s'est fait chair, que Dieu n'a pas fait qu'habiter en Jésus de manière éminente, mais qu'il est lui-même devenu homme, c'est rendre compte du paradoxe inouï de l'Incarnation, et c'est, par le fait même, penser de la manière la plus radicale la kénose – celle d'un Dieu qui s'est lui-même « vidé » ou « dépouillé » en assumant personnellement la condition humaine, de manière à ce que l'humanité ait à son tour part à la vie divine.

---

19 C. d'Alexandrie, *Le Christ est un*, 766 c (dans *Deux dialogues christologiques*, trad. G.-M. de Durand, SC 97, Paris, Cerf, 1964, p. 475) ; cet écrit pourrait dater de 437.

La controverse entre Cyrille et Nestorius s'avère alors d'une grande portée pour une réflexion contemporaine sur la relation de Dieu et de l'homme. Son enjeu est particulièrement important dans le cadre des christologies qui s'élaborent dans le contexte de l'Inde ; dans la tradition de l'hindouisme, en effet, on reconnaît que le divin « descend » et se manifeste de multiples manières dans le monde : c'est la fameuse doctrine des « avatars ». Il faut sans nul doute entendre ce qui se dit à travers cette doctrine : en elle s'exprime l'idée d'une communication du divin au monde, ou tout au moins d'une manifestation de ce divin dans la multiplicité de ses expressions. Cela rejoint en un sens la perspective chrétienne qui, elle aussi, reconnaît de multiples expressions du divin dans le monde – à travers tout ce qui manifeste la « Sagesse multiforme de Dieu » (Sg 3, 10). Mais il faut aussi reconnaître la différence entre les avatars et l'Incarnation de Dieu ; la réponse de Cyrille à Nestorius aide à comprendre ce qui caractérise en propre cette Incarnation : elle n'est pas simplement habitation de Dieu en un homme, elle est plutôt l'union radicale de Dieu et de l'homme dans le Verbe chair.

Je ne peux entrer ici dans toutes les discussions qui suivirent les controverses christologiques du V^e siècle. Je voudrais par contre montrer comment les deux dernières controverses de l'époque patristique sont, elles aussi, de grande portée pour notre sujet.

## LA CONTROVERSE MONOTHÉLITE ET LA CONTROVERSE ICONOCLASTE

La première de ces controverses opposa, au VII^e siècle, Maxime le Confesseur aux partisans du « monothélisme », c'est-à-dire de la doctrine qui, tout en admettant les deux natures du Christ, affirmait l'existence d'une seule volonté humano-divine dans le Verbe fait chair. Les tenants de cette doctrine argumentaient notamment à partir de l'épisode évangélique de l'agonie à Gethsémani (Mt 26, 36-46) : si Jésus a dit à son Père « non pas ce que je veux mais ce que tu veux », c'est bien qu'il a eu un seul vouloir entièrement orienté vers l'accomplissement de ce qui lui était demandé par son Père. Mais Maxime le Confesseur s'opposa avec vigueur à cette thèse : Jésus a commencé par dire « Père, s'il est possible, que cette coupe passe loin de moi » ; cette parole ne signifiait nullement qu'il se rebellait contre la volonté de son Père, mais elle était l'expression de sa volonté humaine qui, comme telle, souhaitait naturellement échapper à la mort. C'est cette volonté humaine qui a porté Jésus à formuler une telle demande, ce qui ne l'a pas empêché d'accueillir pleinement la volonté de son Père :

> Quelle contradiction peut-il y avoir dans le fait que dans son angoisse il prie et montre volontairement sa faiblesse naturelle, je veux dire celle de sa chair, et qu'il ne résiste pas mais dise : "s'il est possible", et "non ce que je veux, mais ce que tu veux" [...] ?
>
> D'une part en effet, par l'agonie naturelle d'un moment, il imprimait réellement en lui-même ce qui est nôtre, afin de nous libérer de cette agonie, de rendre l'assurance à la nature de sa propre chair et de manifester aux yeux de tous que l'économie du salut est pure de toute illusion.
>
> D'autre part, inversement, il montra aussitôt son immense élan vers la mort, et le suprême accord et l'union de sa volonté humaine avec la volonté divine qui est à la fois la sienne et celle de son Père[20] [...].

Il faut donc bien tenir deux volontés dans le Christ. La thèse de Maxime lui a valu objections et même persécutions, mais c'est elle qui, une vingtaine d'années après sa mort, s'est imposée lors du concile de Constantinople III en 681. L'enjeu de cette thèse a été justement souligné, entre autres, par le théologien Karl Rahner. Celui-ci observe en effet que nombre de chrétiens sont, en pratique, victimes de l'erreur monothélite : ils présupposent qu'une « personne » est « *un* seul centre d'opérations personnelles, en face duquel toute autre réalité (nature, natures) ne peut être, dans cette personne et pour elle, que matériaux et instrument, agent d'exécution et manifestation de cette personne libre ». Or, poursuit Rahner, « il n'en est pas ainsi pour Jésus, car alors il ne serait que Dieu agissant dans une forme humaine, il ne serait pas cet homme véritable qui, dans l'authenticité de sa liberté humaine, peut être notre médiateur auprès de Dieu[21] ».

---

20 Maxime le Confesseur, *Opuscule XVI*, 33-35 (trad. F.-X. Léthel dans *L'agonie du Christ*, coll. « Les Pères dans la foi » n° 64, Paris, Migne, 1996, p. 99-100).

21 Karl Rahner, « Problèmes actuels de christologie » (1954), repris dans Karl Rahner, *Être homme et le « devenir homme de Dieu »*, Œuvres, 12, sous la direction d'É. Maurice, Paris, Cerf, 2019, p. 347-402 (ici : p. 359).

La dernière controverse de l'époque patristique n'est pas moins importante pour notre propos. Il s'agit de la célèbre controverse iconoclaste au VIIIe siècle : fallait-il ou non accepter de vénérer des images saintes ? La question portait entre autres sur les représentations du Christ : certains voulaient qu'elles fussent proscrites, pour la raison que Dieu ne saurait être d'aucune manière figuré – faute de quoi on tomberait dans l'idolâtrie. Mais Jean Damascène répondit qu'en vénérant le Verbe fait chair, on prenait en réalité au sérieux la venue de Dieu dans le monde sensible et, plus largement, la réalité de son Incarnation :

> Je ne me prosterne pas devant une créature en plus du Créateur, mais je me prosterne devant le Créateur qui m'a créé tel que je suis, qui s'est abaissé vers sa création sans humiliation ni dégradation, afin de glorifier ma nature et de la faire participer à la nature divine. Et en même temps que le roi et le Dieu, je vénère aussi l'habit de pourpre de son corps [...]
>
> Voilà pourquoi je n'ai pas honte de représenter par une image le Dieu invisible non pas en tant qu'invisible, mais en tant qu'il est devenu visible à travers nous par la participation à la chair et au sang. Je ne représente pas par une image la divinité invisible, mais je représente par une image la chair visible de Dieu[22].

Cette position de Jean Damascène, qui allait être confirmée par le concile de Nicée II en 787, clôture de la plus belle manière la réflexion des Pères de l'Église sur l'Incarnation : elle la clôture sur le terrain de l'esthétique qui, par nature, fait précisément droit au sensible et à la corporéité. Qu'il soit possible de représenter par une image « la chair visible de Dieu », cela même dit au mieux le mystère de l'Incarnation : celle-ci n'est pas seulement objet de foi et matière à réflexion doctrinale, elle porte par elle-même le principe de sa propre représentation ; du fait même que le Verbe s'est fait chair, il peut être figuré et contemplé dans l'ordre du sensible – non pas certes en tant que Dieu, mais en tant que Dieu devenu homme –, et celui ou celle qui le voit ainsi dans l'ordre du sensible reçoit par là même de pouvoir s'élever, par le visible, à la connaissance du Père invisible. Ce n'est pas le moindre apport de la littérature patristique que d'attirer l'attention, au terme, sur cette dimension de l'esthétique – dont Hans Urs von Balthasar a si bien

---

22 Jean Damascène, *Discours contre ceux qui calomnient les images*, I, 4 (dans Jean Damascène, *Le visage de l'invisible*, trad. A.-L. Darras-Worms, coll. « Les Pères dans la foi » n° 57, Paris, Migne, p. 38).

souligné la portée théologique dans son œuvre magistrale *La Gloire et la Croix*[23].

Le parcours que nous avons effectué aura montré combien la pensée de l'Incarnation a été centrale dans les controverses de l'Église ancienne. Elle l'a été de manières diverses dans la période ici considérée, mais c'est toujours elle qui a guidé et orienté la réflexion des Pères au milieu des graves controverses auxquelles ils ont été confrontés, et j'espère avoir aussi suggéré les enjeux toujours actuels de ces controverses pour notre réflexion. Je terminerai en attirant l'attention sur deux attitudes qui me semblent présupposées par cette réflexion des Pères, et que je résumerai par deux mots : liberté et humilité. Liberté d'abord : il est en effet impressionnant, avec le recul, de voir avec quelle force les Pères de l'Église ont tenu et approfondi la pensée de l'Incarnation, alors même que l'héritage de la philosophie ancienne portait à insister radicalement sur la transcendance du « Premier Dieu » ou du « Dieu suprême » (comme c'est le cas dans le néoplatonisme de Plotin ou de Proclus). Humilité ensuite, car les Pères de l'Église, en mettant en avant une pensée de l'Incarnation, invitaient du même coup à passer par le sensible, le terrestre ou le corporel pour s'élever à la connaissance du vrai Dieu. De cela témoigne, entre autres, la prise de position d'Augustin face au néoplatonicien Porphyre (qui n'acceptait pas que le Dieu suprême ait pu devenir homme) :

> Tu proclames le Père et son Fils que tu appelles l'Esprit ou l'Intelligence paternelle, et celui qui est entre les deux, désignant ainsi l'Esprit-Saint, croyons-nous. Selon votre habitude, tu les appelles trois dieux : sur ce point, tout en usant de termes indisciplinés, vous voyez néanmoins, d'une certaine manière et comme à travers les ombres d'une représentation floue, le but où il faut tendre. Mais l'incarnation du Fils immuable de Dieu, par laquelle nous sommes sauvés et qui nous permet d'atteindre ce que nous croyons ou ce que nous comprenons si peu que ce soit, vous vous refusez à l'admettre. Ainsi découvrez-vous de quelque façon, mais de loin et avec des yeux troubles, la patrie où nous devons demeurer ; mais la voie pour y aller, vous ne la tenez pas[24].

23 Hans Urs von Balthasar, *La Gloire et la Croix*, trad. de l'allemand, Paris, Aubier-Montaigne, 1965-1983.

24 Augustin, *La Cité de Dieu*, X, 29, 1 ; trad. G. Combès, revue et corrigée par G. Madec, « Nouvelle Bibliothèque augustinienne » n° 3, 1993, p. 602.

Pour Augustin, les platoniciens ont trouvé la « patrie », mais ils n'ont pas connu la « voie » qui permet d'y accéder ; or cette voie est précisément celle du Verbe fait chair, lui qui a dit : « Je suis le Chemin, la Vérité, la Vie » (Jn 14, 6). Consentir à passer par la chair sensible du Verbe pour s'ouvrir au mystère de Dieu : telle est en définitive l'attitude de radicale humilité à laquelle convie la pensée patristique de l'Incarnation.

Michel FÉDOU
Centre Sèvres –
Facultés jésuites de Paris

# LA SINGULARITÉ DU JÉSUS DE L'HISTOIRE ET SON UNIVERSALITÉ

Après un siècle de distinction entre *Geschichte* et *Historie* à propos de Jésus, et après trois quêtes historiques relatives à son sujet, la christologie contemporaine est-elle revenue des soubresauts qui l'ont si longtemps affectée[1] ? Peut-être pas vraiment en raison des questions christologiques relatives à la théologie du pluralisme religieux, illustrées par Jacques Dupuis, Paul F. Knitter, Roger Haight, Peter Phan et John Hick.

Certes, la question « historique » concernant la vie de Jésus ne se réduit plus à celle des critères de vérification et d'authentification d'un événement survenu dans l'histoire. La science historique éclairée par la philosophie, notamment de Hans-Georg Gadamer, a cessé, dans la plupart des cas, de revendiquer une position neutre à l'égard des sources pour promouvoir une objectivité de sa méthode.

La question de l'histoire de Jésus demeure liée à l'événement de révélation, c'est-à-dire à l'auto-communication de Dieu dans l'histoire, si bien qu'elle ne relève pas seulement d'une science historique, mais d'une théologie de l'événement dont l'histoire n'est pas l'enveloppe, mais l'expression ou l'économie dans le langage patristique. Sous cet angle, la distinction entre *Historie* et *Geschichte* n'est pas totalement obsolète, mais se trouve relative à la forme narrative et au caractère testimonial des documents de foi.

Il est loin le temps où Martin Kähler, dans son étude *Der sogennante historische Jesus* (1892), faisait du « prétendu Jésus historique » une fiction à laquelle la philosophie de la religion se rattachait de manière purement circonstancielle. Rien ne permettait, selon lui, d'atteindre un quelconque Jésus réel. Il ouvrait une voie qui a inspiré l'œuvre de Rudolf

1 *Cf.* Vincent Holzer, « De la Jésulogie à la christologie. Reconquête de l'unité de la christologie et principales étapes de la reconquête (deuxième partie) », *Transversalités*, vol. 139, n° 4, 2016, p. 105-132.

Bultmann. Kähler réélaborait ainsi le rapport *Historie – Geschichte* pour dire que le Jésus que l'on peut atteindre est celui qui transparaît dans les témoignages de foi d'après la résurrection. C'est dans le kérygme qu'apparaissent, selon lui, l'action et la présence du Christ exalté.

La christologie impliquée dans le dialogue interreligieux repose aujourd'hui la question du Jésus historique à frais nouveaux, sa singularité et son universalité comme événement de révélation. Le débat qu'a instauré l'œuvre de Dupuis l'atteste[2]. Reprenons les termes de la réflexion du jésuite pour éclairer la singularité de Jésus dans la christologie du dialogue interreligieux.

## UNE CHRISTOLOGIE TRINITAIRE

La christologie trinitaire que développe Dupuis dans l'essai *Vers une théologie du pluralisme religieux* ne peut rien laisser de côté dans la donne néotestamentaire concernant Jésus, même s'il est parfois difficile de concilier des éléments qui apparaissent contradictoires ou multiformes : plusieurs Évangiles et différentes versions du même épisode. La naissance, la vie, la mort, l'action, la conscience de Jésus, « sa mission tout entière et son existence humaine » sont à l'origine de la christologie, si bien que la christologie doit « rendre compte de tout le Jésus de l'histoire, dans ses dimensions tant "verticale" qu'"horizontale", de sa relation personnelle avec Dieu ainsi que du type de rapports qu'il établit avec les hommes[3] ». Cette revendication d'intégralité pose la question du point de départ adéquat pour un discours christologique[4].

À l'instar de toutes les christologies contemporaines, Dupuis s'interroge sur le point de départ du discours sur le Christ[5] : « Le point de départ est-il la christologie postpascale de l'Église apostolique ? Ou la Résurrection

2 Notification sur le livre du P. Jacques Dupuis S.J., *Vers une théologie chrétienne du pluralisme religieux*, Paris, Cerf, 1997.

3 Jacques Dupuis, *Homme de Dieu, Dieu des hommes. Introduction à la christologie*, Paris, Cerf, 1995.

4 Reprise de l'argument que j'ai développé dans *Les grands chantiers de la christologie*, Paris, Desclée, 2005.

5 J. Dupuis J., *Homme de Dieu, Dieu des hommes, op. cit.*, p. 63.

de Jésus et l'expérience pascale des Apôtres ? Ou encore le Jésus prépascal lui-même ? » Avec d'autres auteurs, il donne sa place à la mémoire des disciples dans l'expérience pascale qui relie leur foi pascale à la prédication de Jésus et à sa mort. En vertu de ce lien, l'auteur comprend la genèse de la foi des disciples ainsi que le fondement historique de la foi de l'Église :

> Les disciples étaient ainsi renvoyés au témoignage de Jésus durant sa vie terrestre. Poussés par l'Esprit, ils se remémoraient ce que le Jésus prépascal avait fait et dit, et qui alors, la plupart du temps, n'avait pas été compris. Cette "mémoire" du Jésus historique a joué un rôle décisif dans la genèse de la foi christologique des disciples. Elle a fourni le lien entre Jésus lui-même et l'interprétation de foi qu'ils ont donnée de lui après sa Résurrection. Par elle, la foi christologique de l'Église retourne réellement au Jésus de l'histoire et peut se fonder sur lui en qui elle trouve ainsi son fondement historique[6].

Avec les auteurs de la deuxième quête du Jésus de l'histoire, Dupuis opte pour une continuité dans la discontinuité des temps inaugurés dans la Pâques du Seigneur. Le mouvement part d'une christologie implicite dans la vie de Jésus vers le Christ de Pâques. Un processus de rétroprojection remonte ensuite de la vie de Jésus jusqu'à sa préexistence et correspond alors à la théologie explicite de l'Église apostolique. Dupuis précise :

> La continuité-dans-la-discontinuité s'applique à Jésus lui-même en ce qu'il passe de l'état kénotique à la condition glorifiée par la transformation de son humanité dans la résurrection ; elle s'applique aux disciples pour autant qu'ils passent de la simple condition de disciples à la foi chrétienne à travers leur expérience pascale[7].

Entre la toute première prédication kérygmatique chrétienne et le dernier stade des écrits apostoliques, un mouvement de réflexion sur le mystère du Christ est à l'œuvre. Il commence par une christologie « d'en bas » et passe progressivement à une christologie « d'en haut ». À partir de l'état glorifié et de la « condition divine » du Ressuscité, l'identité personnelle et la filiation divine de Jésus vont être graduellement approfondies grâce à un processus de « rétroprojection » remontant

6 *Ibid.*, p. 66.
7 *Idem.*

d'abord à travers les « mystères » de sa vie jusqu'à sa naissance humaine, et ensuite au-delà, jusqu'à la « préexistence » dans le mystère de Dieu[8].

De la même manière que, pour la préexistence de Jésus, le Nouveau Testament procède par rétroprojection depuis Pâques, il le fait pour la mort de Jésus. Dans la ligne des christologies contemporaines, Dupuis comprend alors la mort de Jésus en un sens rédempteur qui en fait l'aboutissement de sa mission en s'appuyant sur l'exégèse du récit de la Cène et de l'agonie à Gethsémani. Jésus n'a ni tout prévu de sa mort ni rien envisagé d'elle ; il l'a comprise comme une mort salutaire pour l'humanité. Sa résurrection est le point de départ de la foi chrétienne :

> Ils [les disciples de Jésus] ont cru parce qu'ils ont vu, Jésus vivant. Ils ont été effectivement transformés par cette foi nouvellement acquise, et l'on peut à juste titre parler d'expérience de conversion : mais, faut-il ajouter, c'est le Seigneur ressuscité qui a opéré cette transformation en eux en se montrant à eux vivant : "Il s'est fait voir [*ophte*] (1 Co 15, 5)." Une étude des apparitions du Christ ressuscité dans les Évangiles montrerait comment Jésus s'est fait reconnaître vivant et présent. Les récits se composent de trois moments : la manifestation de Jésus vivant, sa reconnaissance par les disciples, la mission que le Christ leur confie[9].

La christologie néotestamentaire se développe pour Dupuis de manière homogène en une christologie fonctionnelle, c'est-à-dire relativement au salut, pour devenir « ontologique » en s'étendant jusqu'à la préexistence du Fils. Tel est le mouvement de la « rétroprojection ». C'est la réflexion des communautés chrétiennes primitives sur le rôle de Jésus qui était l'élément central d'un tel développement. Ces groupes chrétiens ont d'abord vu le rôle que Jésus exerçait pour eux (le plan sotériologique) avant de développer ultérieurement la relation qui l'unissait à Dieu (le plan ontologique).

Pour établir ce parcours, Dupuis utilise les catégories que lègue l'histoire de la christologie depuis le XIX^e^ siècle : christologie d'en haut et d'en bas, pour tenter de les articuler entre elles. Elles lui permettent de maintenir une tension entre l'ontologie et la sotériologie. Il souligne que les christologies du N.T obligent à un va et vient entre celles « d'en bas » et celle « d'en haut », c'est-à-dire de la sotériologie à la christologie.

8 *Ibid.*, p. 89.
9 *Ibid.*, p. 86-87.

Pourtant, ces catégories restent trop formelles pour rendre compte de la pluralité des christologies du Nouveau Testament. Elles peuvent permettre un certain classement, mais ne réussissent pas à décrire la genèse de la foi chrétienne de manière adéquate. Héritées des débats exégétiques de la période bultmannienne, elles sont insuffisantes pour penser le nouveau paradigme de la christologie que représente le défi du dialogue interreligieux.

Dupuis note en effet un « changement de paradigme » dans la manière de penser la relation entre le Christ et les autres religions chez de nombreux théologiens du dialogue interreligieux. Il s'agit à la fois d'un passage de la perspective ecclésiocentrique à la perspective christocentrique et de la vision christocentrique à la vision théocentrique : autrement dit, de l'exclusivisme à l'inclusivisme et de l'inclusivisme au pluralisme. Ce changement de paradigme apparaît comme un défi posé à la perspective christocentrique traditionnelle de la théologie dans le contexte du pluralisme religieux. Il remet en cause non seulement l'idée d'appartenance obligatoire à l'Église pour être sauvé, mais aussi la compréhension de la médiation universelle de Jésus-Christ dans l'ordre du salut. Une pareille remise en question entraînera nécessairement l'abandon de toute prétention à une signification privilégiée non seulement du christianisme, mais de Jésus-Christ lui-même[10]. L'auteur mesure tout le sérieux de ce changement de paradigme :

> Cette nouveauté est d'importance [...] L'implication sous-jacente, dans la pensée des auteurs qui la proposent, est qu'il est désormais impossible de rapporter le salut universel, soit à Jésus-Christ confessé explicitement dans l'Église instituée par lui, soit même au mystère de Jésus lui-même considéré comme opérant le salut au-delà des limites des communautés chrétiennes. Non seulement s'en trouve récusée l'idée d'une médiation obligée de l'Église dans l'ordre du salut, mais également la médiation universelle de Jésus-Christ, affirmée par la théologie paulinienne, quel que soit d'ailleurs le sens théologique plus ou moins important – normatif ou non – que l'on continue d'attribuer à la personne de Jésus-Christ dans l'ordre des rapports entre Dieu et l'homme[11].

10 J. Dupuis, *Vers une théologie du pluralisme religieux*, Paris, Cerf, 1997, p. 283-284.
11 J. Dupuis, *Jésus-Christ à la rencontre des religions*, Paris, Cerf, 1999, p. 134.

## EXPRESSION D'UNE TENSION
## Qualitatif ou absolu ?

Si nécessaire que soit la réflexion christologique en matière de dialogue interreligieux, les questions telles qu'elles viennent d'être formulées s'enferment, selon notre auteur, dans un dilemme. Elles opposent le Christ et Dieu en oubliant que le christocentrisme ne met jamais « Jésus-Christ à la place de Dieu », c'est-à-dire qu'« il affirme seulement que Dieu a mis Jésus-Christ au centre de son plan sauveur pour le genre humain[12] ». Il s'ensuit que « la théologie chrétienne est théocentrique en étant christocentrique, et vice versa[13] ». D'autre part, le divorce entre christocentrisme et théocentrisme inféré par les travaux de Hick repose sur une opposition entre christologie ontologique et christologie fonctionnelle. La christologie intégrale de Dupuis récuse cette radicalisation du dilemme chez Hick. Concrètement, le choix entre un paradigme christocentrique et un paradigme théocentrique dans la théologie des religions dépend donc de l'option entre une haute christologie ontologique et une basse christologie qui reste délibérément sur le plan fonctionnel. Un tel choix est lourd de conséquences. Le prix à payer pour la foi chrétienne traditionnelle, en termes du mystère de la personne et de l'œuvre de Jésus-Christ, est considérable. Il n'est pas surprenant de voir que certains auteurs récents ont non seulement rejeté le dilemme entre deux paradigmes, conçu par Hick, mais ont montré que sa position était en fait intenable[14]. Pour surmonter ce dilemme, l'auteur propose trois principes : anthropologique, christologique et ecclésiologique. Il cherche également à dépasser un simple christocentrisme. La révélation de Dieu telle qu'elle est pensée dans *Dei Verbum* appelle une logique trinitaire. Chaque fois que Dieu parle aux hommes, il le fait par le Verbe et dans son Esprit. Mais Dupuis souligne l'insuffisante prise en compte de la pneumatologie dans la question de la révélation. L'expérience religieuse devient réellement personnelle si c'est l'Esprit qui l'anime, cet Esprit « qui est Dieu perçu par l'homme au fond de

12 J. Dupuis, *Vers une théologie du pluralisme religieux*, *op. cit.*, p. 289-292.
13 J. Dupuis, *Jésus-Christ à la rencontre des religions*, *op. cit.*, p. 141.
14 *Idem.*

son cœur ». Pour affirmer que « Jésus-Christ est personnellement la plénitude de la révélation[15] », il est nécessaire, selon Dupuis, de donner une plus grande place à cette expérience intérieure. La plénitude de la révélation est alors « qualitative » dans le sens où, pour Jésus lui-même, sa conscience de Fils impliquait sa connaissance intérieure immédiate du Père : « Sa révélation de Dieu partait donc d'une expérience humaine unique et insurpassable. En réalité, cette expérience n'était autre que la transposition en clé de conscience et de connaissance humaine, de la vie même de Dieu et des relations trinitaires entre des personnes[16]. »

Mais, pour Dupuis, on ne peut pas considérer cette révélation comme absolue. Elle est, au contraire, « relative ». Cette christologie de la conscience humaine de Jésus conduit, chez Dupuis, à comprendre la plénitude de la révélation de nature qualitative dans le Christ comme une prise de conscience humaine et, par conséquent, limitée des relations intratrinitaires. Cela signifie que « même la conscience humaine du Fils de Dieu ne peut épuiser le mystère divin[17] ».

Cette radicalisation du concept de la kénose que représente l'incarnation du Verbe étendue à la question de la révélation dans le Christ détermine la possibilité qu'existent d'autres révélations que Lui. On sait comment la Notification de la Congrégation romaine pour la doctrine de la foi a réagi à ce propos en rappelant qu'il faut croire fermement que Jésus-Christ est le médiateur, l'accomplissement et la plénitude de la révélation. Il est donc contraire à la foi de l'Église de soutenir que la révélation par/en Jésus-Christ est limitée, incomplète ou imparfaite. En outre, même si on ne possédera la pleine connaissance de la vérité divine qu'au jour de la venue glorieuse du Seigneur, la révélation historique de Jésus-Christ offre tout ce qui est nécessaire pour le salut de l'homme et n'a pas besoin d'être complétée par d'autres religions[18]. Pour dépasser un christocentrisme qui lui apparaît insuffisant, Dupuis élabore une réflexion qu'il veut trinitaire pour penser les termes d'unicité et d'universalité à propos de la médiation de Jésus-Christ[19]. Il suggère de penser les deux termes ensemble, car : « Sans l'universalité, l'unicité reconduirait à une

15 J. Dupuis, *Vers une théologie du pluralisme religieux*, *op. cit.*, p. 371.

16 *Idem.*

17 *Ibid.*, p. 379.

18 Congrégation pour la doctrine de la foi, *Notification sur le livre du père J. Dupuis, S.J., Vers une théologie du pluralisme religieux*, Paris, Cerf, 1997, n° 3.

19 J. Dupuis, *Jésus-Christ à la rencontre des religions*, *op. cit.*, p. 247.

position exclusiviste ; séparée de l'unicité, l'universalité mènerait vers la voie "pluraliste". Combinées, l'unicité et l'universalité s'accordent, au contraire, avec la christologie "inclusive" présentée plus haut[20]. »

Or cette suggestion n'élimine pas un risque éventuel de comprendre l'unicité et l'universalité de Jésus-Christ, soit comme « relatives » soit comme « absolues ». Pour ne pas courir ce risque, l'auteur préfère employer les termes « constitutives » et « relationnelles ». Telle est la deuxième suggestion pour définir une terminologie permettant une affirmation équilibrée d'unicité et d'universalité établie en faveur de Jésus-Christ :

> Elles [l'unicité et l'universalité de Jésus-Christ] sont "constitutives" dans la mesure où Jésus-Christ a une signification salvatrice pour toute l'humanité, et l'événement-Christ – en particulier le mystère pascal de la mort et de la Résurrection du Christ – est "cause" de salut. Elles sont "relationnelles", dans la mesure où la personne et l'événement s'insèrent dans un dessein général de Dieu pour le genre humain, qui a de multiples facettes et dont la réalisation dans l'histoire est faite de moments divers. Jésus-Christ, sera-t-il suggéré, est, parmi différentes "figures salvatrices" en qui Dieu est présent agissant, mais caché, la "face humaine" en qui Dieu, tout en demeurant invisible, est pleinement dévoilé et révélé[21].

La christologie que propose Dupuis pour relever le défi du nouveau paradigme du pluralisme religieux est trinitaire. Elle est centrée sur l'incarnation du Logos à la manière du Prologue johannique ainsi que sur la présence agissante et universelle de l'Esprit. On peut le constater à travers ces propos de l'auteur :

> En termes de christologie trinitaire, cela signifie que l'action salutaire de Dieu par le Logos non incarné (*Logos asarkos*), dont le Prologue selon Jean dit qu'il "était la vraie lumière qui, en venant dans le monde, illumine tout homme", perdure après l'incarnation du Logos, de même qu'est réelle l'action salutaire de Dieu à travers la présence universelle de l'Esprit, avant ou après l'événement historique de Jésus-Christ. Le mystère de l'incarnation est unique ; seule l'existence humaine individuelle de Jésus est assumée par le Fils de Dieu[22].

Mais l'incarnation se réalise dans la singularité de Jésus de Nazareth, une fois pour toutes, selon la tradition de la foi. Comment concilier cette

20 *Ibid.*, p. 248.
21 *Ibid.*, p. 428.
22 *Ibid.*, p. 453.

particularité historique de Jésus avec l'universalité salvifique de Dieu ? À cela la Congrégation romaine pour la doctrine de la foi a répondu en récusant une double économie :

> La foi de l'Église enseigne que l'Esprit Saint, à l'œuvre après la Résurrection de Jésus-Christ, est encore l'Esprit du Christ envoyé par le Père qui opère de manière salvifique aussi bien dans les chrétiens que dans les non-chrétiens. Il est donc contraire à la foi catholique de considérer que l'action salvifique de l'Esprit Saint puisse s'étendre au-delà de l'unique économie salvifique universelle du Verbe incarné[23].

Dupuis parvient donc, au terme de ses analyses, à énoncer quatre thèses théologiques. La première est qu'une christologie adéquate dans le dialogue interreligieux doit être intégrale et trinitaire pour dépasser l'opposition entre théocentrisme et christocentrisme et pour relier christologie ontologique et christologie fonctionnelle. La deuxième affirme que la plénitude de la révélation est qualitative et repose sur une christologie de la conscience de Jésus d'être le Fils éternel en relation avec les deux autres personnes trinitaires. À l'instar du Christ, le registre de l'expérience intérieure est valorisé pour comprendre les autres religions. La troisième invite à penser ensemble l'unicité et l'universalité du Christ, car l'une et l'autre sont « constitutives » et « relationnelles ». Enfin se trouve établie une continuité de la présence et de l'activité du Verbe et de l'Esprit de Dieu dans l'histoire, selon une double économie propre à chacune des personnes. Dupuis rencontre ici le problème de la singularité de Jésus dans son œuvre de salut, en ce sens qu'il peine à montrer l'unité d'être dans la personne de Jésus le Christ par et en qui advient le salut du monde. En maintenant jusqu'au bout de son projet la distinction entre le *Logos asarkos* (Verbe éternel ou Verbe devant s'incarner) et le *Logos ensarkos* (Verbe incarné ou l'homme Jésus de Nazareth), le théologien, avec son souci d'honorer pleinement les autres religions du monde, vise à montrer la présence active du Verbe éternel dans ces religions. De manière substantielle, le Verbe éternel, selon lui, s'est incarné dans la personne de Jésus de Nazareth, mais il soutient en même temps que ce Verbe, par son Esprit, est aussi activement présent dans les religions non chrétiennes. L'une des conséquences majeures de cette position

23 Congrégation pour la doctrine de la foi, *Notification sur le livre du père J. Dupuis, S.J., Vers une théologie du pluralisme religieux*, Paris, Cerf, 1997, nº 5.

est que le théologien déconnecte le Verbe fait chair de la vie religieuse des non-chrétiens. S'affaiblit en cela la singularité de Jésus dans le rôle médiateur du Christ.

## CONCLUSION

La singularité de l'existence de Jésus est « l'événement reçu de la donabilité de Dieu dans l'histoire[24] ». De ce point de vue, la permanence de cette humanité du Christ dans son œuvre salvifique s'explicite ainsi : « L'existence unique et absolument singulière de Jésus est réitérable dans sa dimension d'"effet" sotériologique, ou de "causalité" sotériologique[25]. » Cette humanité du Christ concrète et glorifiée contient la puissance salvatrice pour tous les temps et pour tous les lieux. Sa permanence est assurée, dans le temps de notre monde, par la médiation sacramentelle ecclésiale et par l'agir des témoins du Christ. D'où l'importance de poursuivre, en définitive, la réflexion sur la question de savoir comment Jésus-Christ, mort et ressuscité, apporte aujourd'hui le salut de Dieu à tous les êtres humains. Une pneumatologie est ici attendue.

Jean-Louis SOULETIE
Institut Catholique de Paris

24 V. Holzer, *Le Dieu Trinité dans l'histoire : Le différend théologique Balthasar-Rahner*, Paris, Cerf, coll. « Cogitatio Fidei », 1995, p. 312.

25 *Idem.*

# L'INTERPRÉTATION DE GA 4, 4 : « IL FUT D'UNE FEMME » ET SES ENJEUX DANS LA THÉOLOGIE D'IRÉNÉE DE LYON

> Mais, quand est venu l'accomplissement du temps,
> Dieu a envoyé son Fils, né d'une femme
> et assujetti à la loi,
> pour payer la libération de ceux qui sont assujettis à la loi,
> pour qu'il nous soit donné d'être fils adoptifs
>
> ὅτε δὲ ἦλθεν τὸ πλήρωμα τοῦ χρόνου,
> ἐξαπέστειλεν ὁ θεὸς τὸν υἱὸν αὐτοῦ, γενόμενον ἐκ γυναικός
> γενόμενον ὑπὸ νόμον
> ἵνα τοὺς ὑπὸ νόμον ἐξαγοράσῃ,
> ἵνα τὴν υἱοθεσίαν ἀπολάβωμεν[1]. (Ga 4, 4)

Ces très denses versets de l'épître aux Galates résonnent comme un nœud de la réflexion théologique néotestamentaire au sujet de l'incarnation. Le réalisme de la naissance « ἐκ γυναικός » y est relié en particulier à trois thématiques qui font proprement résonner sa dimension de mystère[2] : l'incarnation et le temps, l'incarnation et la nature de Fils ou fils, l'incarnation et le salut en termes de libération de la loi. La richesse de ce passage n'a pas échappé à Irénée de Lyon, qui utilise une dizaine de fois ces versets dans son œuvre de la fin du IIe siècle, *Dénonciation et réfutation de la prétendue gnose au nom menteur*[3]. Face à la gnose qui divise, Irénée

---

1 Traduction selon la TOB.

2 Dès le début du IIe siècle, Ignace, dans sa lettre aux Éphésiens, compte parmi les mystères de la foi cette naissance d'une femme : « Le prince de ce monde a ignoré la virginité de Marie, et son enfantement, de même que la mort du Seigneur, trois mystères retentissants, qui furent accomplis dans le silence de Dieu (19, 1) », Ignace d'Antioche, *Lettres*, trad. P.T. Camelot (SC 10bis) Paris, Cerf, 2007.

3 Abrégée depuis le IVe siècle sous le titre *Adversus Haereses* ; nous citerons cette œuvre selon la traduction de la collection des Sources Chrétiennes : Irénée de Lyon, *Contre les Hérésies Livre I*, trad A. Rousseau et L. Doutreleau (SC 264), Paris, Cerf, 2008 ; *Livre II*, trad. A. Rousseau, L. Doutreleau (SC 294), Paris, Cerf, 1982 ; *Livre III*, trad. A. Rousseau et L. Doutreleau (SC 211), Paris, Cerf, 2017 ; *Livre IV*, trad. A. Rousseau (SC 100), Paris,

propose à temps et à contretemps une formulation de la foi fondée sur la cohérence interne de la révélation. Cette étude se donne pour objet d'analyser dans quel sens Irénée a commenté ces versets, et en particulier la mention explicite du « γενόμενον ἐκ γυναικός », et comment il en a éclairé la cohérence. Ceux qui ont étudié l'œuvre d'Irénée le savent bien : il n'y a pas de traitement thématique des divergences avec les gnostiques dans son œuvre. Chaque objet d'étude doit faire l'objet d'une reconstitution de sa pensée en glanant ses diverses occurrences. Le faire pour ses commentaires de Ga 4, 4 n'apportera sans doute pas grand-chose de nouveau par rapport aux études irénéennes, si ce n'est de proposer une mise en lumière particulière. Mais cette étude contribuera – elle en porte en tout cas le vœu – à ancrer les recherches actuelles sur l'incarnation dans la réflexion très complète de celui qui est parfois nommé le « père de la théologie » au IIe siècle et dont les intuitions sont aujourd'hui redécouvertes à l'occasion du procès pour le déclarer « docteur de l'Église ».

Pour reconstituer les traits saillants de sa théologie, nous prendrons appui en *crescendo* sur quatre passages significatifs où Irénée commente explicitement le « γενόμενον ἐκ γυναικός », ce qui nous permettra d'explorer la richesse de ses interprétations, mais aussi de souligner leurs interactions : qu'apporte donc à la foi, aux yeux d'Irénée, le fait que le Christ soit « né d'une femme » ? Nous le découvrirons selon l'articulation des harmoniques complémentaires qu'Irénée insère dans son argumentation : à propos du réalisme de l'incarnation, de la théologie du salut, de sa réflexion sur la filiation, ou encore de sa théologie du temps.

## RÉALISME DE L'INCARNATION

Sans surprise, nous pouvons commencer par découvrir comment Irénée s'appuie sur Ga 4, 4 pour exprimer sa théologie de l'incarnation. En lisant ce premier passage issu du livre III, il convient de souligner le fait que l'expression « γενόμενον ἐκ γυναικός » est l'une des sept expressions différentes par lesquelles Irénée exprime l'authenticité de l'incarnation.

---

Cerf, 1965 ; *Livre V*, trad. A. Rousseau, L. Doutreleau, Ch. Mercier (SC153), Paris, Cerf, 1969.

Seul le début du texte, comportant la citation de Ga 4, 4, est conservé en grec (frag. gr 33 transmis par Théodoret de Cyr) ; les autres expressions sont conservées en latin ; nous les soulignons au fil du texte :

> « Ils sont donc dans l'erreur ceux qui disent que le Christ n'a rien reçu de la Vierge (ἐκ τῆς παρθένου), [...] Si en effet Adam a reçu son modelage et sa substance de la terre par la main et l'art de Dieu, et si, de son côté, le Christ ne les a pas reçus de Marie (ἐκ Μαρίας) par cet art de Dieu, on ne pourra plus dire que le Christ ait gardé la similitude de cet homme qui fut fait à l'image et à la ressemblance de Dieu [...] Autant dire que le Christ ne s'est montré qu'en apparence, comme s'il était un homme alors qu'il ne l'était pas, et qu'il s'est fait homme sans rien prendre de l'homme (*de homine*) ! Car s'il n'a pas reçu d'un être humain (*ab homine*) la substance de sa chair, il ne s'est fait ni homme ni Fils de l'homme. Et c'est pourquoi il se proclame Fils de l'homme (*Filium hominis*). » (III, 22 1)

Ces convictions d'Irénée sont fondées sur deux citations pauliniennes : « De son côté, l'apôtre Paul dit ouvertement dans l'épître aux Galates : "Dieu a envoyé son Fils, né d'une femme (Ga 4, 4)". Il dit encore dans l'épître aux Romains : "[...] touchant son Fils, qui est né de la race de David (*ex semine David*) selon la chair (Rm 1, 3-4)". »

Cet extrait comporte en germe, au IIe siècle, la plupart des arguments qui, jusqu'au concile de Chalcédoine, plaideront pour une lecture littérale du Prologue de Jean : le Verbe de Dieu s'est réellement fait homme. Irénée pose d'ailleurs directement à la suite de cet extrait la question qui nourrira ces débats :

> S'il en eût été autrement, sa descente en Marie (εἰς τὴν Μαρίαν) était elle-même superflue. Pourquoi serait-il descendu en elle, s'il ne devait rien recevoir d'elle (παρ' αὐτῆς) ? (III, 22, 2)

La pertinence de cette question reçoit du contexte immédiat du IIe siècle toute son acuité. Le gnostique Valentin énonce en effet sans sourciller que l'éon Christ est « descendu à travers Marie comme de l'eau à travers un tube (I, 7, 2) ». À cela, Irénée répond que Jésus ne joue pas à faire l'homme : il reçoit de cette naissance par une femme tous les traits d'une humanité complète :

> Au reste, s'il n'avait rien reçu de Marie, il n'eût pas pris les aliments tirés de la terre, par lesquels se nourrit le corps tiré de la terre ; il n'eût pas, après avoir jeûné quarante jours comme Moïse et Élie, ressenti la faim, du fait que

> son corps réclamait sa nourriture ; Jean, son disciple, n'aurait pas écrit de lui : "Jésus, fatigué du voyage, était assis (Jn 4, 6)", David non plus n'aurait pas proclamé d'avance à son sujet : "Ils ont encore ajouté à la douleur de mes blessures (Ps 69, 27)" ; il n'aurait pas pleuré sur Lazare, il n'aurait pas sué des gouttes de sang ; il n'aurait pas dit : "Mon âme est accablée de tristesse (Mt 26, 38)" ; de son côté transpercé ne seraient pas sortis du sang et de l'eau. Ce sont là en effet autant de signes caractéristiques de la chair tirée de la terre, chair que le Seigneur a récapitulée en lui-même, sauvant ainsi son propre ouvrage par lui modelé. (III, 22, 2)

On le mesure bien par cette énumération, il importe à Irénée de préciser que « la chair tirée de la terre » *est* ce « γενόμενον ἐκ γυναικός » : l'objet de la récapitulation et du salut est justement ce qui est « γενόμενον ἐκ γυναικός » et non pas, comme dans le schéma gnostique, la récupération de parcelles divines égarées dans les décombres de la matière. D'ailleurs, il est intéressant de souligner comment Irénée personnalise le « γενόμενον ἐκ γυναικός » en lui apportant les précisions johanniques reçues de son maître Polycarpe[4] : ce qui est « reçu de Marie » relève en effet par trois fois, dans cet extrait, de passages propres à l'Évangile de Jean.

La première direction de sens de l'interprétation de Ga 4, 4 exprime donc une claire opposition d'Irénée au docétisme et à la dissociation gnostique en un Christ d'en haut et un Christ d'en bas. Aux apparences gnostiques, Irénée oppose le « εἰς τὴν Μαρίαν », par deux fois, qui permet de comprendre et d'intensifier le ἐκ de l'épître aux Galates.

## « EN FOULANT AU PIED LA TÊTE DU SERPENT », LE SALUT COMME LIBÉRATION

Grâce à un deuxième passage significatif, nous pouvons élucider pourquoi il importe tant à Irénée que cette chair tirée de la terre soit complètement et réellement assumée par l'incarnation. Il s'agit d'un autre extrait citant Ga 4, 4, cette fois au livre IV :

4 Nous savons en effet qu'à Smyrne, Irénée a eu pour maître Polycarpe, disciple direct de Jean. Il aime d'ailleurs à le souligner : lorsqu'il cite Polycarpe, une quinzaine de fois dans son œuvre, il ne manque jamais de souligner ce lien de transmission – de tradition – qui le relie personnellement à Jean et donc au Christ. *Cf.* par exemple III, 3, 4.

> C'est pourquoi aussi Dieu retrancha de sa société celui qui (le serpent), de son propre mouvement, avait secrètement semé l'ivraie, c'est-à-dire introduit la transgression ; mais il eut pitié de l'homme, qui avait accueilli la désobéissance par inadvertance et non par malice, et il retourna contre l'auteur de l'inimitié l'inimitié que celui-ci avait voulu fomenter contre lui [...]. C'est ce qu'indique la parole de Dieu au serpent rapportée par l'Écriture : "Je mettrai une inimitié entre toi et la femme, entre ta postérité et sa postérité, il observera ta tête et tu observeras son talon (Gn 3, 15)". Cette inimitié, le Seigneur l'a récapitulée en lui-même, en se faisant homme "né d'une femme (Ga 4, 4)". (IV, 40, 3)

Très clairement cette fois, Ga 4, 4 est commenté dans une perspective sotériologique. On le sait, le dualisme des gnostiques les pousse à distinguer un Père transcendant qui ne peut rien avoir de commun avec la matière et un démiurge organisateur de la création qui est chargé en quelque sorte des basses besognes, même si, quelque peu limité, il ne se rend pas tout à fait compte de sa position subalterne[5]. La complexité des sources philosophiques de ce système n'a pas échappé à Irénée ; c'est sans doute la raison pour laquelle il insiste tant, dans son œuvre, sur la convenance théologique selon laquelle le Père du Christ est bien le créateur. Si le Père est bien le même que le créateur, alors il faut que cette création soit sauvée par celui-là même qui l'a créée.

Comme la plupart des auteurs du IIe siècle, Irénée comprend définitivement l'expression de foi « le Père de Jésus-Christ est le Créateur de l'univers » dans le sens d'une création *ex nihilo*[6]. C'est d'ailleurs ce qui fonde son espérance : Dieu est fidèle. Ce qu'il a créé à partir de sa volonté et à partir de rien, il le conservera dans sa bienveillance. Il n'est donc pas étonnant de voir Irénée synthétiser cette cohérence de la foi dans des formules qui résonnent comme un symbole de foi trinitaire. Par exemple en I, 10, 1 :

---

5 *Cf.* par exemple I, 5, 3.

6 Dans l'expression précise d'une création *ex nihilo*, Irénée est précédé notamment par *Le Pasteur* d'Hermas : « Il n'y a qu'un seul Dieu, celui qui a tout créé et organisé, qui a tout fait passer du néant à l'être (Mand I, 26, 1) », Hermas, *Le Pasteur*, trad. R. Joly, (SC 53 bis), Paris, Cerf, 1997 ; et Théophile d'Antioche (Ad Aut 2, 4), *Trois livres à Autolycus*, trad. G. Bardy, J. Sender, (SC 20), Paris, Cerf, 1948. À leur suite, Irénée affirme : « Les hommes ne peuvent pas faire quelque chose à partir de rien, mais seulement à partir d'une matière préalable (*homines quidem de nihilo non possunt aliquid facere sed de materia subiacenti*) ; Dieu l'emporte sur l'homme en ceci d'abord qu'il pose lui-même la matière de son ouvrage alors qu'elle n'existait pas auparavant (*materiam fabricationis suae cum ante non esset ipse adinuenit*) (II, 10, 4). »

> En effet, l'Église, bien que dispersée dans le monde entier jusqu'aux extrémités de la terre, [a] reçu des apôtres et de leurs disciples, la foi
> en un seul Dieu, Père tout-puissant, "qui a fait le ciel et la terre et la mer et tout ce qu'ils contiennent"
> et en un seul Christ Jésus, le Fils de Dieu, qui s'est incarné pour notre salut,
> et en l'Esprit Saint, qui a proclamé par les prophètes les "économies", la venue, la naissance du sein de la Vierge [...]. (I, 10, 1)

Ici, « la naissance ἐκ τῆς παρθένου », reprend la même structure ἐκ +génitif que celle de Ga 4, 4. On peut remarquer comment les deux passages illustrent la même articulation de trois convictions : le Père est le créateur, le Verbe dans son incarnation vient assumer complètement cette création, et la démonstration de ce mystère réside dans l'authenticité de sa naissance humaine.

Par ailleurs, il n'aura échappé à personne comment Irénée affirme très explicitement dans ce passage que cette naissance authentiquement humaine permet de mettre fin à l'inimitié originelle entre la nature humaine et le serpent. Irénée applique en effet au Christ la réalisation de la sentence de Gn 3, 15 : « Je mettrai une inimitié entre toi et la femme, entre ta postérité et sa postérité. » « Cette inimitié, le Seigneur l'a récapitulée en lui-même, en se faisant homme "né d'une femme (Ga 4, 4)" et en foulant aux pieds la tête du serpent. » Alors que l'on représente aujourd'hui volontiers Marie le pied posé sur la tête du serpent, chez Irénée, c'est bien la postérité de la femme, donc le Fils, qui terrasse le serpent : il s'agit d'une figure du salut, et l'image relève donc précisément du Christ sauveur. Le « γενόμενον ἐκ γυναικός » d'Irénée accomplit exactement les Écritures : cette précision est éclairante avant de nous pencher sur le rôle qu'Irénée attribue à Marie dans l'économie du salut.

## FILIATION DIVINE, FILIATION HUMAINE ET FILIATION ADOPTIVE

Dès Galates 4, 4, un balancement est perceptible : Dieu envoie son Fils pour accorder la filiation adoptive : « ἐξαπέστειλεν ὁ θεὸς τὸν υἱὸν αὐτοῦ, ἵνα τὴν υἱοθεσίαν ἀπολάβωμεν ». Cette formule, qui a généré une longue postérité de commentaires variés, est aussi à l'origine de la profession de foi d'Irénée : « Jésus Christ, notre Seigneur [...] s'est fait cela même que nous sommes afin de faire de nous cela même qu'il est (V, Prf.). » Comment son commentaire de Ga 4, 4 oriente-t-il sa compréhension de cette filiation adoptive ? Ici, il nous faudra quatre étapes pour déployer de façon linéaire ce qu'Irénée nous propose en une pelote circulaire !

Pour bien suivre la réflexion d'Irénée, il peut être éclairant, dans un premier temps, de comparer deux passages. Découvrons tout d'abord un extrait du livre III :

> [Paul] dit encore dans l'épître aux Galates : "Quand vint la plénitude des temps, Dieu envoya son Fils, né d'une femme, né sous la Loi, pour racheter ceux qui étaient sous la Loi, afin que nous recevions la filiation adoptive (Ga 4, 4-5)". Ces textes font apparaître avec évidence, d'une part, un seul Dieu, qui, par les prophètes, a fait la promesse touchant son Fils ; d'autre part, un seul Jésus-Christ notre Seigneur, issu de la race de David selon la génération qui lui vient de Marie (*secundum eam generationem quae est ex Maria*), et constitué Fils de Dieu dans la puissance selon l'Esprit de sainteté en suite de sa résurrection d'entre les morts, pour être le Premier-né des morts, comme il était déjà le Premier-né dans toute la création, lui, le Fils de Dieu devenu Fils de l'homme afin que par lui nous recevions la filiation adoptive, l'homme portant et saisissant et embrassant le Fils de Dieu. (III, 16, 3)

Dans ce passage, Irénée concentre son attention sur cette notion de filiation évoquée par Galates : Jésus-Christ est le seul Fils « dans la puissance selon l'Esprit », mais la volonté de salut qui s'exprime par l'incarnation est d'octroyer à l'homme la filiation adoptive. Concrètement, en quoi cette filiation adoptive peut-elle consister ? Ce passage éclaire l'argument à partir du « premier-né » de Col 1, 18. Mais la comparaison avec un autre commentaire de Ga 4, 4 peut nous permettre de suivre l'enchaînement de la réflexion d'Irénée au sujet de la nature de cette filiation : ce deuxième passage se situe au livre V et présente la même démarche logique :

> Or le Seigneur n'aurait pas récapitulé en lui-même cette inimitié originelle contre le serpent, accomplissant par-là la promesse du Créateur et exécutant son commandement, s'il était venu de la part d'un autre Père. Mais, parce que c'est un seul et le même qui nous a modelés au commencement et a envoyé son Fils à la fin, c'est aussi son commandement à lui qu'a exécuté le Seigneur "en naissant d'une femme (Ga 4, 4)", en réduisant à néant notre adversaire et

> en parfaisant l'homme à l'image et à la ressemblance de Dieu. Voilà pourquoi il n'a pas anéanti cet adversaire à partir d'autre chose que des énoncés de la Loi, mais il s'est servi du commandement même de son Père comme d'une aide pour anéantir et démasquer l'ange apostat. (V, 21, 2)

Dans le cadre du commentaire du même verset se déploient donc deux formulations de la relation au Fils unique qu'il nous est possible de rapprocher afin qu'elles s'éclairent réciproquement : Dieu a envoyé son fils pour que (ἵνα) par lui, comme premier-né (premier extrait), nous recevions la filiation adoptive, et cela est exécuté par le Seigneur « en naissant d'une femme (Ga 4, 4) », ce qui lui permet de parfaire l'homme à l'image et à la ressemblance de Dieu (deuxième extrait). Ainsi, la mise en parallèle de ces deux commentaires permet de rapprocher deux expressions décisives : il semble bien que, selon Irénée, recevoir la filiation adoptive consiste pour l'homme à se laisser parfaire à l'image et à la ressemblance de Dieu ; ou bien réciproquement, le perfectionnement de l'homme à l'image et à la ressemblance de Dieu lui confère cette filiation adoptive.

Si cette première étape est bien avérée, comment cette filiation adoptive et cette ressemblance s'articulent-elles au « γενόμενον ἐκ γυναικός » ? Il nous faut rechercher si Irénée propose quelque éclairage sur le « ἐκ γυναικός » dans la dynamique de la ressemblance.

Il faut souligner cette idée chère à Irénée. Pour lui, le rôle du Verbe est de révéler que Dieu est Père depuis le commencement : « Ainsi, dès le commencement, le Fils est le Révélateur du Père, puisqu'il est dès le commencement avec le Père (IV, 20, 7). » Après s'être manifestée dans la création, puis dans les prophéties, cette fonction de révélation culmine dans l'Incarnation : « En effet, déjà par la création le Verbe révèle le Dieu Créateur, et par le monde le Seigneur Ordonnateur du monde, et par l'ouvrage modelé l'Artiste qui l'a modelé, et par le Fils le Père qui l'a engendré… Enfin, par l'entremise du Verbe en personne devenu visible et palpable, le Père s'est montré (IV, 6, 6). » Irénée fait de cette manifestation/vision de Dieu un fil rouge de sa réflexion : s'il est écrit dans l'Ancien Testament que « nul ne peut voir Dieu sans mourir (*cf.* Ex 33, 20) », et dans le Nouveau Testament que nous verrons Dieu face à face (par ex. 1 Cor 13, 12), Irénée en conclut, non pas que les deux testaments sont contradictoires, comme les gnostiques le suggèrent, mais qu'ils relèvent d'une pédagogie divine, d'une éducation. L'incarnation participe à cette éducation, elle en est même le sommet. En se faisant homme, le Verbe donne le modèle accompli de la ressemblance parfaite : « Voilà pourquoi, à la fin, le Fils de Dieu lui-même a montré la ressemblance, en se faisant homme et en assumant en lui-même l'antique ouvrage modelé (IV, 33, 4)[7]. » Il faut souligner cette belle perspective de méditation : dans la pensée d'Irénée, le fils de Dieu ne s'est pas incarné à cause du péché, mais d'abord à cause de sa bienveillance, pour rendre accessible le modèle de la ressemblance. En vertu de cette pédagogie, Irénée souligne que Dieu s'adapte aux capacités des hommes. Il l'exprime souvent, par exemple en IV, 38, 1 : « Et c'est pourquoi aussi notre Seigneur, dans les derniers temps, lorsqu'il récapitula en lui toutes choses, vint à nous, non tel qu'il le pouvait, mais tel que nous étions capables de le voir. » Une des dimensions du « ἐκ γυναικός » selon Irénée relève donc de cette bienveillance de Dieu envers l'homme en croissance : Dieu respecte le rythme qu'il a donné à sa création, une création lente, mais assez précieuse à ses yeux pour motiver une telle pédagogie : si le Fils de Dieu se fait fils né d'une femme, c'est pour s'adapter aux capacités des hommes à le recevoir.

L'Incarnation aurait donc eu lieu, selon Irénée, même s'il n'y avait pas eu le péché, car l'homme aurait eu tout de même besoin de voir l'image et la ressemblance parfaites dans le Christ pour se mettre à sa suite. Mais, puisqu'il y a eu le péché, cette fonction de révélation se double de la fonction de salut que nous avons déjà rencontrée dans l'extrait précédent[8]. On peut alors définir le salut selon Irénée comme

---

7 *Cf.* aussi V, 16, 2 : « La vérité de tout cela apparut lorsque le Verbe de Dieu se fit homme, se rendant semblable à l'homme et rendant l'homme semblable à lui, pour que, par la ressemblance avec le Fils, l'homme devienne précieux aux yeux du Père. Dans les temps antérieurs, en effet, on disait bien que l'homme avait été fait à l'image de Dieu, mais cela n'apparaissait pas, car le Verbe était encore invisible, lui à l'image de qui l'homme avait été fait : c'est d'ailleurs pour ce motif que la ressemblance s'était facilement perdue. Mais, lorsque le Verbe de Dieu se fit chair, il confirma l'une et l'autre : il fit apparaître l'image dans toute sa vérité, en devenant lui-même cela même qu'était son image, et il rétablit la ressemblance de façon stable. »

8 Cette conviction est aussi perceptible dans cette formule de IV, 20, 4 qui exprime la « règle de vérité » : « Dès le commencement, en effet, le Verbe a annoncé que Dieu serait vu des hommes, qu'il vivrait et converserait avec eux sur la terre et qu'il se rendrait présent à l'ouvrage par lui modelé, pour le sauver et se laisser saisir par lui, pour "nous délivrer des mains de tous ceux qui nous haïssent", c'est-à-dire de tout esprit de transgression, et pour faire en sorte que "nous le servions avec sainteté et justice tous les jours de notre vie (Lc 1, 74-75)" afin que, enlacé à l'Esprit de Dieu, l'homme accède à la gloire du Père. »

la libération de la liberté humaine pour rendre de nouveau possible sa progression à la ressemblance du premier-né : or cette ressemblance n'est autre que recevoir, par adoption, la filiation qui reste l'apanage du Fils unique, image et ressemblance parfaites. Dans la perspective du « ἐκ γυναικός », la filiation adoptive de l'homme est donc conditionnée par l'authentique filiation humaine du Fils Unique afin qu'il montre la parfaite ressemblance à atteindre.

Dans ce mouvement, Irénée souligne tout autant que la filiation adoptive est le projet du Père, et que le Fils assume authentiquement la naissance humaine. Mais dans sa pensée inextricablement trinitaire, il met également en lumière le rôle de l'Esprit. C'est l'objet de la troisième étape que nous pouvons mettre en lumière.

Si recevoir la filiation adoptive consiste à parfaire en soi l'image et la ressemblance de Dieu, toute notre attention est attirée vers le rôle de l'Esprit qui, chez Irénée, est le grand acteur du perfectionnement de l'homme : « afin que, enlacé (*complexus*) à l'Esprit de Dieu, l'homme accède à la gloire du Père (IV, 20, 4) ». En de multiples passages et images suggestives, Irénée exprime cette conviction : c'est l'Esprit qui parfait l'homme ; c'est la disponibilité à l'Esprit qui rend l'homme parfait. Aussi est-il intéressant de constater la présence de Ga 4, 4a dans un passage consacré au don de l'Esprit et de mesurer l'influence du « γενόμενον ἐκ γυναικός » sur la pensée d'Irénée lorsqu'il développe ce don de l'Esprit :

> Ainsi donc, c'est bien l'Esprit qui est descendu, à cause de l'"économie" que nous venons de dire ; quant au Fils unique de Dieu, qui est aussi le Verbe du Père, lorsqu'est venue la plénitude du temps (Ga 4, 4), il s'est incarné dans l'homme à cause de l'homme et il a accompli toute son "économie" humaine, étant, lui, Jésus-Christ notre Seigneur, un seul et le même. (III, 17, 4)

Dans l'anthropologie d'Irénée, cette parade au dualisme mérite d'être soulignée : l'homme n'est pas constitué de deux, mais de trois composantes ; il est un corps, animé, mais c'est la présence de l'Esprit qui le rend conforme au projet de Dieu.

> L'homme parfait, c'est le mélange et l'union de l'âme qui a reçu l'Esprit du Père et qui a été mélangée à la chair modelée selon l'image de Dieu. [...] lorsque cet Esprit, en se mélangeant à l'âme, s'est uni à l'ouvrage modelé, grâce à cette effusion de l'Esprit se trouve réalisé l'homme spirituel et parfait, et c'est celui-là même qui a été fait à l'image et à la ressemblance de Dieu.

> Quand au contraire l'Esprit fait défaut à l'âme, un tel homme, restant en toute vérité psychique et charnel, sera imparfait, possédant bien l'image de Dieu dans l'ouvrage modelé, mais n'ayant pas reçu la ressemblance par le moyen de l'Esprit. (V, 6, 1)

Dans ce passage, qui est l'un des plus explicites sur l'anthropologie irénéenne, il apparaît que l'Esprit est l'acteur principal de la ressemblance ; mais cependant pas au détriment de la liberté humaine puisque la ressemblance fait justement appel à la bonne volonté de l'homme. Selon Irénée, non seulement Dieu fait le cadeau de la vie à l'homme façonné à son image, mais il ne s'arrête pas là et sollicite de la part de l'homme sa libre participation. C'est l'image johannique de l'Eau pour signifier l'Esprit qui procure à Irénée l'une de ses plus célèbres formules :

> Présente-lui un cœur souple et docile et garde la forme que t'a donnée cet Artiste, ayant en toi l'Eau qui vient de lui et faute de laquelle, en t'endurcissant, tu rejetterais l'empreinte de ses doigts [...] Mais si, en t'endurcissant, tu repousses son art et te montres mécontent de ce qu'il t'a fait homme, du fait de ton ingratitude envers Dieu tu as rejeté tout ensemble et son art et la vie. (IV, 39, 2)

Ainsi donc, la filiation adoptive est bien la vie de l'homme sauvé, qui use de sa liberté pour glorifier l'œuvre de Dieu et lui correspondre. Le « γενόμενον ἐκ γυναικός » en donne les conditions de possibilités. Mais on ne peut manquer de souligner la formule audacieuse d'Irénée à la fin de III, 16, 3 : « l'homme portant et saisissant et embrassant le Fils de Dieu ». Certes l'initiative vient de Dieu, mais l'homme est actif, sujet des verbes et exerçant sa liberté sauvée en adhérant lui-même au Christ. À cette lumière, une dernière étape dans la réflexion consiste à envisager le rôle spécifique de Marie dans cette « économie ».

Certaines pages mariales de l'œuvre d'Irénée sont devenues célèbres grâce au concile Vatican II[9]. L'attention d'Irénée à l'obéissance de Marie y est bien mise en valeur. Elle est développée par Irénée, notamment en III, 22, 4 selon plusieurs images :

9 La constitution LG 56 cite Irénée explicitement et reproduit deux extraits de III, 24, 2 : « En obéissant, elle est devenue cause de salut pour elle-même et pour tout le genre humain » et « le nœud de la désobéissance d'Ève a été dénoué par l'obéissance de Marie ; ce que la vierge Ève lia par son incrédulité, la foi de la Vierge Marie le délia ».

> Parallèlement au Seigneur, on trouve aussi la Vierge Marie obéissante (*obaudiens*), lorsqu'elle dit : "Voici ta servante, Seigneur ; qu'il me soit fait selon ta parole" (Lc 1, 38). Ève, au contraire, avait été désobéissante (*inobaudiens*) : elle avait désobéi, alors qu'elle était encore vierge. (III, 22, 4)

Ou bien plus bas :

> Car ce qui a été lié ne peut être délié que si l'on refait en sens inverse les boucles du nœud [...] Ainsi également le nœud de la désobéissance d'Ève a été dénoué par l'obéissance de Marie, car ce que la vierge Ève avait lié par son incrédulité, la Vierge Marie l'a délié par sa foi. (III, 22, 4)

Or Irénée l'explicite ailleurs de façon très claire : « Le bien consiste à obéir à Dieu, à lui être docile, à garder son commandement : c'est la vie de l'homme ; de même, désobéir à Dieu est mal : c'est la mort de l'homme (IV, 39, 1). »

C'est donc bien sur le terrain de la docilité à l'Esprit qui parfait la créature qu'il convient de situer la conception mariale d'Irénée. Son rôle gagne à être envisagé selon cette beauté-là : Marie, anticipant légèrement sur le temps du salut, s'est mise à la disposition de l'Esprit, non pas de façon sur-humaine ou sur-naturelle, mais d'une façon qui correspond parfaitement à la volonté de Dieu pour toutes ses créatures ; Marie a agi en créature accomplie. En la montrant telle, Irénée ne dévalue pas le rôle de la mère du Christ, au contraire, il la montre comme l'œuvre qui glorifie pleinement son Artiste, conformément à son conseil de IV, 39, 2 : « Si donc tu lui livres ce qui es de toi, c'est-à-dire la foi et la soumission, tu recevras le bénéfice de son art et tu seras le parfait ouvrage de Dieu. » À la lumière de ces considérations, nous proposons de lire les expressions très significatives par lesquelles Irénée qualifie le rôle de Marie selon deux expressions très fortes.

En III, 21, 7, Irénée souligne que le mystère de l'incarnation s'accomplit « sans l'action de Joseph, *non operante in eum Ioseph*, Marie étant seule à coopérer à l'économie *cooperante dispositioni*[10] ». Certaines théologies ultérieures majorant volontiers le rôle de Marie ont pu trouver en ces termes une confirmation antique de leurs arguments[11] ; nous optons, quant à

10 Le grec de ce passage est malheureusement perdu.

11 Les différentes lectures mariales sont évoquées et discutées notamment dans les études suivantes : M.C. Steenberg, « The Role of Mary as co-recapitulator in St. Irenaeus of Lyons », *Vigilae christianae* 58, 2004, 117-137 ; M.-H. Robert, « La nouvelle Ève et

nous, pour une compréhension qui ne fait pas de Marie une créature à part : l'expression « coopérer à l'économie » peut en effet être comprise comme le fait de se rendre disponible à l'Esprit afin de progresser vers la ressemblance, ou encore comme le fait de tendre vers cette filiation adoptive qui est le fruit du salut. Marie devient ainsi, dans la cohérence de la théologie d'Irénée, prémices de la création libérée, mieux encore que si elle était une créature supérieure.

Une deuxième expression, tout aussi suggestive, peut être éclairée de la même manière :

> De même donc qu'Ève, en désobéissant, devint cause de mort pour elle-même et pour tout le genre humain, de même Marie, ayant pour époux celui qui lui avait été destiné par avance, et cependant Vierge, devint, en obéissant, cause de salut (*causa facta est salutis*) pour elle-même et pour tout le genre humain. (III, 22, 4)

Comment comprendre cette expression de Marie, « cause du salut » ? Irénée enseigne que, devant un passage difficile des Écritures, il convient de l'éclairer par le sens général et lire les passages difficiles à la lumière de la cohérence des passages simples[12]. Inspirons-nous donc de cette méthode à propos de cette formule : Irénée l'a bien dit, et nous l'avons souligné, c'est le Fils qui écrase la tête du serpent. Il faut saluer l'équilibre de la théologie mariale d'Irénée : en aucun cas on ne peut le soupçonner d'un quelconque faux pas à propos de l'auteur ultime du salut. En l'absence du grec sous-jacent à cette *causa salutis*, nous nous bornerons donc à proposer un sens, non pas théologique, mais temporel. Car le rôle de Marie est particulièrement situé à la charnière « des derniers temps » : par son obéissance, Marie entre de plain-pied dans le temps du salut. Pour étayer cette intuition, étudions notre quatrième et dernier extrait, qui a trait justement à la théologie irénéenne du temps.

---

l'humanité régénérée chez saint Irénée, lecteur des Écritures » in E. Ayroulet (dir.), *Saint Irénée et l'humanité illuminée*, Paris, Cerf, 2018, 117-142.

12 *Cf.* II, 10, 1.

## LE TEMPS DU SALUT

Ce dernier passage ouvre des perspectives nouvelles sur Ga 4, 4 mises en lien avec le signe de Cana. Il convient ici d'être attentif aux nombreuses occurrences de la notion de temps sous la plume d'Irénée commentant la première partie du verset de Ga 4, 4 : « Quand fut venue la plénitude du temps, Dieu envoya son Fils », nous les soulignons ci-dessous :

> Car il n'y a rien de désordonné ni d'intempestif chez lui, comme il n'y a rien d'incohérent chez le Père : tout est connu d'avance par le Père et accompli par le Fils de la manière voulue au moment opportun. C'est pourquoi, lorsque Marie avait hâte de voir le signe merveilleux du Vin et voulait participer avant le temps à la Coupe du raccourci, le Seigneur, repoussant sa hâte inopportune, lui dit : "Femme, qu'y a-t-il entre moi et toi ? Mon heure n'est pas encore venue (Jn 2, 4)" : il attendait l'heure connue d'avance par le Père. [...] Paul dit aussi de son côté : "Quand fut venue la plénitude du temps, Dieu envoya son Fils (Ga 4, 4)". (III 16, 7)

Dans ce passage, relatant le premier signe de Jésus selon la théologie johannique, Marie apparaît comme celle qui a hâte de voir le salut pleinement réalisé et la ressemblance restaurée. Sans doute parce qu'elle a goûté la première à la docilité à l'Esprit. Alors que nous n'en sommes qu'à l'inauguration de la proclamation de l'Évangile, les deux verbes « voir » et « participer » expriment l'espérance eschatologique de la filiation adoptive. Nous le savons, selon Irénée, le temps de l'incarnation inaugure la fin des temps. Très fréquemment, il désigne le temps de l'incarnation par des expressions telles que « à la fin[13] », ou bien « dans les derniers temps[14] ». Marie incarne ici une certaine impatience de la venue complète du salut. Non pas cette hâte du retour du Christ qui a poussé certains chrétiens des premiers temps à suspendre leur travail et leur vie quotidienne pour se préparer à la parousie qu'ils pensaient imminente. Non, pour Marie, cette hâte est celle, unique, d'une mère qui a *déjà* « porté et saisi et embrassé » le Fils de Dieu. Mais si Marie est déjà capable de goûter le salut, Irénée précise que, pour les autres,

13 Dans nos différents extraits, nous avons déjà rencontré cette expression « à la fin » pour qualifier le temps de l'incarnation en V, 21, 2.

14 *Cf.* par exemple en IV, 38, 1 que nous avons cité plus haut.

s'ouvre ce temps où certes il n'est déjà plus question de promesses mais de réalisations, qui restent cependant voilées ; elles sont en effet distillées de façon adaptée aux capacités des hommes, comme cette « coupe du raccourci » qui donne accès au salut, par la médiation d'éléments familiers qui peuvent instruire l'homme progressant vers son Dieu. C'est ainsi que la dimension pédagogique de notre « γενόμενον ἐκ γυναικός » se prolonge jusque dans la dimension sacramentaire du temps de l'Église. Le terme de « raccourci » n'est donc pas seulement en lien avec la synthèse des natures humaine et divine dans le Christ, il comporte aussi une dimension de croisement ou de rencontre de l'éternité avec le temps des hommes : il qualifie le moment unique où le Verbe, préexistant et éternel, se soumet au temps pour procurer aux hommes le salut, car il contient en lui-même à la fois Dieu et l'homme, l'éternité et le temps. Dans la « coupe du raccourci », dont Cana est le signe, c'est cette rencontre que Marie anticipe. La Coupe du raccourci est, pour le temps de l'Église, le condensé de la communion entre Dieu et l'homme, le plus court chemin pour participer au salut ; encore faut-il attendre qu'il soit accompli à l'Heure, une fois pour toutes.

Dans le cadre du débat anti-gnostique, l'enjeu n'est autre que la possibilité de la participation au salut pour la créature. Ce passage expose, selon Irénée, la voie, la « méthode » par laquelle le salut rejoint l'homme : non pas en passant outre la création mais en l'utilisant. Dieu poursuit son action « à partir » d'elle, « *ex ea* », comme le montre l'eucharistie et globalement toute la structure « sacramentaire » du temps de l'Église. De même que l'incarnation a lieu parce c'est l'homme qu'il faut sauver, de même les signes du salut (Cana avant, et l'eucharistie après), passeront toujours, toutes proportions gardées, par les éléments créés. Contrairement à ce que diffusent les courants gnostiques, le croyant, selon Irénée, n'est pas sauvé en s'évadant du monde, mais au sein du monde créé, au creux des réalités les plus simples. De même que « en raccourci et tout simplement (III, 11, 5) », le Christ avait réalisé les miracles de Cana et de la multiplication des pains, de même il procurera par l'eucharistie l'incorruptibilité et l'immortalité. Le salut ne s'oppose pas à la création mais s'y insère[15]. Le temps devient alors un allié qu'il convient de ne

15 *Cf.* notre étude « Les Noces de Cana, une réfutation de la gnose selon Irénée de Lyon », *in* J.-M. Vercruysse éd., *Les Noces de Cana*, Arras, Artois Presses Université, Coll. Graphè 24, 2015, 45-57.

pas négliger : dans sa progression vers la ressemblance, Irénée propose de regarder le temps, jusque-là fort peu considéré, comme la chance d'une maturation qui respecte profondément la nature humaine. À la lumière de cet extrait, si insistant sur le bénéfice du temps, on peut considérer le « γενόμενον ἐκ γυναικός » comme l'entrée décisive du salut dans l'histoire. Irénée lit le temps comme étant désormais le lieu privilégié de la croissance de l'homme à la ressemblance de Dieu, le lieu de l'adoption en tant que processus d'accoutumance.

Le « γενόμενον ἐκ γυναικός » de Ga 4, 4 est donc bien un nœud dans la théologie d'Irénée, aussi fort que dans celle du Nouveau Testament. Son explicitation permet à Irénée de déployer aussi bien sa christologie que son anthropologie, sa théologie de la création aussi bien que sa sotériologie, sa théologie du temps aussi bien que sa lecture des « signes ». À la lumière de ce verset s'éclaire la cohérence de sa pensée profondément trinitaire et qui donne à Marie un beau rôle de prémices de l'espérance chrétienne. Pour reprendre les expressions de l'argumentaire de ce colloque, dans leur sens du IIe siècle, face aux gnostiques qui rejettent toute finitude et s'accrochent à l'irréductibilité du concept divin au phénomène matériel, Irénée propose de voir, dans la réalité de l'incarnation, une éducation de l'homme du phénomène au concept. Autrement dit, il propose une « économie » du consentement à la finitude, en tant que voie par laquelle la Bienveillance de Dieu se découvre et s'expérimente. Telle est la profession de foi du deuxième évêque de Lyon :

> Ainsi donc, c'est bien l'Esprit qui est descendu, à cause de l'"économie" que nous venons de dire ; quant au Fils unique de Dieu, qui est aussi le Verbe du Père, lorsqu'est venue la plénitude du temps (Ga 4, 4), il s'est incarné dans l'homme à cause de l'homme et il a accompli toute son "économie" humaine, étant, lui, Jésus-Christ notre Seigneur, un seul et le même. Voilà ce que le Seigneur lui-même atteste, ce que les apôtres confessent, ce que les prophètes proclament. (III, 11, 4)

Marie CHAIEB
Confluence : Sciences et Humanités
(EA 1598) – UCLy

# BIBLIOGRAPHIE

ATHANASE, *Sur l'incarnation du Verbe*, Sources Chrétiennes n° 199, Paris, Cerf, 1973.

AUGUSTIN, *La Cité de Dieu*, « Nouvelle Bibliothèque augustinienne » n° 3, Paris, Institut d'Études Augustiniennes, 1993.

AYROULET, Elie (dir.), *Saint Irénée et l'humanité illuminée*, Paris, Cerf, 2018.

AZOUVI, François, *Maine de Biran, La science de l'homme*, Paris, Vrin, 1995.

BALTHASAR, Hans Urs von, *Présence et pensée. Essai sur la philosophie religieuse de Grégoire de Nysse*, Paris, Beauchesne, 1942.

BALTHASAR, Hans Urs von, *La Gloire et la Croix*, vol I, Paris, Aubier, 1965.

BAUCHAU, Henry, *Le régiment noir*, Paris, Actes Sud, 2000.

BEAUCHAMP, Paul, *L'un et l'autre testament, I, Essai de lecture*, Paris, Seuil, 1976.

BEAUVOIR (DE), Simone, *Le sang des autres*, Paris, Gallimard, 1945.

BERGSON, Henri, *La pensée et le mouvant* (1938), Paris, Puf, coll. « Quadrige », 1985.

BONNOT DE CONDILLAC, Étienne, *Les Monades*, édité avec une introduction et des notes par L. Bongie, Oxford, Voltaire Foundation, 1980.

BOUBLIL, Élodie, *Individuation et vision du monde. Enquête sur l'héritage ontologique de la phénoménologie*, Bucarest, Zeta Books, 2014.

BYDLOWSKI, Monique, *La dette de vie. Itinéraire psychanalytique de la maternité*, Paris, Puf, coll. « Le fil rouge », 1997.

BYDLOWSKI, Monique, *Je rêve un enfant. L'expérience intérieure de la maternité*, Paris, Odile Jacob, coll. « Psychologie », 2000.

BYDLOWSKI, Monique, *Les enfants du désir. Destins de la fertilité*, Paris, Odile Jacob, 2008.

CAMELOT, Pierre-Thomas, *Éphèse et Chalcédoine*, Paris, éd. de l'Orante 1962.

CAPELLE, Philippe (éd.), *Phénoménologie et christianisme chez Michel Henry*, Paris, Cerf, 2004.

CAUSSE, Guilhem, *Le geste du pardon, Parcours en débat avec Paul Ricœur*, Paris, Kimé, 2014.

CAUSSE, Guilhem, *Le pardon ou la victime relevée*, Paris, Salvator, 2019.

CHRÉTIEN, Jean-Louis, *L'effroi du beau*, Paris, Cerf, 2008.

Congrégation pour la doctrine de la foi, *Notification sur le livre du père J. Dupuis, S.J., Vers une théologie du pluralisme religieux*, Paris, Cerf, 1997, n° 3 et n° 5.

COURTINE, Jean-François, *Heidegger et la phénoménologie*, Paris, Vrin, 1990.

CYRILLE D'ALEXANDRIE, *Deux dialogues christologiques*, Sources Chrétiennes n° 97, Paris, Cerf, 1964.

DANIÉLOU, Jean, L'*Être et le temps chez Grégoire de Nysse*, Leyden, Brill, 1970.

DELEUZE, Gilles, *Le bergsonisme* (1966), Paris, Puf, coll. « Quadrige », 2008.

DELEUZE, Gilles, *Francis Bacon, Logique de la sensation* (1981), Paris, Seuil, 2002.

DELEUZE, Gilles et GUATTARI Félix, *Qu'est-ce que la philosophie*, Paris, Les Éditions de Minuit, 2005 (1991).

DENYS L'ARÉOPAGITE, *Noms divins*, Paris, Cerf, coll. « Sources chrétiennes », 2016.

DENYS L'ARÉOPAGITE, *Théologie mystique*, Paris, Cerf, coll. « Sources chrétiennes », 2016.

DEPRAZ, Natalie, *Transcendance et incarnation. Le statut de l'intersubjectivité comme altérité à soi chez Husserl*, Paris, Vrin, 1995.

DEPRAZ, Natalie, *Écrire en phénoménologue, « une autre époque de l'écriture »*, Paris, Encre marine, 1999.

DEVARIEUX, Anne, *L'intériorité réciproque. L'hérésie biranienne de Michel Henry*, Grenoble, Jérôme Millon, 2018.

DIDI-HUBERMAN, Georges, « Ouvrir les camps, fermer les yeux », *Annales. Histoire, Sciences Sociales*, vol. 61e année, n° 5, 2006, 1036.

DREYFUS, Hubert, *Intelligence artificielle : mythes et limites [=IAML]*, Paris, Flammarion, 1984.

DUMEIGE, Gervais, *Nicée II*, Paris, éd. de l'Orante, 1978.

DUPUIS, Jacques, *Homme de Dieu, Dieu des hommes. Introduction à la christologie*, Paris, Cerf, 1995.

DUPUIS, Jacques, *Vers une théologie chrétienne du pluralisme religieux*, Paris, Cerf, 1997.

DUPUIS, Jacques, *Jésus-Christ à la rencontre des religions*, Paris, Cerf, 1999.

ESCANDE, Yolaine, *L'Art en Chine*, Paris, Hermann, 2001.

FALQUE, Emmanuel, *Dieu, la chair et l'autre, D'Irénée à Duns Scot*, coll. « Epiméthée », Paris, Puf, 2008.

FALQUE, Emmanuel, *Les Noces de l'Agneau, Essai philosophique sur le corps et l'eucharistie*, coll. « La nuit surveillée », Paris, Cerf, 2011.

FALQUE, Emmanuel, *Le combat amoureux, Disputes phénoménologiques et théologiques*, Paris, Hermann, coll. « De visu », 2014.

FALQUE, Emmanuel, *Triduum philosophique (Passeur de Gethsémani, Métamorphose de la finitude, Noces de l'agneau), Édition revue et augmentée*, Paris, Cerf, 2015.

FALQUE, Emmanuel, *Éthique du corps épandu. Soins palliatifs et philosophie*, suivi de Fos-Falque Sabine, *Une chair épandue sur le divan*, Paris, Cerf, 2018.

FINK, Eugen, *Sixième méditation cartésienne*, trad. par N. Depraz, Paris, Vrin, 1994.

FRANCK, Didier, *Chair et corps. Sur la phénoménologie de Husserl*, Paris, Les Éditions de Minuit, coll. « Arguments », 1981.

FRANCK, Didier, *Nietzsche et l'ombre de Dieu*, Paris, Puf, 1998.

FREUD, Sigmund, *La Naissance de la psychanalyse*, Paris, Puf, 2009.

GANASCIA, Jean-Gabriel, *Le mythe de la singularité*, Paris, Seuil, 2017.

GRÉGOIRE DE NYSSE, *Discours catéchétique*, Paris, Cerf, coll. « Sources chrétiennes », 1955.

GRÉGOIRE DE NYSSE, *Vie de Moïse*, Paris, Cerf, coll. « Sources chrétiennes », 1955.

GRÉGOIRE DE NYSSE, *La création de l'homme* [*De hominis opificio*], Paris, Desclée de Brouwer, coll. « Pères dans la foi », 1982.

GRÉGOIRE DE NYSSE, H*omélie sur le Cantique des Cantiques*, Paris, Lessius, coll. « Donner raison », 2008.

GRENIER, Catherine, *La Revanche des émotions*, Paris, Seuil, 2008.

GRILLMEIER, Aloys, *Le Christ dans la tradition chrétienne. De l'âge apostolique à Chalcédoine (451)* (trad. de l'allemand), Cerf, Paris, 1973 ; 2e éd. française revue par Th. Hainthaler, Paris, Cerf, 2003 ; II/1, *Le Concile de Chalcédoine (451). Réception et opposition (451-513)* (Paris, Cerf, 1990).

HEIDEGGER, Martin, *Prolégomènes pour une histoire du concept de temps* (1925), Paris, Gallimard, 2006.

HENRY, Michel, *Philosophie et phénoménologie du corps*, Paris, Puf, 1965.

HENRY, Michel, *Incarnation. Une philosophie de la chair*, Paris, Seuil, 2000.

HENRY, Michel, *Phénoménologie de la vie, tome IV : Sur l'éthique et la religion*, Paris, Puf, 2004.

HERMAS, *Le Pasteur*, trad. R. Joly, (SC 53 bis), Paris, Cerf, 1997.

HOLZER, Vincent, *Le Dieu Trinité dans l'histoire : Le différend théologique Balthasar-Rahner*, Paris, Cerf, coll. « Cogitatio Fidei », 1995.

HOUSSET, Emmanuel, *Personne et sujet selon Husserl*, Paris, Puf, coll. « Épiméthée », 1997.

HUSSERL, Edmund, (*Hua X*) *Leçons pour une phénoménologie de la conscience intime du temps* [1904-1905, pub. 1928], trad. H. Dussort, Paris, Puf, coll. « Épiméthée », 1964, rééd. 1992.

HUSSERL, Edmund, (*Hua XIII, XIV, XV*) *Sur l'intersubjectivité* II [1905-1935, publ. 1973], trad. N. Depraz, Paris, Puf, coll. « Épiméthée », 2001.

HUSSERL, Edmund, (*Hua III*, 1) *Idées directrices pour une phénoménologie et une philosophie phénoménologique pures*, Tome I : *Introduction générale à la phénoménologie pure* [1913], trad. P. Ricœur, Gallimard, coll. « Tel », 1950 ; nouvelle traduction J.-F. Lavigne, Paris, Gallimard, 2018.

HUSSERL, Edmund, (*Hua IV*) *Idées directrices pour une phénoménologie et une philosophie phénoménologique pures*, Tome II : *Recherches phénoménologiques pour la constitution* [1912-1918, repris et recomposé par Edith Stein, publ. 1952], trad. E. Escoubas, Paris, Puf, coll. « Épiméthée », 1982.

HUSSERL, Edmund, *Ideen zu einer reinen Phänomenologie und phänomenologischen Philosophie II : Phänomenologische Untersuchungen zur Konstitution*, Nijhoff, Den Haag, 1952, § 14, p. 33 ; trad. E. Escoubas, *Recherches phénoménologiques pour la constitution*, Puf, Paris, 1982.

HUSSERL, Edmund, (*Hua XI*) *De la synthèse passive : logique transcendantale et constitutions originaires* [1918-1926, publ. 1966], trad. B. Bégout et J. Kessler ; avec la collab. de N. Depraz et M. Richir, Grenoble, J. Millon, 1998.

HUSSERL, Edmund, (*Hua VIII*) *Philosophie première*, Tome II : *Théorie de la réduction phénoménologique* [1923-1924, publ. 1959], trad. A. L. Kelkel, Paris, Puf, coll. « Épiméthée », 1972, rééd. 1990.

HUSSERL, Edmund, (*Hua I*), *Méditations cartésiennes. Introduction à la phénoménologie* [1929, pub. 1931], trad. G. Peiffer et E. Lévinas, Vrin, 1947 ; trad. De Launay, Paris, Puf, 1994.

HUSSERL, Edmund, « L'enfant. La première *Einfühlung* (juillet 1935) », *Hua. T. XV*, appendice XLV, p. 604-606, trad. N. Depraz, dans *Naître et mourir*, revue *Alter* n° 1/1993, p. 265-269.

HUXLEY, Julian, *New bottles for new wine*, London, Chatto & Windus, 1957.

IGNACE D'ANTIOCHE, *Lettres*, trad. P.T. Camelot (SC 10bis), Paris, Cerf, 2007.

IRÉNÉE DE LYON, *Contre les Hérésies Livre I*, trad A. Rousseau et L. Doutreleau (SC 264), Paris, Cerf, 2008 ; *Livre II*, trad. A. Rousseau, L. Doutreleau (SC 294), Cerf, Paris, 1982 ; *Livre III*, trad. A. Rousseau et L. Doutreleau (SC 211), Paris, Cerf, 2017 ; *Livre IV*, trad. A. Rousseau (SC 100), Paris, Cerf, 1965 ; *Livre V*, trad. A. Rousseau, L. Doutreleau, Ch. Mercier (SC153), Paris, Cerf, 1969.

JANICAUD, Dominique, *Le tournant théologique de la phénoménologie française*, Combas, Ed. de l'Éclat, 1991.

JEAN DAMASCÈNE, *Le visage de l'invisible*, coll. « Les Pères dans la foi » n° 57, Paris, Migne, 1994.

KURZWEIL, Ray, *Humanité 2.0 – La bible du changement*, Paris, M21, 2007.

LE BRETON, David, *L'adieu au corps*, Paris, Métailié, 1999.

LÉVINAS, Emmanuel, *De l'existence à l'existant* (1945), Paris, Vrin, 1998.

LÉVINAS, Emmanuel, *Totalité et infini* (TI) (1961), La Haye, M. Nijhoff, 1984.

LÉVINAS, Emmanuel, *Autrement qu'être ou au-delà de l'essence* (AE) (La Haye, M. Nijhoff, 1974), Paris, Le Livre de Poche, 1990.

LIÉBAERT, Jacques, *L'Incarnation. 1. Des origines au Concile de Chalcédoine*, Paris, Cerf, 1966.

LINDENMEYER, Cristina (dir.), *L'humain et ses prothèses*, Paris, CNRS Éditions, 2017.

MAINE DE BIRAN, *De l'aperception immédiate, Œuvres IV*, édité par I. Radrizzani, Paris, Vrin, 1995.

MAINE DE BIRAN, *Rapports du physique et du moral de l'homme, Œuvres VI*, édité par F. C. T. More, Paris, Vrin, 1984.

MAINE DE BIRAN, *Essai sur les fondements de la psychologie*, *Œuvres VII/1*, Paris, Vrin, 2001.

MARX, Karl, *Les manuscrits économico-philosophiques de 1844*, trad. Franck Fischbach, Paris, Vrin, 2007.

MAXIME LE CONFESSEUR, *L'agonie du Christ*, coll. « Les Pères dans la foi » n° 64, Paris, Migne, 1996.

MERLEAU-PONTY, Maurice, *Phénoménologie de la perception* (1945), Paris, Gallimard, coll. « Tel », 1985.

MERLEAU-PONTY, Maurice, *Psychologie et pédagogie de l'enfant, Cours de Sorbonne 1949-1952*, Paris, Verdier, 2001.

MERLEAU-PONTY, Maurice, *L'Œil et l'Esprit*, Paris, Gallimard, 1960.

MERLEAU-PONTY, Maurice, *Signes* (1960), Paris, Gallimard, 1985.

MERLEAU-PONTY, Maurice, *Le Visible et l'invisible*, Paris, Gallimard, coll. « Tel », 1990.

MERLEAU-PONTY, Maurice, *La Prose du monde*, Paris, Gallimard, coll. « Tel », 1992.

MOATTI, Alexandre, *Aux racines du transhumanisme – France 1930-1980*, Paris, Odile Jacob, 2020.

MURPHY, Francis Xavier et SHERWOOD, Polycarp, *Constantinople II et Constantinople III*, Paris, éd. de l'Orante, 1974.

NIETZSCHE, Friedrich, *Par-delà le Bien et le mal* (1885), Paris, Gallimard, Colli-Montinari, 1971.

NIETZSCHE, Friedrich, *Ainsi parlait Zarathoustra*, Paris, Aubier-Flammarion (édition bilingue), 1986.

NIETZSCHE, Friedrich, *Fragments posthumes*, dans *Œuvres complètes*, Paris, Gallimard, 1976.

OLIVETTI, Marco. M. (éd.), *Incarnation*, Rome, *Archivio di Filosofia*, 1999.

ORTIZ DE URBINA, Ignacio, *Nicée et Constantinople*, Paris, éd. de l'Orante, 1963.

PHILLIPS, Glenn, CROW, Thomas (éds), *Seeing Rothko*, Los Angeles, Getty Publications, 2005.

PLATON, *Banquet*.

PLOTIN, *Ennéades*.

PONTI, Claude, *Pétronille et ses 120 petits*, Paris, L'École des loisirs (livres pour enfants), 1991.

POZZO DI BORGO, Philippe, *Second souffle*, Paris, Bayard, 2011.

*Premiers écrits chrétiens* (sous la direction de Bernard Pouderon, Jean-Marie Salamito et Vincent zarini), Paris, Gallimard, 2016.

RAHNER, Karl, « Problèmes actuels de christologie » (1954), repris dans Karl Rahner, *Être homme et le « devenir homme de Dieu »*, Œuvres, 12, sous la direction d'É. Maurice, Paris, Cerf, 2019, p. 347-402.

REZA, Yasmina, *Art*, Paris, Actes Sud, 1994.

RICHIR, Marc, *L'Âme et le Corps – Philosophie et Psychiatrie*, M.-P. Haroche (dir.), Paris, Plon, 1990.

RICŒUR, Paul, *À l'école de la phénoménologie*, Paris, Vrin, 2004 (1986).

RICŒUR, Paul, *Soi-même comme un autre* (1990), Paris, Seuil, coll. « Points Essais », 1996.

RICŒUR, Paul, *Autrement. Lecture d'Autrement qu'être d'Emmanuel Levinas*, Paris, Puf, 1997.

RICŒUR, Paul, *La mémoire, l'histoire, l'oubli*, Paris, Seuil, 2000.

RICŒUR, Paul, *Parcours de la reconnaissance*, Paris, Stock, 2004.

RICŒUR, Paul, *Philosophie de la volonté, 1. Le Volontaire et l'Involontaire*, Paris, Points, 2009.

RICŒUR, Paul, *Philosophie de la volonté, 2. Finitude et Culpabilité*, Paris, Points, 2009.

RIES, Julien, *L'« homo religiosus » et son expérience du sacré ; introduction à une nouvelle anthropologie religieuse*, Paris, Cerf, 2009.

RIMBAUD, Arthur, *Œuvres complètes*, Paris, Pléiade, 2009.

SAINT AUBERT (DE), Emmanuel, *Du lien des êtres aux éléments de l'être, Merleau-Ponty au tournant des années 1945-1951*, Paris, Vrin, 2004.

SARTRE, Jean-Paul, *L'imaginaire* (1940), Paris, Folio-Essais, 1986.

SEARLE, John, *The Behavioral and Brain Sciences* 3 (1980).

SEMPRÚN, Jorge, *Le Mort qu'il faut*, Paris, Gallimard, coll. « Folio », 2002.

SESBOÜÉ, Bernard et WOLINSKI Joseph, dans *Histoire des dogmes* (sous la direction de B. Sesboüé), t. I, *Le Dieu du salut*, Paris, Desclée, 1994.

SESBOÜÉ, Bernard, *Jésus-Christ dans la tradition de l'Église. Pour une actualisation de la christologie de Chalcédoine*, édition revue, corrigée et mise à jour, Paris, Desclée, 2000.

SHERRINGHAM, Marc, *Introduction à la philosophie esthétique*, Paris, Payot, 2003.

SOULETIE, Jean-Louis, *Les grands chantiers de la christologie*, Paris, Desclée, 2005.

TERTULLIEN, *La chair du Christ*, Sources Chrétiennes n° 216, Paris, Cerf, 1975.

TESSIER, Peggy, *Le corps accidenté – Bouleversements identitaires et reconstruction de soi*, Paris, Puf, 2015.

THÉOPHILE D'ANTIOCHE (Ad Aut 2, 4), *Trois livres à Autolycus*, trad. G. Bardy, J. Sender, (SC 20), Paris, Cerf, 1948.

VALÉRY, Paul, *Œuvres*, tome 1, La Pléiade, 1957.

VARELA, Francisco, THOMPSON, Evan et ROSCH, Eleanor, *L'inscription corporelle de l'esprit. Sciences cognitives et expérience humaine*, Paris, Seuil, 1993.

WINNICOTT, Donald W., *De la pédiatrie à la psychanalyse*, trad. Jeannine Kalmanovitch, Paris, Payot, 1969.

WINNICOTT, Donald W., *Jeu et réalité*, trad. Claude Monod et J.-B. Pontalis, Paris, Gallimard, 1975 (1971).

WINNICOTT, Donald W., *La mère suffisamment bonne*, Paris, Payot, 2006 (2006).

# INDEX NOMINUM

# INDEX RERUM

# RÉSUMÉS

Clarisse Picard, « Introduction. L'incarnation : question ancienne, enjeux actuels »

L'introduction rappelle l'intuition initiale qui a présidé à l'organisation du colloque « Incarnation », ainsi qu'à ce présent volume qui en reprend l'esprit dans une optique interdisciplinaire. L'incarnation, une question ancienne reprise à la lumière des enjeux actuels : chaque texte est ici présenté dans cette dynamique d'ensemble, suivant quatre axes, successivement, phénoménologique et sémiotique, éthique, anthropologie, enfin, théologique.

Emmanuel Falque, « Le tournant de la chair »

La chair est à un « tournant ». Cette formule ne vaut pas uniquement en raison du primat phénoménologique de la « chair » (*Leib*) sur le « corps » (*Körper*), mais surtout en cela que la traduction de *Leib* par « chair » ne va pas de soi. Il faut remonter à Paul Ricœur et Maurice Merleau-Ponty, à l'inverse d'Emmanuel Lévinas, pour trouver l'origine de cette décision linguistique de la traduction de *Leib* par « chair ». Une décision impensée dont nous mesurons aujourd'hui les effets dans l'« embardée de la chair » au mépris du « corps ».

Paula Lorelle, « Incarnation et désincarnation chez Michel Henry »

« L'incarnation ne peut se comprendre qu'à partir de l'idée qu'on se fait du corps et de la chair (Michel Henry) ». Le concept henryen d'« incarnation » suppose bien une idée du corps. Mais cette idée ne résulte-t-elle pas déjà d'une forme plus originaire d'« incarnation » ? Non au sens d'une expérience, d'un phénomène, ou d'un événement, mais d'un procédé philosophique qui consiste à prêter au corps des déterminations de l'âme cartésienne ? À les incarner ? D'une incarnation qui implique déjà donc, en un sens, une désincarnation ?

Laura RIZZERIO, « Donner corps à la grâce ou quand la beauté s'incarne. Réflexions sur l'art contemporain à partir de l'idée d'incarnation »

Cet article examine le lien entre difficulté à comprendre l'art, d'une part, et difficulté à s'enraciner dans la réalité de corps imparfaits et vulnérables, d'autre part, dans le but de mieux saisir la manière dont on se rapporte aujourd'hui à l'art et au beau. En passant par l'analyse de quelques œuvres, l'article cherche donc à montrer comment la représentation du corps peut redonner du sens à l'art en le rendant capable de susciter l'empathie, et comment elle peut manifester la beauté.

Éric CHARMETANT, « Cognition incarnée, transhumanismes et IA »

L'imaginaire contemporain nourri par les transhumanismes ou l'intelligence artificielle envisage sans détour un futur de l'être humain sans corps. Cette étude analyse les chemins de décorporéisation dans les transhumanismes et l'intelligence artificielle à travers notamment la notion de « liberté morphologique », puis indique comment le corps-sujet garde une valeur heuristique centrale dans la neurophénoménologie et la cognition incarnée.

Agata ZIELINSKI, « "Celui qui n'a plus figure humaine". Phénoménologie du corps en qui l'humain s'absente »

Que devient la relation avec celui « qui n'a plus figure humaine », c'est-à-dire celui – ou celle – que l'on peut ne plus reconnaître comme un humain, lorsque fait défaut le *logos* ou la conscience ? Nous sommes face à « l'ultime du visage », condition de l'autre et inquiétante étrangeté dont on voudrait se détourner, et qui pourtant révèlent une présence réelle, et un fonds commun d'humanité : détresse et proximité qui réouvrent un monde commun.

Guilhem CAUSSE, « L'incarnation : anthropologie du geste et de la voix. Entre l'effort biranien et l'affect ricœurien »

Qu'est-ce que l'homme ? La question rapproche Paul Ricœur et Pierre Maine de Biran. Qui suis-je, moi qui agis et souffre ? demande l'un. Qui suis-je, moi qui fais effort et rencontre des résistances ? s'interroge l'autre. Ils parlent d'incarnation, car l'Ego n'est jamais sans corps, corps vécu comme chair, corps parlant. Ils se séparent lorsque le premier insiste sur la passivité de l'aveu et le second sur l'activité vocale. Un impensé pourtant les réunit : l'incarnation comme geste du corps.

Clarisse PICARD, « Incarnation et individuation à l'épreuve de l'enfantement »

En quoi l'enfantement prend-il, pour une femme qui donne naissance à un enfant, le sens d'une expérience d'individuation et d'incarnation ? Les descriptions cliniques en pédiatrie et médecine périnatale, ressaisies dans une appréhension de la vie transcendantale pure du point de vue de la subjectivité maternelle en sa genèse, font apparaître une suite de correspondances entre la phénoménologie et l'enfantement : l'enfantement accède ainsi à la rationalité philosophique et trouve son sens proprement phénoménologique.

Carla CANULLO, « La chair incompréhensible. Actualité de Grégoire de Nysse »

L'incarnation ne peut se comprendre qu'en tant qu'« incompréhensible », ce qui ne revient pas à dire que la compréhension doit irrémédiablement échouer, mais plutôt qu'elle ouvre la chair à sa possibilité la plus authentique, celle de comprendre « plus et autrement ». Les réflexions du père cappadocien sur l'incarnation seront les lieux privilégiés auxquels nous reviendrons dans le but de « comprendre incompréhensiblement », amorçant ainsi une nouvelle euristique de la chair que son œuvre inaugure.

Michel FÉDOU, « L'Incarnation dans la pensée patristique. Enjeux actuels des controverses anciennes »

Les Pères de l'Église ont donné une place centrale à l'Incarnation. Cela s'est vérifié à travers leur opposition au docétisme et aux courants gnostiques, puis dans le cadre des controverses sur l'identité du Christ aux IV^e et V^e siècles. Plus tard encore, les crises ouvertes par le monothélisme et l'iconoclasme ont conduit les Pères à insister sur l'humanité du Verbe fait chair. La pensée patristique invite à passer par le sensible et le corporel pour s'élever à la connaissance de Dieu.

Jean-Louis SOULETIE, « La singularité du Jésus de l'histoire et son universalité »

La singularité du Jésus de l'histoire risque toujours d'être le parent pauvre des christologies. Or la révélation de son identité divine unique et salvifique tient à cette singularité juive de Jésus. La christologie du pluralisme religieux de Jacques Dupuis a tenté de surmonter les apories contemporaines liées à cette question. Sa résurrection n'abolit pas la permanence de son humanité glorifiée, mais l'étend au contraire à toute l'histoire et au cosmos.

Marie Chaieb, « L'interprétation de Gal 4, 4 : "Il fut d'une femme" et ses enjeux dans la théologie d'Irénée de Lyon »

À la fin du IIe siècle, Irénée de Lyon utilise une dizaine de fois Ga 4, 4 dans son œuvre de réfutation des mouvements gnostiques. Cette étude analyse en quel sens Irénée a commenté ces versets, comment il en a éclairé la centralité, et les axes de la théologie de l'incarnation qui en découlent.

# TABLE DES MATIÈRES

DEUXIÈME PARTIE

## ENJEUX ÉTHIQUES ET PHÉNOMÉNOLOGIQUES DE L'INCARNATION



TROISIÈME PARTIE

## APPROCHES ANTHROPOLOGIQUES

## QUATRIÈME PARTIE

# APPROCHES THÉOLOGIQUES DE L'INCARNATION

IMPRIM'VERT®

Achevé d'imprimer par Corlet,
Condé-en-Normandie (Calvados), en octobre 2021
N° d'impression : 173368 - dépôt légal : octobre 2021
*Imprimé en France*